长三角法治
案例精选 第二辑

长三角区域检察协作办公室 主编

Selected Law Cases
in the Yangtze River Delta
（Volume 2）

上海交通大学出版社
SHANGHAI JIAO TONG UNIVERSITY PRESS

内容提要

为了深入推进长三角一体化发展,进一步提升长三角创新能力、产业竞争力、发展能级,率先形成更高层次改革开放新格局,通过法治力量巩固长三角发展优势,长三角区域检察协作办公室编撰了《长三角法治案例精选》(第二辑)。本书整理汇编沪浙苏皖四地检察机关在服务和保障长三角法治化营商环境中的典型案例,涵盖了刑事、民事、行政、公益诉讼等多个领域,既是四地检察机关以严格公正司法推进法治建设的生动实践,也是长三角区域法治协同发展的缩影。

图书在版编目(CIP)数据

长三角法治案例精选. 第二辑／长三角区域检察协
作办公室主编. —上海:上海交通大学出版社,2024.4
　ISBN 978-7-313-30381-3

Ⅰ.①长… Ⅱ.①长… Ⅲ.①长江三角洲－社会主义
法制－案例－汇编　Ⅳ.①D927.5

中国国家版本馆 CIP 数据核字(2024)第 050916 号

长三角法治案例精选(第二辑)
CHANGSANJIAO FAZHI ANLI JINGXUAN (DI-ER JI)

主　　编:长三角区域检察协作办公室
出版发行:上海交通大学出版社　　　　　　　地　　址:上海市番禺路 951 号
邮政编码:200030　　　　　　　　　　　　　电　　话:021-64071208
印　　制:上海颛辉印刷厂有限公司　　　　　经　　销:全国新华书店
开　　本:710 mm×1000 mm　1/16　　　　　印　　张:21.5
字　　数:358 千字
版　　次:2024 年 4 月第 1 版　　　　　　　印　　次:2024 年 4 月第 1 次印刷
书　　号:ISBN 978-7-313-30381-3
定　　价:89.00 元

前言

2023年11月30日,习近平总书记在上海主持召开深入推进长三角一体化发展座谈会并发表重要讲话,强调深入推进长三角一体化发展,进一步提升创新能力、产业竞争力、发展能级,率先形成更高层次改革开放新格局,对于我国构建新发展格局、推动高质量发展、以中国式现代化全面推进强国建设和民族复兴伟业意义重大。伴随长三角一体化战略的深入实施,如何通过法治的力量巩固其发展优势,构筑更高层次的合作模式,成为摆在沪浙苏皖四地检察机关面前的重要课题。正是基于这样的历史使命与时代要求,《长三角法治案例精选》(第二辑)应运而生。

《长三角法治案例精选》(第二辑)汇聚了沪浙苏皖四地检察机关在服务和保障长三角法治化营商环境中的典型案例,涵盖了刑事、民事、行政、公益诉讼等多个领域,既是四地检察机关以严格公正司法推进法治建设的生动实践,也是长三角区域法治协同发展的缩影。通过这些案例的集中展示,我们不仅能够一窥长三角法治建设的全貌,而且可以深化对法治在经济社会发展中不可或缺的作用的认识,进而更好地推动法治长三角建设。前进中的长三角,需要法治的力量来引领发展方向,协调各种利益冲突,保障改革举措落地生根。

《长三角法治案例精选》不仅是一本普法读物,而且是一部推进区域治理现代化的实践手册。它记录了法治在长三角一体化发展中的重要角色,展现了四地检察机关紧密协作、同心协力的良好局面,对内吸收法治经验,对外传播法治信念,促进全社会尊法学法守法用法,强化了法治对经济社会发展的保障功能。作为本书的编写者,长三角区域检察协作办公室肩负着促进四地检察机关交流合作、共同推进法治建设的职责。通过案例的梳理与传播,我们衷心期望构建起长三角区域法治一体化协同的体制机制新格局,为构建更加完善的区域协调发展体系贡献法治力量。

长三角区域检察协作办公室

2024年2月

目录

浙江省法治案例

江苏省法治案例

安徽省法治案例

上海市

法治案例

某公司、陈某、薛某非法排放含汞废水损害环境民事公益诉讼案[①]

——以跨省联动深化司法协同,以替代修复助推高效治理

【案例要旨】

某公司、陈某、薛某非法排放含汞废水污染环境一案,沪苏两地司法机关充分发挥长三角区域司法协同优势,虽然办案单位分属两地但紧密协作,使刑民程序交织,最终无缝衔接。江苏省司法机关在对陈某、薛某追究刑事责任的同时,充分考虑被告人具有积极修复生态环境、如实供述等情节,故对其从宽处理;上海市司法机关聚焦环境损害修复问题,倾听企业诉求,采取"磋商+司法确认"的诉前程序让其承担环境损害赔偿的民事责任,并积极开展替代性修复,推进"专业化法律监督+恢复性司法+社会化综合治理"模式,以公益诉讼检察的能动履职服务保障法治化营商环境建设,助推长三角一体化区域高效能社会治理。

【案情概要】

2018年3月—2020年4月,陈某在上海市闵行区经营某公司,薛某为生产部门负责人,其先后两次通过网络从江苏省昆山市购买剧毒化学品氯化汞用于公司模具加工,并将加工过程中产生的含汞废水未经处理直接对外排放。2020年4月24日,江苏省昆山市公安局在该公司喷砂车间,当场查获用黑色塑料瓶装的氯化汞816.55克。经检测,公司排放的废水中汞含量浓度超过国家污染排放标准。同日,陈某、薛某因涉嫌非法买卖、储存危险物质罪、污染环境罪被取保

[①] (2022)沪03民特1号。

候审。案件移送昆山市人民检察院审查起诉后,检察机关认为陈某、薛某犯罪事实清楚、证据确实充分,基于重罪吸收轻罪的原则,于2021年9月以陈某、薛某犯非法买卖、储存危险物质罪向江苏省姑苏区人民法院(简称姑苏区法院)提起公诉。姑苏区法院经开庭审理,于2022年6月以非法买卖、储存危险物质罪分别判处陈某有期徒刑3年,缓刑4年;判处薛某有期徒刑3年,缓刑3年。

本案中,陈某、薛某涉嫌的环境污染罪虽被吸收,但环境损害问题并未解决。2021年8月,昆山警方将环境污染的公益诉讼线索移送上海市闵行区人民检察院(简称闵行区检察院),[①]闵行区检察院依据管辖规定将案件线索报送上海市人民检察院第一分院(简称上海市检察一分院)。上海市检察一分院于2021年10月14日以污染环境民事公益诉讼立案,并将某公司追加为共同侵权人。经过细致深入的调查核实,上海市检察一分院查明了某公司、陈某、薛某非法排放含汞废水对环境造成的损害。2022年7月,上海市检察一分院与某公司、陈某、薛某开展磋商,当事人自愿承担生态环境修复、损害调查费用、鉴定评估等费用,共计66 837元,双方共同向上海市第三中级人民法院(简称上海市三中院)申请司法确认。同年8月,上海市三中院裁定磋商协议合法有效。由于污染地不具有修复可能和必要,上海市检察一分院积极探索将生态损害赔偿金用于周边区域环境治理的替代性修复,并于2023年3月31日针对修复方案召开听证会,经评议获得一致同意,修复项目于同年6月竣工。

【履职情况】

一、加强沪苏两地司法联动,深化长三角区域协同治理

(一)跨省跨级线索移送,两级检察机关一体化办理案件

江苏省昆山警方经侦查,在东莞捷宝模具科技有限公司昆山市张浦镇仓库内查获大量销售剧毒化学品氯化汞的销售单据,其中买家信息包含上海市闵行区某公司。2020年4月24日,昆山警方在该公司当场查获氯化汞,并发现公司

---

① 本书我国司法机关简称如下:基层:例如上海市闵行区人民法院、上海市闵行区人民检察院简称闵行区法院、闵行区检察院。中级:例如安徽省合肥市中级人民法院、安徽省合肥市人民检察院简称合肥市中院、合肥市检察院;上海市第一中级人民法院、上海市人民检察院第一分院,简称上海市一中院、上海市检察一分院。高级:例如江苏省高级人民法院、江苏省人民检察院,简称江苏省高级法院、江苏省检察院。最高人民法院、最高人民检察院简称最高法院、最高检察院。

加工过程中存在将含汞废水未经处理直接对外排放等违法事实,并跨省移送公益诉讼案件线索。

本案案发于江苏省昆山市,但污染地位于上海市闵行区,民事公益诉讼案件管辖权则归属上海市检察一分院。上海受理线索后,具有管辖权的上海市检察一分院和实际污染发生地的闵行区检察院采取一体化办案,精准发力,共同推动长三角区域生态环境保护。

(二) 刑事程序和民事公益诉讼程序同步进行,强化跨区域环境治理合力

昆山警方立案后即委托江苏康达检测技术股份有限公司司法鉴定所(简称康达鉴定所)对某公司排放废水中的汞等重金属是否超标以及涉案固体废物是否属于危险废物进行鉴定。康达鉴定所于 2020 年 8 月 6 日出具《司法鉴定意见书》,明确该公司车间污水排口处和排口西侧 2 米处提取的废水水样中检测出汞,分别为《污水综合排放标准》规定的总汞最高允许排放浓度(0.05 mg/L)的 6 倍、38.6 倍。根据上述鉴定意见,在江苏省司法机关进行刑事诉讼程序的同时,上海检察机关启动了民事公益诉讼程序。

为进一步查明非法排污行为对环境造成的损害,上海市检察一分院开展了细致深入的调查,多次赴污染地实地勘验、采样并委托检测、鉴定评估。专家意见明确非法排放的含汞废水对周边土壤造成了不利影响,并明确了环境损害金额,夯实了公益诉讼的基础。

(三) 刑事审判与公益诉讼程序有序衔接,落实环境侵权民事责任

由于法律对刑事诉讼的各个阶段都规定了严格的办案期限,如何与公益诉讼办案程序有序衔接,需要两地司法机关充分沟通、协力合作。为此,上海市检察一分院在公益诉讼立案后积极跟进刑事诉讼程序,多次主动与姑苏区法院沟通,及时了解案件进程,做到与刑事审判程序的无缝衔接。

一是及时沟通,告知公益诉讼调查进程及办案方式。公益诉讼立案后,陈某即向上海市检察一分院表明其愿意积极承担环境污染的民事侵权责任,并恳请在刑事判决时予以考量。上海市检察一分院从修复生态环境、落实宽严相济刑事司法政策等角度出发,向姑苏区法院告知了被告人的态度,并与法院积极沟通审判期限的延长、中止等事由,确保刑民程序顺利衔接。

二是提高效率,通过诉前方式落实侵权人的民事责任。上海市检察一分院从民事责任承担角度,追加了某公司作为共同侵权人,并采取诉前方式办理。《上海市人民代表大会常务委员会关于加强检察公益诉讼工作的决定》规定:"侵权行为人自行纠正违法行为,采取补救措施,或者承诺整改的,检察机关可以就民事责任的承担与侵权行为人磋商。经磋商达成协议的,可以向审判机关申请司法确认。"上海市检察一分院经与某公司、陈某、薛某沟通,侵权人表示愿意以"磋商+司法确认"方式承担民事责任,有效节约了诉讼成本。

三是无缝衔接,两地法检紧密配合,体现宽严相济。由于申请司法确认后,法院需对磋商协议进行公告耗时较长,为保证与刑事诉讼的顺利衔接,上海市检察一分院在与侵权人签订磋商协议后,即将该协议提供给姑苏区法院,并与法院达成一致意见,由陈某、薛某先行向法院全额预缴环境损害费用,确保民事侵权责任落实到位,并作为从宽处罚的一个情节在对被告人量刑时予以考量。姑苏区法院在(2021)苏0508刑初726号刑事判决书中载明:陈某"全额交纳了生态环境修复费用、专家评估费等费用,对陈某、薛某均从轻处罚,并宣告缓刑",明确将全额缴纳生态环境修复费用作为对被告人从轻处罚的一个重要因素。

二、贯彻落实全过程人民民主,助力法治化营商环境建设

一是倾听企业诉求,耐心进行磋商。公益诉讼办案过程中正值疫情期间,上海市检察一分院与某公司多次当面或电话沟通,了解企业整改、经营等状况。某公司表示愿意积极承担责任,但希望能减少对企业经营的影响。上海市检察一分院耐心倾听了企业诉求,考虑到疫情已对企业经营造成不利等因素,决定采取"磋商+司法确认"的诉前程序让当事人承担损害赔偿责任,减少讼累,在节约司法资源的同时把对企业的影响降至最低。2022年7月,上海市检察一分院与当事人开展磋商,当事人自愿承担生态环境修复等费用66 837元,并共同向上海市三中院申请司法确认。同年8月,上海市三中院裁定磋商协议有效。

二是汇聚代表意见,精心确定方案。由于污染地不具有修复可能和必要,上海市检察一分院积极探索将生态损害赔偿金用于周边区域环境治理的替代性修复,经多方选址并赴实地查看,最终选定污染地周边一老旧小区的公共绿化带作为修复地点,并委托相关单位制定修复方案。为确保修复方案的专业、严谨、合

理,上海市检察一分院于 2023 年 3 月 31 日邀请人民监督员、行政机关代表、律师担任听证员对修复方案进行公开听证,上海市环科院专家、"益心为公"平台志愿者等参与听证。听证员充分听取方案介绍,详细了解了施工单位的资质、方案落实、过程监督等,经评议,一致同意修复方案。

三是回应群众关切,用心补植修复。为确保项目高质量完成,施工期间,办案检察官四次前往现场查看并与居民交流,当发现部分草皮泛黄、植物生长不良等问题时及时与施工方沟通,要求更换草皮、加强施肥养护等。为确保项目完工后日常养护,合同约定项目竣工后的一年内由施工单位负责养护,之后由小区物业负责接管,多方协力共同把修复项目落实好。

三、推进"专业化法律监督＋恢复性司法＋社会化综合治理"模式,筑牢生态环境保护法治屏障

一是精准履行公益诉讼专业化法律监督职责。上海市两级检察机关公益诉讼部门开展一体化办案,充分调查某公司、陈某、薛某排放含汞废水污染环境的侵权事实及对环境造成的损害,研究法律适用,综合考虑生态环境保护、企业经营等,选择合法、合理且合情的责任承担方式,运用专业能力开展公益诉讼法律监督。

二是因地制宜积极运用替代性修复措施。本案中,由于原地修复成本过高且缺乏必要,而替代性修复经济合理且更有利于维护区域整体生态环境,上海市检察一分院积极探索将生态损害赔偿金用于周边区域环境治理的替代性修复。这也是恢复性司法理念在环境损害责任追究工作中的实践运用。为科学、高效地开展替代性修复,上海市检察一分院邀请专家参与修复方案听证、接受社会公众的监督,为在生态环境损害赔偿责任履行中丰富修复方式、加强惩戒功能、保护公共环境利益提供了实践经验和示范参考。

三是持续监督推动涉案企业积极整改。案发后,在检察机关的督促下,某公司充分认识到非法购买剧毒化学品及排放含汞废水的危害性,按要求进行了整改。因不具备处理含汞污水的能力,某公司撤销了需用氯化汞并产生含汞废水的生产部门;设置专门储藏设施,用于放置剧毒化学品。某公司、陈某、薛某在自愿承担生态环境修复等费用的同时,还承诺今后将遵纪守法,合法合规地开展生产经营活动,积极保护生态环境。目前,公司在正常经营中。

【典型意义】

一、立足法治建设，沪苏两地跨省联动，以刑民程序衔接深入推进长三角区域司法协作

本案从跨区域发现、移送线索，到两级检察机关一体化办案，再到刑事诉讼和民事公益诉讼办案程序的共同推进、无缝衔接，沪苏两地司法机关着力提升办案的系统性、整体性、协同性，推动区域一体化司法办案、协同治理，共同打造长三角发展的法治样板。

二、立足营商环境，充分听取企业诉求，以诉前方式有力保障小微企业生产经营秩序

本案检察机关注重刚柔并济，既充分听取企业诉求，在保障疫情肆虐下小微企业正常生产经营的前提下，通过磋商促使行为人承担环境损害赔偿的民事侵权责任；又通过司法确认，以刚性手段确保磋商协议的有效性和执行力，为小微企业经营及生态环境保护提供了有力的司法保障。

三、立足服务群众，切实加强公众参与，以替代性修复手段实现区域高效能社会治理

上海市检察一分院委托资质优良的第三方企业制定了紧贴民生需求的修复方案，全程公开听证，听取各方意见，接受社会监督。项目改造过程中全程接受社区群众监督，切实增进了小区居民的幸福感、获得感。本案的办理实现了"三个效果"的有机统一，以高效能社会治理保障了长三角区域高质量发展。

案件承办人：

高维，上海市人民检察院第一分院第六检察部主任

王伟胜，上海市人民检察院第一分院第六检察部副主任

王志先，上海市人民检察院第一分院第六检察部检察官

陈蔚如，上海市人民检察院第一分院第六检察部检察官

金超,上海市人民检察院第一分院第六检察部检察官助理

案例撰写人:

陈蔚如,上海市人民检察院第一分院第六检察部检察官

孟枢,上海市人民检察院第一分院第六检察部检察官助理

案例审核人:

高维,上海市人民检察院第一分院第六检察部主任

案例编审人:

林竹静,上海市人民检察院法律政策研究室检察官

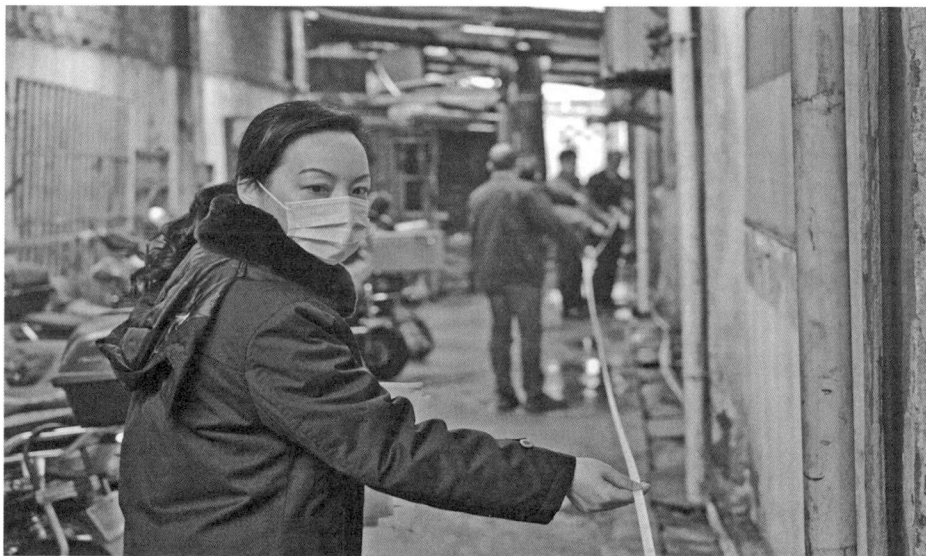

上海市人民检察院第一分院现场勘验

(2022 年 1 月 26 日由上海市人民检察院第一分院技术人员唐忠睿拍摄)

上海某物流公司、刘某走私普通货物案①

——对症下药,多措并举,推动报关行业树立合规整改新标杆

【案例要旨】

上海某物流公司走私普通货物案系上海市人民检察院第三分院(以下简称上海市检察三分院)首次适用第三方监督评估机制的涉案企业合规案件。为使合规整改落到实处,上海市检察三分院与企业所在地的嘉定区检察院上下联动,组建第三方组织,人员涵盖律师、会计师、专家学者,凝聚多方合力,共同致力于涉案企业合规工作的有效性、科学性、可操作性。积极与上海市报关行业协会、上海市三中院、上海海关缉私局开展研讨,起草并联合发布《上海市报关行业合规指引》,促进个案合规向行业合规提升,推动报关行业树立合规整改新标杆。

【案情概要】

为提升消费活力,减轻消费者税负,国家出台跨境电商政策,旨在通过 B2B 的跨境贸易,提高通关效率,使终端消费者享受优惠税率。跨境电商已成为带动我国对外贸易和国民经济增长的新型方式。本案上海某物流公司系一家集报关、仓储、物流于一体的综合性服务企业。为维系巩固客户,在国内客户与跨境电商平台企业之间牵线搭桥,帮助跨境电商平台企业报关,将本应以一般贸易方式进口的货物通过跨境电商平台"刷单"走私进口。

经依法审查查明,2017 年 12 月—2018 年 12 月,犯罪嫌疑单位上海某物流

---

① 沪检三分刑不诉〔2023〕41 号;沪检三分刑不诉〔2023〕42 号。

公司为谋取非法利益,在帮助国内客户进口日化品、保健品、砂糖等货物的过程中,该公司实际负责人、犯罪嫌疑人刘某与某网络科技(上海)有限公司(简称某网络科技公司)直接负责的主管人员王某某(已判刑)共谋,将应以一般贸易方式进口的货物交由王某某控制的跨境电商平台公司伪报成跨境电商零售进口的货物,其中部分货物以低报价格的方式走私入境。其间,犯罪嫌疑人刘某负责联系客户,安排公司员工与某网络科技公司员工交接单证、结算费用,帮助报关。经上海松江海关计核,犯罪嫌疑单位上海某物流公司、犯罪嫌疑人刘某以上述方式走私涉案货物共计 36 票,从中偷逃应缴税额共计人民币 1 489 517 元。

另查明,2020 年 4 月,上海某物流公司明知薛某(另案处理,已判刑)通过伪报贸易性质的方式走私进口葡萄酒 202 瓶,仍为其提供仓储和运输服务,偷逃应缴税额 14 002.9 元。

经犯罪嫌疑单位上海某物流公司、犯罪嫌疑人刘某申请,以及前期社会调查评估,上海市检察三分院认为上海某物流公司、刘某符合适用涉案企业合规的条件,故依法启动涉案企业合规程序,并与上海市嘉定区检察院上下联动,由上海市嘉定区工商联依据法定程序确定第三方监督评估机制组织。经第三方合规考察、检察公开听证,本院最终决定分别对上海某物流公司、刘某相对不起诉。

【履职情况】

一是严管厚爱,充分释放第三方组织效能。上海市检察三分院在启动上海某物流公司合规整改前,先后多次和企业访谈,了解到该企业在疫情期间发挥了物流企业的积极作用,在经营困难的情况下,仍承担着对员工、社区老人的生活关怀、帮助的责任。为防止"办了案子,垮了厂子"的问题出现,上海市检察三分院能动履职,用"厚爱"引导企业合规履职,助力发展。

开展合规整改后,上海市检察三分院和上海市嘉定区检察院上下联动,组建第三方组织,成为上海市检察三分院首例适用涉案企业合规第三方监督评估机制的案件,通过全程"严管",督促第三方组织对企业"三步走"合规计划及落实情况进行监督检查,随时跟进第三方组织工作情况。为避免"走秀式"的"纸面合规",上海市检察三分院同第三方组织对企业合规整改情况进行实地考察,深入了解报关报检、货物进出库的操作流程,并就上海市某物流公司进出库货物的仓库管理制度的整改落实情况进行检查,全面、客观、公正、有效的进行监督评估,关注企业整改进程,确保合规计划"量体裁衣",有效保障企业合规制度落到实处。为确保企业"药到病除",上海市检察三分院着力做好合规"下半篇文章",邀请企业所在地的嘉定区检察院进行持续监督,与企业所在地海关保持密切联系,了解企业的进出口经营情况,把合规工作走深、走实。

二是通力协作,凝聚合力开展企业合规。上海市某物流公司的合规整改采用"1+N"的工作模式,即以检察机关为主体,汇聚上海市嘉定区检察院、嘉定区工商联、上海海关、上海报关行业协会、专业律所、专家学者等各方合力,共同参与,避免"一言堂"。各方结合自身的优势、专业,从全方位、多层次、宽领域指导企业合规整改,对企业的经营情况互联互通、动态监管,防止企业在行政、刑事等各方面再次发生违规情况。前后经过第三方组织的多次科学研讨、论证,最终通过了上海市某物流公司提交的《合规整改计划书》。同时,要求企业多听、多看、多改,将各方意见和建议落到实处,完整、全面地走上合规道路。

三是他山之石,精准对接提高可操作性。为使合规更贴切企业经营实际,上海市检察三分院巧用"他山之石",创造性地引入进出口企业合规国际标准(海关AEO标准),要求涉案企业对照高标准,满足严要求。该标准由海关总署公告发布,系世界贸易组织(WTO)、世界海关组织(WCO)发布的AEO(Authorized Economic Operator)制度的国内转化。AEO标准不仅全面考量企业与进出口有关活动,而且对企业在财务、人事、场所等多个方面提出了全覆盖的管理要求。此外,上海市检察三分院还通过引入海关认可的认证机构的第三方人员,对涉案企业AEO标准项下的合规体系建设予以评价,企业方面亦主动聘请海关法律专业律师作为企业合规法律顾问,对企业合规整改进行全流程指导和监督,提升了涉案企业合规构建、第三方检查评估、检察机关有效监督的工作效能。

四是防微杜渐,建立强化风险预警机制。上海市某物流公司在上海嘉定综合保税区物流业中占有较高的市场份额,其管理人员法律意识淡薄、内部管理制度不健全等因素导致部分跨境电商业务涉嫌走私犯罪。经过本次合规整改,企业管理人员一手抓业务、一手抓合规,其控股集团也树立了既要按经济规律办事,又要守住法律底线的理念。

结合合规整改的经验,其上级母公司在全集团范围内按照检察机关及第三方组织的要求对进出口业务开展全面自查,强化风险意识,建立风险预警机制,推广风险管理经验。为更好地发挥跨行政区划集中管辖走私案件的优势,助力营造法治化营商环境,上海市检察三分院先后走访、调研上海市报关行业协会、上海海关企业管理处,携手上海市报关行业协会、上海市三中院、上海海关缉私局共同制定并联合发布《上海市报关行业合规指引》(简称《指引》),教育、警醒涉案企业乃至整个报关行业规范发展。

五是能动履职,全面组织专业公开听证。2023年3月,第三方监督评估组织对上海市某物流公司的整改落实情况出具了合规考察书面报告,认为涉案企业的合规计划及整改措施整体可行,待整改事项目前均已完成,专项合规整改计划和相关合规管理体系有效,予以通过。检察机关在审查企业合规情况、综合全案事实的基础上,拟对上海市某物流公司、刘某作相对不起诉处理。为保证监督考察和案件办理公正透明,实现政治效果、法律效果和社会效果的统一,检察机关组织公开听证。一是邀请上海海关学院教授及上海海关处成员担任听证员,从行业监管角度和法律适用角度评议案件,确保听证意见的全面性;二是邀请上海市某物流公司的代表及第三方组织成员参会,分别介绍企业合规整改落实情况和考察评估情况,确保听证员全面了解案件,确保评议结果真实性。

【典型意义】

一是整改"对症",合规"有方",注入"强心剂"。案发后,上海市某物流公司主要客户先后终止合作,一些长期从事跨境电商运营的业务骨干离职,员工普遍人心惶惶、无心工作,加之受疫情影响的双重打击,营业额大幅萎缩,同比下降60%以上,员工流失逾一半。

启动合规整改后,上海市检察三分院根据实地走访和调查情况进行"对症下药",从上海市某物流公司权力运行、组织结构、制度体系、员工法治教育四个方面,提出六个亟待改进的核心问题,并为上海市某物流公司后续整改开出了"药方",包括健全风险防控机制、完善并落实相关制度、加强法治合规宣传等三个方面以及八项具体改进建议,并通报其上级母公司。母公司获悉后,在督促上海市某物流公司细化落实、执行到位的同时,决定全集团举一反三,推广应用。

上海市某物流公司自开展企业合规整改以来,企业经营注入了"强心剂",营业额同比增加2 200万元,引进了为奔驰、沃尔沃、宝马等提供汽车备件和用品的SAMPA集团旗下的吉配思公司和全球第一旅行配件品牌Travel Blue等大型品牌客户,员工人数增加至59人。根据上海市某物流公司2023年1—2月运营数据,上海市某物流公司引领集团国际物流部门在2023年年底完成运货量1 200万吨、新增客户 1 000 家、实现利润 1 250 万元,报关业务持续向好发展,自案发后再无违法违纪事件发生,助力母公司在全国报关行业市场占有率达到 10% 的目标。

二是上下联动,多方集结,共绘合规"同心圆"。考虑到涉案企业注册地在嘉定区,经上海市人民检察院指导,上海市检察三分院与嘉定区检察院上下联动,紧密配合,由涉案企业合规第三方监督评估机制管委会选出第三方监督评估组织,人员涵盖高校专家学者、律师、会计师。第三方机构成立以来,先后多次对涉案企业提交的合规计划书进行审议、论证,并提出修改建议,使合规计划更具有针对性、科学性。为切实保证涉案企业"真合规""真整改",上海市检察三分院与第三方多次组织至上海市某物流公司开展回访、考察,深入了解上海市某物流公司报关等业务的整改进度;为实现全流程、常态化监督,邀请嘉定区检察院进行持续监督,定期跟踪、交流上海市某物流公司整改情况。此外,上海市检察三分院与嘉定区工商联保持密切联系并建立了长效合作机制,通过召开研讨会等形式了解企业的进出口经营情况,杜绝其再犯可能性。

三是"办理一案,治理一片",树立行业合规新标杆。经调研统计,在上海市检察三分院办理的走私犯罪案件中,报关企业涉案 10 余起,报关员涉案 10 余人。虽然检察机关曾就个案中报关公司低报价格等违法行为制发过《检察建议书》,但收效不大。行业合规的目的在于预防走私犯罪,而预防的前提在于树立行业合规意识。报关企业、报关员作为进出口贸易中的关键一环,对维护国家社会经济秩序、预防走私犯罪具有重要意义。其一旦缺乏合规意识、心存侥幸,就容易踩踏违法犯罪的红线,为自身或企业带来不利后果。上海市某物流公司就是在帮助客户报关的过程中,由于高层管理人员法律意识淡薄,因为一个"小错误"便沦为了走私犯罪的帮助者。因此,引导报关企业遵法守法,规范报关企业的业务行为,促使报关员依法依规申报,就等于牵住了预防走私犯罪的"牛鼻子"。

据悉,我国报关行业目前尚无系统性的自律、合规要求。为"办理一案,治理一片",助力报关行业进一步构建刑事合规、行政合规和行业合规三结合的"大合规"格局,推动报关行业从"被动合规"向"主动合规"、从"涉案企业合规"向"全行业合规"发展,上海市检察三分院起草了《指引》。《指引》邀请了上海报关行业协会、上海海关缉私局、报关行业龙头企业代表共同参与交流研讨,针对行业内存在的普遍性、规律性问题,广泛征询工商联、报关行业协会、专业律师、业内企业、专家学者的意见后形成,使《指引》兼具权威性、专业性和可操作性,树立上海乃至全国报关行业的合规新标杆。日前,上海市检察三分院已联合上海市三中院、上海海关缉私局、上海报关行业协会联合发布全国首个报关行业合规性《指引》。后期,上海市检察三分院将与上海报关行业协会建立常态化合作关系,定期指派资深检察官走进上海报关行业协会,走进会员单位,以案释法,用法治宣讲的形式引导相关企业树立底线思维,合规经营,为民营企业健康发展提供检察助力。

案件承办人:
　　刘晓光,上海市人民检察院第三分院第二检察部副主任
　　刘喆,上海市人民检察院第三分院第二检察部检察官助理
案例撰写人:
　　刘晓光,上海市人民检察院第三分院第二检察部副主任
　　刘喆,上海市人民检察院第三分院第二检察部检察官助理
案例审核人:
　　蔡红伟,上海市人民检察院第三分院第二检察部主任
案例编审人:
　　林竹静,上海市人民检察院法律政策研究室检察官

上海市人民检察院第三分院举行检察公开听证会,充分听取第三方组织、涉案企业代表、人民监督员、听证员的意见
(由上海市人民检察院第三分院技术人员王建浩拍摄于公开听证室)

扬州 Y 公司、陈某某侵犯著作权案①

——建设企业合规品牌，助推长三角区域 法治化营商环境优化升级

【案例要旨】

人民检察院针对涉案企业生产经营地和办案地分离的情况，依托长三角区域检察协作平台，联合探索建立涉案企业合规协作工作机制，深化检察主导下的跨区域企业合规案件第三方监督评估机制，综合考虑涉案企业实际、行业属性以及当地制造业特点，以"随机抽取＋特邀"的方式组建独立、专业的第三方组织，提升涉案企业知产合规监督评估有效性；以检察机关企业合规工作协同化推动跨区域知识产权司法保护及长三角营商环境一体化建设，为企业合规异地检察协作提供鲜活经验和案例样本。

【案情概要】

迪士尼企业公司于 2021 年 3 月 12 日创作完成"玲娜贝儿"美术作品，成为该美术作品著作权人。同年 9 月 29 日，以该美术作品原型设计制作的"玲娜贝儿"毛绒玩具在上海迪士尼度假区首次发表。2022 年 2 月 16 日，国家版权局对该美术作品以著作权人迪士尼企业公司予以作品登记。

扬州 Y 公司（简称 Y 公司）系仪征市当地一家中小型玩具加工民营企业，被不起诉人陈某某系该公司实际控制人。

2021 年 10 月，陈某某以营利为目的，在未经"玲娜贝儿"美术作品著作权人

---

① 沪浦检刑不诉〔2023〕169 号。

许可的情况下,以 Y 公司名义接受王某某、周某某(均另案处理)委托,生产制作仿冒迪士尼品牌的"玲娜贝儿"毛绒玩具,至案发共仿制该款毛绒玩具 5 000 余件,收取货款 9 万余元。成品由王某某、武某某(另案处理)通过线上、线下等渠道对外销售。

2021 年 12 月 24 日,上海市公安局浦东分局将犯罪嫌疑人陈某某抓获归案。2022 年 7 月,上海市公安局浦东分局以涉嫌假冒注册商标罪将陈某某移送浦东新区检察院审查起诉。2023 年 2 月,检察机关依法对 Y 公司、陈某某作出不起诉决定。

【履职情况】

一、深入社会调查,稳妥启动企业合规程序

浦东新区检察院在办案初期即开始着手对 Y 公司是否符合企业合规改革试点及第三方机制适用条件进行初步评估。针对涉案企业生产经营地和办案地分离的情况,浦东新区检察院依托长三角区域检察协作平台,委托仪征市检察院协助对 Y 公司开展社会调查,由仪征市检察院实地走访了解公司基本状况,通过当地镇政府、税务、工商联等平台,调查其社会贡献度、发展前景、社会评价以及处罚记录等信息,严格把握企业合规适用条件,为后续开展企业合规工作奠定基础。期间,实际控制人陈某某以 Y 公司名义提交了企业合规申请书,主动请求检察机关对 Y 公司进行合规考察。该案经提交浦东新区检察院企业合规改革试点领导小组讨论并报上海市检察院审核同意后,浦东新区检察院决定对 Y 公司启动合规程序。

二、强化检察主导,对涉案企业开展专业第三方监督评估

鉴于本案系玩具加工领域的涉知识产权侵权案件,为确保合规考察的专业性和实效性,浦东新区检察院委托仪征市检察院商请本地区第三方监督评估机制管委会,通过"随机抽取＋特邀"相结合的方式组建专业的第三方监督评估小组(简称第三方组织),即随机抽取第三方专业人员名录库中的一名专家,同时特邀行政主管部门、专业协会人员共同组成第三方组织。启动第三方机制后,浦东新区检察院多次召集仪征市检察院、第三方组织,通过召开线上会议方式,就涉

案企业提交的知识产权专项合规整改计划进行研商,并就可能出现的风险点进行分析,提出科学、合理、有效的专项合规整改方向,指导帮助企业修改完善了涵盖组织体系、风险点识别、制度重建、合规文化培训等多个层面的知识产权专项合规计划。第三方组织根据企业的特点、前期准备情况以及案件的办理进度,确定了为期两个月的合规考察期。

三、组织公开听证,依法公正处理案件

2023年1月,第三方组织对Y公司的整改落实情况出具了合规考察验收合格的书面报告。2023年2月17日,浦东新区检察院在综合全案事实、全面审查企业合规考察报告等相关材料的基础上,采取"线上+线下"方式,组织召开检察听证会,邀请检察协作单位仪征市检察院、第三方监督评估机制管委会、第三方组织代表及仪征市行政主管机关参加,听取Y公司合规整改情况汇报、第三方监督评估机制管委会组建第三方组织过程及履职情况报告,分别就涉案企业合规整改成效及案件处理进行公开听证。与会听证员对涉案企业合规整改成效表示肯定,一致同意对Y公司及陈某某作相对不起诉处理。同月,浦东新区检察院依法对Y公司和陈某某作出相对不起诉决定,并公开宣告。

四、深化行刑衔接,探索异地涉案企业合规整改结果互认机制

为助力涉案企业纾解经营困境,促使其安心经营和健康发展,浦东新区检察院结合办案,加强与仪征市检察院、当地行政主管机关的沟通,共同签署《跨区域涉知识产权企业合规协作备忘录》(简称《备忘录》),并明确提出办案地检察机关可对涉案企业依法不追究刑事责任或者免予刑事处罚的意见,但应当由协作地行政主管机关给予行政处罚的,可以委托协作地检察机关将涉案的法律文书和证据材料移送协作地行政主管机关,并提出对涉案企业从轻、减轻或免除行政处罚的检察意见,作为行政处罚是否从宽的参考。据此,浦东新区检察院依法对Y公司及陈某某作出不起诉决定后,及时向仪征市文体广电和旅游局制发《检察意见书》,并移送涉案证据及企业合规等相关材料,建议对Y公司从轻处罚。仪征市文体广电和旅游局充分认可Y公司合规整改成果,全部采纳检察机关的意见,最终作出对其处以违法经营额1倍罚款的从轻处罚决定。

五、建立长效机制,确保企业合规整改见实效、显长效

为确保企业将知识产权合规内化为长效机制,浦东新区检察院邀请第三方组织成员一道对涉案企业进行回访。经回访了解,在检察机关和第三方组织的指导帮助下,Y公司认真落实合规整改,充实调整企业合规建设组织架构,建立了知识产权专项审查、重大事项集体讨论决策、回头看、员工普法培训等合规管理制度体系,并将其转化为企业可持续发展的内生动力。该公司主要从事玩具加工制造外贸进出口业务,近年来,因受新冠疫情冲击和国际环境影响,订单减少;2023年以来,公司业务稳步恢复,每月营业额大约为150万元,并呈现良好增长态势。

【典型意义】

一、着眼涉案企业社会贡献和现实困难,深入推进企业整改

涉案企业系当地重点培育企业,为大仪镇解决就业人数百余人,留守老人和残疾人占比达40.5%,对助力当地乡村振兴具有积极作用。其所涉犯罪涉及公司部分业务。浦东新区检察院从维护社会稳定、促进企业经营发展、保障劳动力就业等公共利益角度综合考虑,决定对涉案企业开展合规整改。检察机关将企业合规与认罪认罚从宽制度、不起诉制度融合推进,督促企业重新审视经营流程和机制漏洞,引导企业从源头上完善内部管理体系。

二、兼顾地区情况和案件特点适用第三方机制,提升涉案企业知产合规监督评估有效性

鉴于区域内玩具制造产生集聚的特点,为确保后续行刑衔接、行业合规工作的高效开展奠定基础,浦东新区检察院委托仪征市检察院商请本地区第三方监督评估机制管委会,通过"随机抽取专业人员名录库专家1名+特邀行政主管部门、专业协会人员2名"的方式组建独立、专业的第三方组织,为第三方机制运转提供专业性、公正性、协同性支撑。合规整改验收合格后,为构建涉案企业合规整改长效机制,浦东新区检察院还邀请第三方组织成员一同对涉案企业进行不定期回访,督促涉案企业将合规整改工作持续开展。

三、发挥检察职能优势,深入探索跨区域企业合规案件检察机关全流程主导的合规路径

该案移送浦东新区检察院审查起诉之初,涉案企业即表达了强烈的合规整改意愿,鉴于该案跨区域特点,检察机关多措并举、合理安排、积极实践"检察主导全流程"的企业合规路径。一方面,浦东新区检察院委托仪征市检察院对涉案企业开展社会调查,严格把握企业合规适用条件。浦东新区检察院在企业合规建设期间,多次邀请仪征市检察院、第三方组织通过线上会议方式召开合规整改推进会,主导合规计划制定,核查合规计划的执行落实情况。另一方面,浦东新区检察院注重加强与仪征市检察院、当地行政主管机关的沟通,签署《备忘录》,为推进跨区域企业合规案件异地办案协作和行刑衔接线索双向移送机制提供可复制、可推广、可应用的经验。

四、强化诉源治理,助力玩具加工制造行业发展

结合仪征市玩具制造业发展特点,浦东新区检察院与仪征市检察院、仪征市行政主管部门、行业协会共商玩具加工制造行业顽瘴痼疾的整治措施。一方面,通过案件办理、法治宣传等方式,深入涉案企业所在园区,引导广大玩具制造企业树立知产合规意识,从源头防止再次发生类似违法犯罪事件;另一方面,以"我管"促"都管"助力营造企业合规文化,推动司法机关及园区内玩具制造企业制定《毛绒玩具加工企业侵犯知识产权犯罪合规整改指引》,为企业风险防范、合规经营提供指引,助力玩具制造企业加强合规建设,努力达到"办理一个案件、形成一个合规标准、规范一个行业"的良好效果。

案件承办人:
施净岚,上海市浦东新区人民检察院检委会专职委员
汪思廷,上海市浦东新区人民检察院第七检察部检察官助理
案例撰写人:
汪思廷,上海市浦东新区人民检察院第七检察部检察官助理
案例审核人:
张颖,上海市浦东新区人民检察院第六检察部副主任

案例编审人：

林竹静,上海市人民检察院法律政策研究室检察官

浦东新区检察院组织召开公开听证会

（2023 年 2 月 17 日由陶磊拍摄）

上海市静安区市场监督管理局履职不当，社会治理检察建议案①

——促进行政机关合法合理行政

【案例要旨】

检察机关在办理行政非诉执行案件时，需充分发挥"一手托两家"的履职作用，秉持穿透式监督理念，综合运用公开听证、检察建议、宣告送达等方式，既向法院制发《行政非诉执行检察建议》，监督法院公正司法，又以诉源治理为抓手，向行政机关制发《社会治理类案检察建议》，督促行政机关在行政处罚时要考虑处罚种类和处罚幅度与违法行为的性质、情节及社会危害程序相适应，促进行政机关合法合理行政，不断深化行政检察工作效果，助力优化营商环境。

【案情概要】

上海市静安区检察院在开展案件评查中发现，上海市静安区市场监督管理局(简称静安区市场监督管理局)在做出行政处罚时存在未结合案情进行依法裁量、处罚金额畸高的情况，并具有一定的普遍性，遂依职权受理审查。

因个体工商户赵某的副食品商店所销售韭菜的抽检结果不合格，静安区市场监督管理局经调查于 2019 年 12 月 23 日做出行政处罚决定，认定赵某副食品商店构成销售农药残留超过食品安全标准限量的行为，对其作出没收违法所得人民币 10 元、罚款 5 万元的行政处罚。后申请上海市静安区人民法院(简称静安区法院)强制执行。

---

① 沪静检建[2023]125 号;沪静检行非诉监[2023]26 号。

因个体工商户刘某某所销售韭菜的抽检结果不合格,静安区市场监督管理局于 2020 年 6 月 23 日做出行政处罚决定书,认定刘某某未建立食用农产品进货查验记录制度,作出警告处罚;认定刘某某销售不符合食品安全标准的食物,对其作出没收违法所得 7 元、罚款 5 万元的行政处罚。后向静安区法院申请强制执行。

因个体工商户赵某某所销售梭子蟹的抽检结果不合格,静安区市场监督管理局于 2020 年 6 月 23 日做出行政处罚决定书,认定赵某某未建立食用农产品进货查验记录制度,作出警告处罚;认定赵某某销售不符合食品安全标准的食物,对赵某某作出没收违法所得 3 元、罚款 5 万元的行政处罚。后申请静安区法院强制执行。

静安区市场监督管理局办案期间,刘某某、赵某某的经营地所属市场于 2019 年 12 月 2 日、2020 年 6 月 12 日,两次向静安区市场监督管理局提交情况说明,对刘某某、赵某某无法提供供货商资料和进货票据的客观原因,以及其家庭困难、无主观恶意等情况作出说明,希望静安区市场监督管理局能够对其免于处罚或减轻处罚。

后因上述三人未依法缴纳罚款,静安区市场监督管理局向静安法院申请强制执行。因无可供执行的财产,三案的行政罚款均未执行到位,且三人下落不明,亦不再经营市场摊位。

检察机关经查阅法院卷宗和静安区市场监督管理局处罚案卷,走访询问刘某某、赵某某所属市场管理人员,一方面,查明静安区法院在执行过程中,存在终结本次执行程序不符合法律规定等问题,故向静安区法院制发《检察建议书》,督促法院提高执行规范性,严格按照法律采取执行措施;另一方面,认定静安区市场监督管理局作为辖区内食品安全监督管理部门,对涉案当事人的违法行为进行及时查处,履行了法定职责,应予以肯定。但需注意的是,《行政处罚法》规定过罚相当原则,要求行政处罚所适用的处罚种类和处罚幅度应与违法行为的性质、情节和社会危害程度相适应。静安区市场监督管理局做出行政处罚时应综合考量案件具体情形,充分考量从轻或减轻处罚等适用情形、贯彻落实市场监管领域包容审慎监管要求。本案中,个体工商户售卖农产品违法获利金额低、销售范围有限、主观恶性低,又系初犯和偶犯,违法行为轻微,社会危害性较小,且根据所属市场提交情况说明等材料,可证实刘某某、赵某某生活确有明显困难。根据《上海市食品药品监督管理局食品行政处罚裁量指南(四)生产禁止生产食品、食品添加剂案》《上海市食品药品监督管理局行政处罚裁量适用规定》《上海市市场监督管理行政处罚裁量基准适用规定》等规范性文件,本案存在的上述情节属于可以依法从轻或者减轻行政处罚范围。从实际效果看,上述案件当事人均难以承担高额罚款,致行政罚款未能执行到位,执行存在一定的困难。静安区检察院召开研判会,询问人民监督员意见,人民监督员同意检察机关处理意见。后静安区检察院向静安区市场监督管理局制发《检察建议书》,并公开宣告送达,建议静安区市场监督管理局结合案件中违法次数、违法所得金额、主观恶意等要素综合判定处罚幅度,营造良好的营商环境,促进经济持续健康发展。同时,进一步加强源头治理,适时适情开展多部门协作或跨地域联动执法,对发现涉及食品安全的违法行为依法及时作出行政处理,对发现涉嫌犯罪线索的及时移送公安机关。静安区市场监督管理局回函表示全部采纳检察建议,将审慎用好行政处罚权。之后,静安区市场监督管理局将整改措施反馈至静安区检察院,承诺对内细化处罚标准并形成机制;对外则在加强监管的同时充分考量个案客观特殊情形,杜绝机械执法,以进一步优化营商环境。

【履职情况】

一、调查核实查明案件事实

《人民检察院组织法》第 21 条规定,人民检察院行使法律监督职权,可以进行调查核实。调查核实是法律赋予检察机关的一项重要权能。在调查核实中查清事实、分清是非是对案件作出客观公正处理结果的前提和基础。对关键事实进行充分调查、准确核实,才能有理有据,依法精准监督。本案系行政机关对个体工商户的行政处罚,为更好了解案情,承办人一方面通过书面审查法院案卷、行政处罚案卷,了解案件基本情况;另一方面,积极主动走出去,改变"坐堂办案"的传统模式,走访涉案菜市场、上级市场监督管理局、法院等相关单位,了解案件情况及法律适用等问题,从而明晰了案件事实。

二、公开听证听取各方意见

公开听证是通过为各方平等交流对话、辨法析理提供平台,充分保障当事人的知情权和参与权,消除当事人、利害关系人及社会公众对司法办案的疑惑。本案承办人通过召开听证会的方式,主动听取行政机关的意见,了解行政机关在做出行政处罚时的行政裁量标准、"四个最严"的食药安全保护背景等,为后续工作打下了良好基础。

三、类案检索提供智慧借鉴

依法公正裁判是社会公众对司法的基础期待,类案同判、适法统一是公众衡量公平正义的重要标准。在办理案件过程中,承办人注重对类案的检索,以期实现适用法律统一的良好效果。经检索,承办人查询到(2019)京 01 行终 1189 号、(2020)陕 7102 行初 395 号等相关类似案件的行政判决,该类案件判决认为,《行政处罚法》与《食品安全法》系一般法与特殊法的关系,在《食品安全法》没有明确规定时,可以适用《行政处罚法》。行政机关在做出行政处罚时应遵循过罚相当原则,行政处罚所适用的行政处罚种类和处罚幅度要与违法行为的性质、情节及社会危害程度相适应。该类案件对本案具有借鉴意义,为检察机关在释法说理中提供了一定的思路。

四、宣告送达实现监督效果

检察宣告是检察机关立足法律监督职能,按照确定的范围和程序,在专门或临时场所对依法作出的检察决定,在相关人员在场的情况下公开阐明作出决定的事实和理由,现场宣告决定内容、听取意见并送达决定文书的司法活动。本案承办人作出《检察建议书》后,没有采取邮寄送达的方式,而是通过邀请人民监督员参与见证的方式,公开宣告送达给行政机关。对《检察建议书》公开宣告、公开释法说理、公开听取意见,有利于彰显检察机关法律监督权威、维护公平正义、推进检务公开。行政机关在公开宣告会上当场表示对检察机关监督的感谢,将积极落实《检察建议书》的相关内容,进一步提高行政处罚的规范性和合理性。

【典型意义】

一、加强穿透式监督,发挥"一手托两家"的作用

人民检察院在办理行政非诉执行案件时应注意全面审查,发挥"一手托两家"的履职作用,秉持穿透式监督理念,综合运用公开听证、检察建议、宣告送达等方式,既向法院制发《行政非诉执行检察建议》,监督法院公正司法,又以诉源

治理为抓手,向行政机关制发《社会治理检察建议》,促进行政机关依法行政,不断深化行政检察工作效果。

二、以行政检察为助力,优化营商环境

个体工商户既是我国市场经济的重要组成部分,也是我国产业链、供应链的"毛细血管"和市场的"神经末梢",在稳增长、促就业、惠民生等方面发挥着重要作用,应维护个体工商户权益、市场主体执法权威与依法行政相互关系,优化制度水平,提升政府质量和执政水平,推动制度的优化和协调性。当发现行政机关处罚标准违反过罚相当的基本原则时,应准确把握《行政处罚法》的立法精神,从完善履职、督促源头治理等角度督促行政机关依法恰当履职,营造良好的营商环境,促进个体工商户的良好发展,推进社会经济持续健康发展。

三、践行精准监督理念,促进行政机关合法、合理履职

小案件背后有大民生。食品安全关系国计民生,国家实施严格的食品安全监管制度,其目的在于保障公众的身体健康和生命安全,维护社会稳定。静安区市场监督管理局作为辖区内食品安全监督管理部门,对涉案当事人的违法行为进行及时查处,履行了法定职责,应予以肯定。但需注意的是,行政处罚应遵循过罚相当原则,行政处罚适用的处罚种类和处罚幅度要与违法行为的性质、情节及社会危害程序相适应。静安区市场监督管理局在做出行政处罚时应保证过罚一致,方能实现行政处罚兼具的教育与惩戒的双重目的。对于违法行为施以适度的处罚,既能纠正违法行为,又能使违法者自我反省,同时还能教育其他公民自觉守法,但是如果处罚过度,则不仅不能起到教育作用,而且会使被处罚者产生抵触心理,甚至采取各种手段拖延或抗拒执行处罚,无形中增加了行政机关的执法成本,也不利于树立行政处罚的公信力。行政机关在行政执法过程中,应从立法精神和目的出发,解决执法的不完善和机械执法问题。当存在合理的、特别的和充分的理由时,行政机关可以基于案件的重要性或者外在形势的可能变化,采取与裁量基准不一致的行为,进而在构建普遍正义的秩序模式下,实现具体案件的个案正义。

四、以类案监督为载体推动公正执法,提升治理效能

法律的生命在于实施,而法律适用统一则是司法公正的重要体现。检察机关在办理案件过程中应注重类案问题的研判分析,从个案探清行政执法过程中的普

遍性、根本性问题,通过对同类案件反映出的问题进行汇总、梳理、归类,分析研判案件中反映出的共性问题,注重类型化积累,逐步形成体系化意见,将行政任务的政策分析思维融入检察办案中,在确保法律实施统一和法律适用正确的基础上,依法提出针对性的类案检察建议,向行政机关制发《社会治理检察建议》,为行政机关的执法活动提供合理化建议,提出改进工作、完善社会治理的检察建议,促进一类问题的集中解决,进一步提升监督质效,助力解决依法行政和社会治理层面的共性问题。

案件承办人:

夏红焰,上海市静安区人民检察院第五检察部检察官

刘彦琦,上海市静安区人民检察院第五检察部检察官助理

案例撰写人:

刘彦琦,上海市静安区人民检察院第五检察部检察官

案例审核人:

夏红焰,上海市静安区人民检察院第五检察部检察官

案例编审人:

林竹静,上海市人民检察院法律政策研究室检察官

检察建议公开宣告

(2023 年 6 月 25 日由姚安珂拍摄)

王某甲监护侵害监督案^①

——沪宁协同，综合施策，共护未成年人监护权益

【案例要旨】

检察机关办理非本地户籍在押人员未成年子女监护监督案件时，应当积极促成在押地与户籍地两地检察机关横向联动履职，协作开展未成年人救助工作，协同督促有关行政机关落实未成年人临时监护。在押人员无法履行监护职责、侵害未成年人合法权益且未成年人其他近亲属有监护意愿的，检察机关应对其分别进行监护能力评估，并以最有利于未成年被监护人为原则，支持有监护能力的其他近亲属申请撤销监护人资格的诉讼，并在变更监护人后结合家庭具体需求精准开展支持型家庭教育指导。

【案情概要】

王某甲于 2013、2015 年与他人未婚生育了女儿王某乙、儿子王某丙，后在原籍江苏省南京市秦淮区独自抚养两名子女。2021 年 10 月，王某甲因涉嫌诈骗罪被上海市公安局长宁分局羁押于上海市长宁区看守所。负责照顾王某乙、王某丙的保姆得知王某甲被上海警方抓获后，于同年 12 月 5 日将两名未成年人从南京带至上海市长宁区华阳路派出所后失联；华阳路派出所立即联系街道未成年人保护站（简称未保站），华阳路街道未保站根据强制报告制度向上海市长宁区检察院报告相关线索。

【履职情况】

一、沪宁检察联动督促落实临时监护

上海市长宁区检察院通过检察社会服务中心云平台接到华阳路街道未保站移送的困境儿童线索后,立即会同公安、民政、街道启动困境儿童救助照护及近亲属查询联系工作。因王某乙、王某丙无法提供母亲姓名等信息,故公安人员根据其提供的母亲照片与人口信息库进行人像比对,最终确认犯罪嫌疑人王某甲为其两人的母亲。经查,王某甲因涉嫌诈骗罪可能被判处 10 年以上有期徒刑且拒不认罪,不符合取保候审条件,无法履行监护职责。经询问王某甲孩子其他近亲属的信息,王某甲称王某乙、王某丙的生父为我国台湾地区居民,已返回台湾地区生活,两人长期没有联络,无法提供联系方式,仅能提供其父母王某丁、祝某某的联系方式。经与王某甲父母联系,其以不知晓王某甲未婚生育子女、家庭经济困难、无力解决孩子户口及就学问题等理由拒绝承担临时监护责任。为解决老人顾虑,长宁区检察院依托长三角未成年人检察工作协作机制对接江苏省南京市秦淮区检察院,联合向王某甲及其父母户籍所在地的南京市秦淮区民政局制发《检察建议书》,督促其为王某乙、王某丙落实生活保障救助。秦淮区民政局收到《检察建议书》后立即启动困境儿童生活补贴申请程序,落实托底救助帮扶。

为解决两名未成年人的落户问题,长宁区检察院入所询问王某甲关于两名子女的具体出生日期及医院名称,但王某甲为避免因生产时逃避住院费被追责,未如实告知相关信息,仅告知子女大致出生日期及地点。两地检察机关经多方努力,根据细节信息最终在沪宁两地分别查到王某乙、王某丙的出生记录,后秦淮区检察院协调当地公安、教育等部门,为两名儿童办理了户口登记并联系学校入学。经沪宁检察机关的多次沟通与引导,王某丁、祝某某同意在王某甲羁押期间负责对王某乙、王某丙的临时监护。2022 年元宵节前,王某乙、王某丙被两地检察机关护送至其外祖父母处。

二、沪宁检察携手开展监护能力评估

因王某乙、王某丙的入校就学、申领补贴等手续均须由监护人办理,王某丁、祝某某不具有监护人资格无法代办,王某乙、王某丙在入学及生活上面临困难。

2022 年 8 月 9 日,王某丁、祝某某向秦淮区人民法院申请撤销王某甲监护人资格,指定其两人为两名儿童的监护人,并于次日向秦淮区检察院申请支持起诉,同时请求长宁区检察院配合调取证据。受理案件后,沪宁检察共同商定调查提纲:一是就王某甲是否存在监护侵害行为充分审查,审慎适用撤销监护权;二是分别委托专业家庭教育指导师对王某丁、祝某某夫妇开展监护能力评估;三是听取被监护人意愿。

经对王某甲评估,检察机关认为一是王某甲在抚养期间一直未为子女办理户口,亦未安排适龄未成年子女入学接受义务教育,严重侵害了未成年人受教育权;二是王某甲因涉嫌诈骗罪被羁押后,明知两名年幼的未成年子女由非亲属人员临时看管,始终未主动向司法机关说明两名子女的生活状况,致使两名低龄未成年子女陷入监护缺失的危困状态;三是王某甲故意隐瞒子女出生地、出生日期等关键信息,对两名未成年子女户口申报登记造成严重阻碍;四是 2022 年 8 月12 日,王某甲因犯诈骗罪被长宁区人民法院判处有期徒刑 11 年,客观上在较长时间内无法履行监护职责,综合认定其不履行监护职责且长期无监护能力。

经对王某丁、祝某某评估,检察机关认为经司法、民政、教育等部门救助帮扶,两人有经济能力抚养照顾两名未成年人,且两名儿童均表示与外祖父母生活期间得到了妥善照护,愿意与外祖父母共同生活,故认定王某丁、祝某某具备监护能力。

2022 年 8 月 15 日,两地检察机关就是否支持起诉联合召开远程视频听证会,充分听取当事人、人民监督员及民法专家的意见后作出支持决定。2022 年11 月 17 日,秦淮区人民法院判决撤销王某甲监护权,指定王某丁、祝某某担任两名儿童的监护人。王某甲的法律援助律师当庭转达同意的意见,并表示将积极改造,希望刑满释放后能够申请恢复监护资格,弥补子女缺失的母爱。

三、沪宁检察对接提供跨省支持型家庭教育指导

因王某丁、祝某某与两名儿童从未共同生活,对两名儿童的身体状况、生活习惯、性格特点、学习能力等均不掌握,在开展家庭教育方面毫无头绪,为此,沪宁检察启动跨省支持型家庭教育指导。长宁区检察院对王某甲进行入所谈话,深入了解两名未成年人的病史、爱好、特长、成长经历、教育程度等情况,制成《家庭教育指导重点提示清单》移送秦淮区检察院,两地检察机关联合为王某丁、祝某某靶向定制"3+6+长期"支持型家庭教育指导方案,即 3 个月线上随时沟通线下随时回访、6 个月定期回访、长期关注的全程跟踪模式。其间,联合家庭教

育指导师、心理咨询师，为老人定制科学育儿方法、亲子沟通技巧等辅助课程，对两名儿童定期开展谈心谈话、心理疏导，引导祖孙建立双向亲情连接，帮助孩子养成良好的行为习惯，修复因母亲犯罪带来的心理创伤；联合社区卫生所，帮助两位老人科学处理孩子过敏严重的身体问题；聘请儿童督导员定期上门，协助老人开展课业辅导，并邀请祖孙共同参加社区亲子活动。其间，长宁区检察院定期线上回访，秦淮区检察院随时上门回访，及时处理祖孙相处中的问题。经回访了解，现王某乙、王某丙与王某丁夫妇相处融洽、情绪稳定，在校表现突出，已获近10项荣誉奖状。

【典型意义】

一、发挥部门联动，链接异地协作，全方位落实困境儿童救助

对于陷入监护困境的未成年人，检察机关需畅通线索发现渠道，建立高效的部门联动与配合衔接机制，与民政、教育等未保单位积极形成工作合力，为困境儿童落实临时照料、生活安置、心理疏导、经济帮扶、就学支持等综合救助。对非本地户籍的监护人未履行监护职责进行监督时，检察机关可以对接困境儿童及其监护人户籍地的检察机关开展异地协作，并以异地检察机关为沟通桥梁，通过制发《检察建议书》等社会治理手段，督促异地未保单位及时掌握困境儿童线索，会同司法机关全方位参与困境儿童救助及监护落实工作。

二、严格审查条件，全面听取意见，依法支持撤销监护人诉讼

检察机关受理撤销监护人资格支持起诉申请，应当根据未成年人住所地、监护人住所地或者侵害行为地确定管辖权，然后根据《民法典》的规定，审查监护人是否有应当被撤销监护人资格的情形，结合监护人的客观行为与主观心态，重点审查监护人是否实施了严重损害被监护人身心健康、怠于履行监护职责、无法履行监护职责且拒绝委托他人履行，以及其他严重侵害被监护人合法权益等行为，导致被监护人处于危困状态。检察机关可通过召开听证会，充分听取未成年被监护人及撤销监护申请人等当事人、人民监督员、专家学者等多方意见，以最有利于未成年被监护人为原则，决定是否支持撤销监护人资格之诉，并以协助提供证据、提供法律支持、出庭宣读支持起诉书、对监护人指定人选发表意见等方式，

最大限度地维护监护困境未成年人合法权益。

三、动态跟踪监督,督促监护落实,提供支持型家庭教育指导

撤销监护人资格后指定的新监护人可能会由于对被监护的未成年人缺乏深入了解、监护能力不足等问题影响监护效果。检察机关在新监护人确定后,应当继续跟进开展监护评估,并根据未成年人及其新监护人的需求,委托专业力量为新监护人提供支持型家庭教育指导服务,同时积极主动协调社区、社会、学校、民政等各方力量,为其提供经济、学业、心理等各方面社会支持,帮助新监护人尽快与被监护的未成年人建立亲密家庭关系,修复未成年人因监护缺失受到的伤害,使其尽早适应回归正常的家庭生活。

案件承办人:

尤丽娜,时任上海市长宁区人民检察院第七检察部主任(现任上海市人民检察院第九检察部副主任)

上海市长宁区相关人员乘坐高铁护送姐弟回到南京

(2022 年 2 月 14 日由南京市秦淮区检察院检察官拍摄)

郁郭馨,上海市长宁区人民检察院第七检察部五级检察官助理

案例撰写人:

任舒容,上海市长宁区人民检察院第七检察部三级检察官助理

汤鑫,上海市长宁区人民检察院第七检察部五级检察官助理

案例审核人:

梅静,上海市长宁区人民检察院第七检察部副主任

案例编审人:

林竹静,上海市人民检察院法律政策研究室检察官

江某某申请指定监护人支持起诉案[①]

【案例要旨】

在支持起诉程序中，检察机关应当依法履行支持起诉职能，保障当事人平等的诉权。检察机关支持起诉不应局限于普通程序民事诉讼，也可适用指定、变更、撤销监护人等特别诉讼程序。当亲属罹患疾病失去民事行为能力，为了帮助其治疗疾病等需要，从推动其身心权益角度考虑，检察机关可支持起诉，帮助其刚大学毕业的成年子女且系患者唯一的近亲作为指定监护人，以便于处置被监护人的相关财产，并将其用于治疗和照顾患者生活，以度过家庭危机。

【案情概要】

被支持起诉人江某某系二级听力残疾人，其母亲代某某因患有未分化型精神分裂症，需长期服用治疗药物，2021 年 6 月，代某某擅自停药，导致病情加重，生活不能自理，被公安机关及江某某送至上海市普陀区精神卫生中心接受治疗。治疗期间，由于代某某与江某某名下财产（动迁款项 300 多万元人民币）被他人侵占，江某某对该笔款项处置不能，无法承担其母的治疗费用和其他生活支出，导致其与其母生活难以为继，入不敷出，民事权益受到侵害。而代某某的丈夫及其父母已经去世，江某某作为代某某唯一的女儿，只有宣告代某某为限制民事行为能力人并获得其监护权才可能度过危机。江某某因听力残疾且经济困难，无法自行或者聘请代理人，故向检察机关申请支持起诉。

---

① 沪普检民支〔2021〕2 号。

【履职情况】

一、受理情况

2021年8月，江某某经户籍民警陪同，向普陀区法律援助中心申请法律援助。因其名下有动迁款项分配，不符合法律援助条件，普陀区法律援助中心遂将线索移送至上海市普陀区检察院。

普陀区检察院接到案件线索后，主动及时开展调查核实工作：一是委托东新路派出所向代某某父母所在地进行情况调查；二是至普陀区精神卫生中心调取被监护人住院病史录；三是委托上海市阳光社区青少年事务中心普陀区工作站就监护权资格进行社会调查。根据调查报告，经过综合评估，江某某虽有听力残疾，但配有人工耳蜗，生活能够自理，亦有稳定收入，符合成为代某某监护人的资格；四是与普陀区法院就案件相关情况进行沟通，由普陀区法院委托专业机构对被监护人的民事行为能力进行司法鉴定。根据上海枫林司法鉴定中心出具的沪枫林〔2021〕精鉴字第1197号鉴定意见书，代某某被评定为限制民事行为能力人。针对江某某的实际情况，普陀区检察院为江某某提供了法律咨询、调查核实、撰写起诉书模板、梳理证据清单等法律帮助，践行以人民为中心的司法理念，同步开展救助工作，向普陀区检察院第六检察部移送司法救助线索，为当事人江某某解决燃眉之急。在调查核实结束后，普陀区检察院就本案是否能进行支持起诉开展公开审查听证活动，获得听证员的认可。

二、支持起诉意见

2021年11月15日，普陀区检察院依法向普陀区法院出具了支持起诉书。普陀区法院认为，根据《中华人民共和国民法典》第24、31条规定，不能辨认或者不能完全辨认自己行为的成年人，其利害关系人可以向人民法院申请认定该成年人为无民事行为能力人或者限制民事行为能力人，且有关当事人可以直接向人民法院申请指定监护人。申请人作为被监护人的子女，实际照顾被监护人日常生活，符合申请条件。弱势群体的合法权益应当受到保护，在其依法独立行使权利存在障碍时，检察机关可通过履行支持起诉职能、帮助弱势群体开展诉讼活动。申请人江某某系听力二级残疾，成长环境单一，生活阅历较浅，独自进行民事诉讼活动存在调查取证的障碍。经综合调查及评估,根据《民事诉讼法》第15条之规定,普陀区检察院决定对申请人进行支持起诉。

三、审理结果

2021年11月25日,普陀区法院作出(2021)沪0107民初字第1371号民事判决书,判决宣告代某某为限制民事行为能力人;同日,作出(2021)沪0107民初字第1385号判决,指定江某某担任代某某的监护人。

【典型意义】

一、维护残障人员利益,体现检察人文关怀

保障残障人士合法权益是社会文明进步的重要标志。民事检察支持起诉工作是《检察院组织法》《民事诉讼法》所赋予的法律监督职能,是检察机关关注民生问题、参与社会治理的重要方式。本案被监护人系精神残疾人士,指定申请人为其监护人不仅更好地维护了被监护人的合法利益,而且便利了申请人在今后的生活中代表被监护人处理相关事务。申请人本身也具有二级听力残疾,检察机关充分关注、及时发现残障人士依法独立行使权利存在的障碍,通过民事支持起诉的方式,保护其合法权利免受侵害,紧紧围绕涉及残疾人群体的实际困难与现实需求依法主动履职,为人民群众提供有温度的民事检察产品。

二、秉持依法审慎原则,支持起诉工作向指定、变更、撤销监护人等特别程序拓展

依法支持受损害的单位或者个人向人民法院起诉,是民事检察重要职能之一。检察机关支持起诉不局限于普通程序民事诉讼,向指定、变更、撤销监护人等特别诉讼程序延伸,是检察机关践行以人民为中心司法理念的现实要求。监护制度遵循最有利于被监护人的原则进行设置,在成年人丧失或限制行为能力时,及时指定监护人有利于对其及时照顾和治疗。本案中,母亲身患重病,丧失行为能力,唯一的子女,经济能力十分有限。为母亲指定监护人,使女儿获得处置家庭财产、照顾患者生活的资格迫在眉睫。检察机关对申请人的监护能力进行综合评价后,认定申请人虽有二级听力残障,但该单一的监护能力偏弱不妨碍

申请人的独立监护能力。检察机关综合研判案情,认为本案符合民事诉讼法相关规定,由被监护人住所地人民法院管辖,确定普陀区法院具有管辖权,符合法律规定。

三、搭建高效化解渠道,多方合力维护弱势群体权益

扶弱济困、实现"鳏寡孤独废疾者皆有所养"的目标,是检察机关支持起诉工作的重要价值追求。检察机关积极打通各方渠道,在案件受理后,主动履职牵头协调社区公安、社工、法律援助中心等多方力量,构建支持残障人士平台,同时,积极与法院协商,打通案件各个节点,构建绿色通道机制,推动案件高效进行。法院在受理案件后,迅速委托司法鉴定机构,并在收到鉴定意见后,指派专人短时间内完成立案至判决的过程。对公检法及社会力量进行有效整合,勠力同心发挥职能,强化了司法协作、感情认同,促进了新型、良性、互动关系,共同破解弱势群体维权困境,为辖区内残障人士、老年人群等弱势群体维护自己的权益保驾护航。

四、坚持以公开促公正,持续彰显司法公信力

民事支持起诉工作是民事检察监督职能的拓展和延伸,对于保障弱势群体合法权益、维护社会公平正义具有重要意义。检察机关以公开听证的方式审查案件是否能进行支持起诉,让司法活动在阳光下运行,提升了民事检察公信力和社会知晓度,让群众对检察职能有更全面的了解,进一步保障了人民群众的参与度和监督权,维护了弱势群体的合法权益,持续传递检察温暖,切实落实以人民为中心的司法理念,实现了精准监督、依法保护弱势群体合法权益、化解社会矛盾和普及法治理念等多重司法价值,让公正可触、可感、可信,持续彰显了司法的公信力。

- -

案件承办人:

韩欣曎,上海市普陀区人民检察院第五检察部检察官

案例撰写人:

韩欣曎,上海市普陀区人民检察院第五检察部检察官

案例审核人：

张雅芳,上海市普陀区人民检察院第五检察部主任

张楚昊,上海市普陀区人民检察院第六检察部副主任

案例编审人：

林竹静,上海市人民检察院法律政策研究室检察官

上海市普陀区人民检察院第五检察部承办检察官至法律援助中心就江某某
申请指定监护人支持起诉案询问当事人,并与援助中心工作人员、
社区民警等就案件相关情况进行沟通交流

(2021 年 8 月 18 日由上海市普陀区人民检察院第五检察部检察官助理马茗妍拍摄)

安徽某纺织有限公司、狄某某、胡某某 虚开增值税专用发票案[①]

——依托长三角区域检察协作平台，积极适用 涉案企业合规异地协作工作机制

【案例要旨】

检察机关在开展涉案企业合规工作中，针对企业注册地、生产经营地均在异地的情况，积极适用异地协作工作机制，推动跨区域联动办案。根据虚开增值税专用发票案件特点，有针对性地选任第三方组织，结合小微企业经营管理现状，因企施策、靶向治疗，协同第三方组织对企业合规整改情况进行实质审查、实质监管、实质评估，促进企业实质整改。

【案情概要】

安徽某纺织有限公司(简称某纺织公司)系安徽省郎溪县政府招商引资的企业，于2017年在该县经济开发区内设立，主要进行纺织品生产、加工和销售。犯罪嫌疑人狄某某、胡某某系该公司实际控制人。

2021年3月—10月，狄某某和胡某某在共同经营某纺织公司期间，在无真实货物交易的情况下，以收取开票费的方式，为A公司虚开增值税专用发票，价税合计1 200万余元，涉及税额138万余元，均被A公司用于骗取国家出口退税款；为B、C、D、E等4家公司虚开增值税专用发票，价税合计970余万元，涉及税额110余万元，其中已抵扣税额96万余元。2021年12月，狄某某、胡某某在江

---

① 沪虹检刑诉〔2022〕654号。

苏省苏州市被公安人员抓获,到案后退缴税款100万元。

2022年6月,公安机关以狄某某、胡某某涉嫌虚开增值税专用发票罪向虹口区检察院移送审查起诉。虹口区检察院经社会调查评估,综合考虑案件事实、犯罪嫌疑人认罪认罚情况、企业发展前景及合规整改意愿,决定依法启动对涉案企业为期4个月的合规考察程序。2022年10月,虹口区检察院组织召开涉案企业合规第三方监督评估组织成立宣告会,向某纺织公司和涉案人员送达了《涉案企业合规告知书》《涉案企业合规考察通知书》《适用涉案企业合规试点及第三方监督评估机制通知书》《涉案企业合规检察建议书》,正式启动对某纺织公司的合规考察,并经评估最终作出考察通过的结论。2022年12月29日,虹口区检察院以被告人狄某某犯虚开增值税专用发票罪向虹口区法院提起公诉。2023年9月21日,虹口区法院以虚开增值税专用发票罪判处狄某某有期徒刑3年,缓刑4年。

【履职情况】

一、精密开展社会调查,研判企业具备合规基础条件

检察机关在调查中发现,根据国家中小企业划型标准,某纺织公司属于小型企业,共有员工30余名。近三年来,尽管面临疫情导致的经营困境,某纺织公司仍然年均营业收入超过2000万元,利润率达到10%,经营期间均依法缴纳税款。案发时,企业正在筹备二期厂区,计划在现有300台生产机器的基础上增加100台设备扩大生产规模。作为安徽省郎溪县政府招商引资项目,某纺织公司在郎溪县经济开发区具有良好的企业信誉,但是公司在制度建设方面存在疏漏,公司实际控制人狄某某、胡某某仅有小学以下文化水平,守法合规经营意识淡漠,导致企业存在严重的涉税和财务风险。某纺织公司涉案后,生产经营几乎停滞,资金流转明显不畅,违约风险和信誉受损接踵而至。某纺织公司主动提出愿意承担企业责任,希望进行企业合规整改,检察机关经调查评估与综合考量,认为对某纺织公司开展企业合规具有必要性与可行性。

二、精确制发《检察建议书》,引导企业合规整改标本兼治

虹口区检察院在合规程序启动初期即向某纺织公司制发《涉案企业合规检察建议书》,指出企业经营管理存在的突出问题,特别是在发票管理、财税管理、

业务合作审查以及内部合规监管等方面存在严重的法律风险,要求企业开展自查自纠,排查风险隐患,设立合规岗位,提升合规意识,完善组织架构,规范业务流程,加强资金审核,防范经营风险。《检察建议书》为企业合规整改和第三方组织考察评估工作提供了指引,企业完全采纳《检察建议书》的内容,积极对自身合规体系、管理制度、监督机制以及企业文化进行重塑与再造。第三方组织以检察建议为蓝本,为企业量身定做合规整改推进措施。

三、精细开展考察评估,发挥第三方组织专业化优势

虹口区检察院根据案件罪名、性质、合规重点方向等方面,联合虹口区工商联,选任1名合规领域律师、1名注册会计师组成第三方组织。合规考察期间正值新冠疫情肆虐,第三方组织通过视频方式,对某纺织公司多次进行"远程走访",公司法定代表人、全体股东、合规专员、管理人员、会计出纳、部门负责人、全体员工全部接受监督、评估与考察。通过视频,某纺织公司向第三方组织展示了公司厂区全貌,汇报了合规计划、整改方案的落实情况,第三方组织对涉案企业重点岗位员工及管理层人员分别进行访谈,为企业精准把脉,指出企业合规管理执行混乱、合规专员独立行权缺乏保障、合规考核方式流于形式、合规问责机制过于抽象等关键问题,为企业靶向施策,引导企业走上以完善财税管理为重点、全面构建企业合规体系的整改轨道。

四、精心筹划异地协作,确保跨区域联动办案取得实效

某纺织公司注册地和主要经营地均在安徽省郎溪县,另有门市部在江苏省苏州市。为更好地开展合规考察工作,虹口区检察院根据沪浙苏皖四地检察院联合制定的《长三角区域检察协作工作办法》,制发了《跨区域检察协作申请函》,分别联系苏州吴江区检察院和安徽省郎溪县检察院寻求合作,获得兄弟院的大力支持。在制发《检察建议书》前,虹口区检察院依法向郎溪县检察院征求意见。在第三方组织筹备期,因郎溪当地并未建立第三方组织,经与郎溪县检察院商议,本案创造性地选任虹口区第三方组织异地开展监督考察。在评估验收期,虹口区检察院与第三方组织赴郎溪县,在郎溪县检察院的组织下,在当地税务机关、人大代表、政协委员、人民监督员多方参与下,联合开展对某纺织公司的合规整改评估验收工作。两地检察机关就涉案企业合规异地协作专门召开座谈会,就制度构建、联动办案、工作衔接、保障机制等方面进行深入交流,推动异地企业

合规考察工作做深、做细、做实。

五、精准落实整改要求,涉案企业合规面貌焕然一新

经过 4 个月的合规整改,某纺织公司建立了较为完备且符合自身特点的合规管理组织体系,采用了"合规专员＋法律顾问"的双重风控模式。建立健全资本权属清晰、财务关系明确、符合现代法人治理结构要求的财务管理制度、发票登记审批制度、定期向主管税务机关报告机制,以及对外部合作方开展尽职调查的业务审查制度等,制度汇编共 18 个部分 2.5 万字,印制下发至各部门和全体员工。创建了合规管理运行保障机制,包括飞行检查机制、投诉机制、合规报告机制和合规考核机制。注重培育企业合规文化,提出以"诚信、规范、优质、高效"为企业格言,围绕树立税收法治观念、尊崇税法、依法纳税,绝不触犯法律底线,开展合规培训,印发《企业员工行为准则》,签订《员工合规承诺书》,建立合规文化群,着力营造合规文化氛围。

六、探索合规端口后延,放大涉案企业合规办案效果

为进一步提升涉案企业合规工作合力,做好企业合规工作的"后半篇文章",虹口区检察院联合虹口区法院、郎溪县检察院共同开展了对某纺织公司的回访工作。某纺织公司负责人反馈,通过企业合规整改,公司改变了唯经济利益的经营理念,进一步提升了经营模式和产品类目,针对纺织工业产生废水的特性,通过改变工艺实现了环保升级,更因此获得了国有企业生产订单,公司业绩蒸蒸日上。在回访过程中,虹口区检察院还从某纺织公司所在的郎溪经济开发区十字园区管理办了解到,纺织业是郎溪县优势产业,目前该园区引入纺织企业 100 余家,企业生产规模、经营管理模式与某纺织公司均有相似之处。为提升该区域小微企业整体合规经营水平、服务保障优化营商环境,虹口区检察院再次联合虹口区法院、郎溪县检察院、郎溪县十字镇政府,制定了《园区企业合规管理指引》,以点及面开展园区合规,做到了个案事后整改与行业事前预防的双向促进。

【典型意义】

一、秉承平等保护理念,扶持小微企业做大、做强

我国小微企业数量较多,虽然在民营经济中占较大比重,吸纳了大量的就业人

口,但小微企业的单位意志与企业家个人意志高度重合,与现代化公司治理模式存在较大差距,阻碍了民营经济的高质量发展。检察机关重点研判涉案小微企业合规整改的必要性与可操作性,可帮助企业取得预防治理所涉犯罪或类似违法行为的实效,依法对涉案小微企业作出宽缓的处理结果,从根源上避免企业被"标签化",让涉案企业在合规整改成功后仍具有与市场上其他经济主体平等竞争的机会,实现"企业不关门、老板不坐牢、员工不失业、经营不停滞"的企业合规宗旨目标。

二、坚持客观专业,确保涉案企业"能挽救""真合规"

检察机关通过深入的社会调查,评估涉案企业具备建立健全合规管理体系的基础条件、真实的合规意愿,确保涉案企业有"挽救"的必要性和合规的可行性,督促企业科学合理制定合规计划,做到合规与生产"两不误""两促进",确保已经建立起来的合规制度能长期坚守,尤其是要做到货物流、资金流、发票流三者相一致,发挥制度管人、制度管事的作用,发挥合规专员的特殊制约作用,发挥会计人员的监督作用,坚决避免虚开增值税专用发票等违法现象的再次出现,争做遵纪守法的模范,争取实现经济效益、法治效益和社会效益的统一。

三、推动跨区域联动办案,为异地协作广泛开展积累经验

在办案过程中,两地检察机关在充分保证第三方组织独立履职的基础上,与第三方组织和企业分别建立定期沟通会商机制,共同跟进企业合规整改进程、合规计划落实情况。企业合规整改完成后,两地检察机关联合开展考察评估验收工作,督促某纺织公司认真落实企业责任,弥补监督管理漏洞,有效防止再次发生相同或类似违法犯罪,助推某纺织公司完善现代企业管理制度。为固化本次异地协作成果,形成涉案企业合规跨区域联动长效机制,虹口区检察院与郎溪县检察院会签了《关于涉案企业异地合规协作配合工作的框架协议》,为检察机关有效开展异地涉案企业合规考察提供了制度样本。

四、探索全流程合规,积极实现合规标准、整改成果互认

某纺织公司在合规整改过程中,虹口区检察院作为主导机关,充分发挥了职能优势,积极与审判机关沟通协作,在共同开展涉案企业回访、涉案企业园区合规过程中,推动检法互认落地。目前,虹口区检察院已与虹口区法院签订了《办理涉案企业合规协作工作细则》,检法双方将合规整改情况作为酌定从宽情节等

达成了共识,并在裁判文书中予以确认。对于整改合格后依法作出不起诉决定、免于刑事处罚或者判处缓刑的涉案企业和个人,虹口区检察院也积极与税务、市场监督管理局等行政机关沟通衔接,探索通过各行政机关对涉案企业日常经营进行长期监督、监管的模式,进一步引导企业合法、合规经营。

案件承办人:

曹婧,上海市虹口区人民检察院第三检察部主任

王琦丽,上海市虹口区人民检察院第三检察部检察官助理

案例撰写人:

王琦丽,上海市虹口区人民检察院第三检察部检察官助理

乔慧,上海市虹口区人民检察院第六检察部检察官助理

案例审核人:

曹婧,上海市虹口区人民检察院第三检察部主任

案例编审人:

林竹静,上海市人民检察院法律政策研究室检察官

召开合规听证会

(2023 年 3 月 7 日由上海市虹口区人民检察院办公室王晓阳拍摄)

厉某某等人借款合同纠纷
民事调解检察监督案①

——依职权监督民事虚假诉讼

【案例要旨】

依职权监督既是民事检察监督启动的重要方式之一,也是检察机关依法能动履职的具体体现。民事检察部门依法履行依职权监督职能,有利于更好地维护国家利益和社会公共利益,保护当事人的合法权益。在办案过程中,检察机关亦要充分运用调查核实权,一案多查打好监督组合拳,精准适用检察建议等监督手段,提升民事检察监督质效。

【案情概要】

2005年5月13日,中国工商银行上海市杨浦支行(简称工行杨浦支行)向上海市杨浦区法院起诉,要求厉某某归还借款人民币308 733.28元及利息,并承担案件诉讼费用,上海某汽车销售有限公司(简称某汽车销售公司)对上述请求承担连带清偿责任。

杨浦区法院于2005年6月2日作出(2005)杨民二(商)初字第351号民事调解书。该调解书载明,案件审理中,经一审法院主持调解,双方当事人自愿达成调解协议:一是厉某某应于2005年6月30日前归还工行杨浦支行借款本金308 733.28元;二是厉某某应于2005年6月30日前给付工行杨浦支行至2005年5月12日止的利息5 761.47元,以及从2005年5月13日起至实际清偿日止

---

① 沪杨检民监[2020]310110000006号。

的逾期利息(按每日 2.1‰计付);三是某汽车销售公司对上述第一、二项承担连带保证责任,其承担保证责任后,有权向厉某某追偿;四是双方无其他争执。

厉某某称其对杨浦区法院(2005)杨民二(商)初字第 351 号案毫不知情,参与该案诉讼活动的并非其本人,且该案已过再审申请期限,故其只能以审判人员违法向上海市杨浦区检察院申请监督。检察机关依法对该案审判程序中的违法行为进行审查,认为该案可能涉及虚假诉讼,存在损害社会公共利益及厉某某本人实体权益的可能,若通过审判人员违法方式进行监督,无法对案件实体错误予以纠正,故决定对该案以民事生效调解监督依职权受理。

【争议焦点】

一、《个人借款合同》中"厉某某"签名是否其本人所签

案件受理后,上海市杨浦区检察院调阅相关案件卷宗材料,组织召开公开听证会,对涉案合同进行笔迹鉴定,前往银行、车辆管理部门等开展调查核实。查证,工行杨浦支行向一审法院随状提交了"厉某某"与工行杨浦支行于 2003 年 8 月 29 日签订的《个人借款合同》,该合同约定贷款人工行杨浦支行根据借款人"厉某某"的申请,向"厉某某"发放个人汽车消费贷款,借款金额为 421 000 元,用途为购车,抵押物为奥迪 A6 汽车,某汽车销售公司为上述借款提供担保。合同第 7 页"借款人(签字)"栏及第 9 页"抵押人(签字)"栏均签有"厉某某"字样。厉某某在检察机关审查中称,其与案外人毕某某于 2002 年 10 月 29 日经上海市黄浦区法院调解离婚。离婚后,毕某某以从某汽车销售公司处购买奥迪 A6 汽车一辆为由,盗用厉某某身份证及房产证向工行杨浦支行贷款 40 余万元,而厉某某本人从未与银行签订过借款合同,合同中的签字也非其本人所署。为查明本案《个人借款合同》中"厉某某"签名的真伪,杨浦区检察院调取了涉案合同原件,与厉某某亲笔字迹一并送至上海市人民检察院检察技术处进行笔迹鉴定。2015 年 8 月 5 日,该部门出具沪检技鉴字[2015]264 号《笔迹鉴定书》,鉴定意见为:送检的 D-20150264-JC-1"借款人(签字)"栏以及"抵押人(签字)"栏的"厉某某"签名字迹与 D-20150264-YB-1、D-20150264-YB-2 厉某某亲笔签名不是同一人所写,即《个人贷款合同》中"厉某某"签名系他人所写。

二、厉某某是否获得涉案借款并购买了车辆

根据法院卷宗材料显示,涉案借款合同写明借款种类为个人汽车消费贷款,用途为购车。合同签订后,工行杨浦支行将涉案款项划入某汽车销售公司银行账户,后某汽车销售公司向毕某某为法定代表人的上海某食品有限公司汇入一笔款项。为核实相关情况,承办检察官向上海市公安局交通警察总队车辆管理所三分所查询厉某某名下车辆所有情况。经查,厉某某名下并无车辆。随后,承办检察官致电工行杨浦支行信贷部工作人员吴某某向其询问相关情况。吴某某称,当时银行正在试点车贷业务,为加快贷款放款速度,该案确未办理车辆抵押手续。由此可见,厉某某并未获得该笔借款,也未将该笔借款用于购车。

三、厉某某本人是否参与一审诉讼活动

案外人魏某某向一审法院提交《授权委托书》,内容为魏某某作为厉某某的委托代理人参与诉讼,委托人署名处书有"厉某某"字样。魏某某还向法院提交了法律文书送达地址确认书,确认"陕西北路 1283 号 3 号 1006 室"为厉某某在该案一审和二审的诉讼文书送达地。诉讼中,法院向该地址送达了传票、应诉通知书等法律文书,签收人为"葛某某"(不清),根据邮件详情单显示其系厉某某的朋友。2005 年 6 月 2 日,在一审法院主持下,魏某某代理厉某某与工行杨浦支行达成调解,杨浦区法院据此出具(2005)杨民二(商)初字第 351 号民事调解书。厉某某在检察机关审查中称,毕某某公司员工魏某某在厉某某不知情的情况下为其代理了上述案件,并与银行达成了调解,厉某某未收到过该案相关法律文书,一审文书签收人系厉某某前妻毕某某公司里的员工,与厉某某没有关系,直至 2014 年 8 月,厉某某发现名下工商银行账户被冻结,后经多方查询发现此事。随后,承办检察官对魏某某进行了询问,魏某某称,其对该事不知情,厉某某没有委托他代理厉某某参与上海市杨浦区人民法院的诉讼活动,魏某某以自己在医院接受治疗为由,拒绝对一审庭审笔录上的魏某某签名进行笔迹鉴定。因此,厉某某本人并未参与一审诉讼活动,也未委托魏某某代理其参与诉讼。

杨浦区检察院审查认为,杨浦区法院(2005)杨民二(商)初字第 351 号民事调解系虚假诉讼,法院以虚假的合同为基础组织双方当事人进行调解,不仅侵犯了厉某某的合法权益,而且妨害了正常的司法秩序,损害了国家和社会公共利益。

一是现有新的证据证明法院未在查清该案事实的基础上进行调解。根据

《中华人民共和国民事诉讼法》第 93 条的规定,人民法院审理民事案件,根据当事人自愿的原则,在事实清楚的基础上,分清是非,进行调解。根据笔迹鉴定意见,工行杨浦支行随状提交的《个人借款合同》中借款人签字及抵押人签字均非厉某某本人所书,故该合同无法证明厉某某与工行杨浦支行之间存在真实的借贷关系及借贷纠纷,工行杨浦支行基于此产生的债权请求权不成立。而法院凭借虚假的借款合同,在事实不清的情况下作出的调解不符合法律规定。二是该虚假诉讼行为损害了国家和社会公共利益。该案中,案外人冒充厉某某签名,导致杨浦区法院受虚假证据误导,主持双方当事人进行调解,并依此作出了错误的民事调解书,损害了司法公信力,对国家和社会公共利益造成侵害。

2020 年 11 月 10 日,杨浦区检察院作出沪杨检民监〔2020〕31011000006 号抗诉报告书,提请上海市检察二分院向上海市二中院提出抗诉。2021 年 2 月 7 日,上海市检察二分院以沪检二分民监〔2020〕31820000289 号民事抗诉书向上海市二中院提出抗诉。2021 年 7 月 8 日,上海市二中院作出(2021)沪 02 民再 17 号民事裁定书,认为原审调解违反自愿合法原则,裁定撤销上海市杨浦区法院(2005)杨民二(商)初字第 351 号民事调解书,将该案发回杨浦区法院重审。

【评析意见】

一、依职权受理,准确界定厉某某的主体地位

本案虽是厉某某主动向本院申请监督,但本院以依职权的方式予以受理,原因有三:首先,本案系他人冒厉某某之名应诉,厉某某并非客观事实上的被告,也未实际参加诉讼,对该案调解过程与调解结果皆不知情,其申请监督理由亦如此,若厉某某以当事人身份申请检察监督,等于承认其被告身份,这就与申请监督理由存在逻辑矛盾。其次,根据办案规定,若通过厉某某以案外人身份向人民检察院控告和举报的方式予以受理,则只能针对审违问题进行监督,将导致检察机关无法以抗诉或再审检察建议的方式对原审实体问题予以纠正。再次,本案监督对象为民事调解,根据办案规定只有调解书侵害"两益"时才能进行检察监督,本案涉及虚假诉讼,可能侵害司法公信力及损害国家利益和社会公共利益,符合依职权受理的条件。检察机关作为法律监督机关应主动启动监督程序予以纠正,新修改的民事诉讼监督规则也将虚假诉讼明确列为检察机关应当依职权

启动监督程序的情形之一,亦是对此类情况下依职权受理的进一步明确。

二、通过签订虚假借款合同伪造不真实的借贷关系,并基于此产生的诉讼构成虚假诉讼,检察机关应予以监督

人民法院审理借款合同纠纷案件,应根据当事人自愿原则,在查明真实借贷关系的基础上分清是非,进行调解。案外人通过伪造借款人签字、假借借款人名义等手段,与出借人签订虚假借款合同引发诉讼,是虚假诉讼的一种表现形式。人民法院在审理此类借款合同纠纷案件时,受虚假证据误导,未查明案涉实际借款关系即作出错误的借贷关系认定,并进行调解,据此出具的民事调解书不仅可能侵害当事人的合法权益,而且对司法公信力造成影响,检察机关应依法提出监督意见,切实保障民事主体的合法权益,维护司法秩序。

三、本案所涉虚假诉讼行为虽未经刑事处理,但只要达到证明标准亦可监督

目前,民事虚假诉讼监督案件多源于并依赖于刑事案件,本案所涉及的虚假诉讼行为发生之时尚未设立"虚假诉讼"这一罪名,所以,无法通过刑事处理补强证据。办案人员多次走访公安机关、人民法院、车辆管理部门等相关单位开展调查,组织召开公开听证、笔迹鉴定等调查核实手段,获取到的相关证据材料达到了证明虚假诉讼行为的标准,在此情况下,检察机关亦应依法予以监督。

四、检察机关在办理虚假诉讼案件中,应积极行使调查核实权,通过笔迹鉴定、公开听证、询问当事人等理清案件事实

调查核实权是法律赋予检察机关的一项权力,是检察机关正确有效行使民事诉讼监督职权的必要措施。在办理虚假诉讼案件中,检察机关围绕关键事实,运用公开听证程序,找准监督突破口,通过笔迹鉴定,使案件核心证据去伪存真,主动走访公安、法院、车辆管理部门等单位展开关联调查,进一步理清案件事实,多角度夯实监督基础。

案件承办人:

王晓伟,上海市杨浦区人民检察院第五检察部主任

　　赵佳莺,上海市杨浦区人民检察院第五检察部检察官助理

案例撰写人:

　　马坦,上海市杨浦区人民检察院第五检察部检察官助理

案例审核人:

　　王晓伟,上海市杨浦区人民检察院第五检察部主任

案例编审人:

　　林竹静,上海市人民检察院法律政策研究室检察官

案件当事人向承办人赠送锦旗

(2021 年 9 月 30 日由张颖拍摄)

上海市闵行区人民检察院督促整治
排污口总砷浓度超标问题
行政公益诉讼案[①]

——检察机关能动履职,助推长江经济带绿色发展

【案例要旨】

检察机关就《2021年长江经济带生态环境警示片配套问题清单》对辖区内企业污水超标排放、污染长江生态环境等问题开展调查,对行政机关的处罚决定及依据作出实质性审查,同时发现清单以外的排污问题,即车间排放口污水被检出总砷超标,及时督促行政机关予以查处,并责令其改正,有效提升了司法公信力和监督质效。此外,检察机关还推动企业承担社会责任,引导企业绿色发展,节能减排,提升长江经济带生态环境综合治理能效。

【案情概要】

上海某能源化工有限公司(简称某能源化工公司)非法排污问题的线索由中央生态环境保护督察办公室向最高人民检察院移送。最高检察院将该线索逐级交由上海市闵行区检察院办理。经查,2021年9月—2022年1月,上海市闵行区生态环境局(简称闵行区生态环境局)对某能源化工公司进行专项检查,对长江经济带生态环境警示片反映的通过雨水口排放污水的违法行为做出行政处罚。检验报告还显示,某能源化工公司气化车间排放口的总砷浓度为0.460 mg/L,根据上海市地方标准《污水综合排放标准》(DB31/199-2018)

---

① 沪闵检行公建〔2022〕70号。

4.3.1."污染物排放限值"的规定,第一类污染物排放限值,车间或生产设施污水排放口总砷排放限值为 0.05 mg/L。该检测结果系标准限值的 9.2 倍。砷主要以化合物的形式存在,众所周知的剧毒物砒霜,即砷的化合物三氧化二砷,长期接触砷化合物会有致癌的风险。某能源化工公司地处黄浦江沿岸,在生产过程中产生的污染物砷浓度超过法律规定排放限值,虽经纳管排污,污水处理厂在处理时仍难以根除,影响长江水域的生态环境,侵害社会公共利益。2022 年 7 月14 日,闵行区检察院就该线索以行政公益诉讼立案,并及时开展诉前磋商。闵行区生态环境局在磋商后成立工作小组指导督促企业整改,但某能源化工公司超过标准限值排放的违法行为仍未彻底解决。同年 10 月 26 日,闵行区检察院向闵行区生态环境局制发《诉前检察建议书》,建议依法查处某能源化工公司长期持续超标排污行为,督促该公司采取清洁生产、规范管理等措施。同年 12 月19 日,闵行区检察院收到闵行区生态环境局回函,称针对某能源化工公司的违法行为,已对其罚款人民币 38.4 万元,并责令其立即整改。要求某能源化工公司投资 1 900 余万元对污水处理设施进行升级改造,将不能直接利用的"清净下水"变成可利用的工业水。闵行区检察院持续跟进监督,分别于 2022 年 12 月及2023 年 1 月开展实地核查,并联合上海市闵行区环境监测站和司法鉴定科学研究院对整改后排放的污水进行多次检测,现总砷浓度已符合标准限值。

【履职情况】

一、初步调查情况

2022 年 2 月,上海市检察院第八检察部根据《2021 年长江经济带生态环境警示片配套问题清单》和最高检察院第八检察厅移送的涉上海问题描述及任务分解表,对上述线索初步研判后认为,问题涉及长江经济带生态环境污染,涉嫌侵害社会公共利益,遂将某能源化工公司非法排污问题的线索交由闵行区检察院跟进办理。

闵行区检察院向闵行区生态环境局调取《测试报告》和《行政处罚决定书》后发现,闵行区生态环境局对某能源化工公司通过雨水口排放污水的违法行为已做出行政处罚决定,但对报告中显示的气化车间排放口的总砷浓度超标的情况未予处理。中央生态环境保护督察办公室发现的问题虽已整改,但某能源化工公司仍存在其他超标排放的问题。因专业性较强,闵行区检察院承办案件检察官多次赴行政机关和相关检测机构走访调研,查明污水超标成因、持续较久尚未解决的原因,以及解决路径。

为进一步强化取证和论证,闵行区检察院邀请生态环境领域的专业人员担任特邀检察官助理,协同企业管理人员、技术人员等参与检察公益诉讼案件办理。特邀检察官助理凭借多年职业经验的优势,积极配合检察官进行现场调查,对污水处理设施运作和污水采样点的注意事项,提供针对性的指导意见,并出席联席会议,协助分析研判专业性较强的违法点认定,在主要污染物的界定和适用标准等方面提供专业的理论支撑。同时,协助分析证人证言,审查行政执法卷宗中涉及专业问题的证据材料,共同推进案件的调查和取证工作。

二、诉前磋商情况

闵行区检察院与闵行区生态环境局进行诉前磋商,闵行区生态环境局回函表示,某能源化工公司对中央生态环境保护督察办公室发现的问题已落实整改,针对气化车间排放口的总砷浓度超标问题,某能源化工公司气化车间废水采样口未按照《上海市污水排放口设置技术规范(试行)(2006年)》的规定设置,导致该监测数据不能作为有效数据进行处罚。闵行区检察院审查后认为,某能源化工公司于2020年根据闵行区生态环境局的要求设置该排放口,至今未进行过移位或改造,且闵行区生态环境局于2021年专项检查时对气化车间排放口等进行采样,并未指出设置不规范的问题。经与闵行区生态环境局诉前磋商,某能源化工公司超过标准限值排放污染物的违法行为未得到纠正,污水总砷浓度超标对于水生生物具有较大的毒性,危及水域的生态环境,持续损害社会公共利益。

三、制发《诉前检察建议书》

闵行区检察院于2022年8月和9月发现,某能源化工公司气化车间排放口的总砷等主要污染物浓度仍超过标准排放限值。根据我国《环境保护法》《水污染防治法》和《上海市环境保护条例》,以及2017年环境保护部、公安部、最高检察院《关于印发〈环境保护行政执法与刑事司法衔接工作办法〉的通知》等,负有监督管理职责的闵行区生态环境局未依法指导督促企业整改,导致社会公共利益持续受损。2022年10月26日,闵行区检察院在前期充分磋商的基础上,向闵行区生态环境局制发《诉前检察建议书》,建议对某能源化工公司长期持续超过标准限值排放总砷污染物的违法行为予以依法查处;履行区域环境保护工作统一监督管理职责,督促该企业通过清洁生产、规范管理等措施,防止、减少环境污染和生态破坏,维护长江流域生态环境安全。

四、回函整改情况

针对某能源化工公司气化车间排放口的总砷浓度超标的违法行为,闵行区生态环境局对其作出罚款人民币 38.4 万元的行政处罚,并责令其立即整改。在检察机关和行政机关的共同推动下,某能源化工公司已落实相关整改措施。某能源化工公司要求原材料煤炭的供应商提供煤炭总砷含量的监测报告,确保在生产过程中使用低砷煤种。同时,年投入 1 000 万元用于购买使用除砷药剂并进行评估分析,以降低污水中砷等主要污染物的浓度。为规范污水处置,某能源化工公司对北区北排口污水处理设施进行升级改造,投资 1 900 多万元在南区雨水排放新建一套清净下水中水回用系统,采用"多介质过滤器+自清洗过滤器+UF+RO"工艺,接收经过超磁处理后的循环水排污水、脱盐水排污水以及轴封水。改造后该清净下水不再直排黄浦江,回收的中水水质达到地表三类水要求,膜分离后的浓水水质达到上海市污水综合排放三级标准,进入北排总排口排放,减少了排黄浦江的污水量(减少排黄浦江水量 450 立方米/小时,减少向环境 COD 量(排放化学需氧量)78.84 吨/年、氨氮 3.942 吨/年)。雨排系统中难免混入的重金属也不再排入黄浦江,而是排入上海市污水综合排放系统,减少了对黄浦江的污染。该中水回用项目的启用还可以有效减少对黄浦江的取水量,节水 400 立方米/小时。闵行区生态环境局将该公司纳入一类污染物企业年度监测计划,对其开展每季度一次的一类污染物监督监测,严于上海市监测计划一年两次的监测要求。

闵行区检察院持续跟进监督整改成效。2022 年 12 月和 2023 年 1 月,闵行区检察院联合闵行区环境监测站,委托司法鉴定科学研究院对整改后排放的污水进行多次检测,总砷浓度均已符合标准限值。闵行区检察院监督闵行区生态环境局对警示片问题生态环境损害赔偿协议的落实,同时督促启动本案涉及问题的生态环境损害赔偿。

【典型意义】

一、以案促治,为解决长江经济带生态环境问题提供检察方案

保障长三角区域的生态资源、控制长江沿岸企业污染物的排放,体现了检察机关

维护长江流域生态环境的责任意识和使命担当。长江经济带生态环境警示片是对生态环境状况的一次"体检",目的是查问题、找病根、寻病源,检查企业超标排放污水问题,发现行政机关监管漏洞和企业整改难点,探索行政机关积极履职和企业技改升级的解决路径。闵行区检察院以行政公益诉讼为抓手,通过精准数据为办案提供科学、客观的证据基础与技术支持,积极运用诉前磋商和检察建议的办案方式,推动企业升级改造实现污水达标排放,促进绿色发展,为落实"长江大保护"贡献检察力量。

二、绿色转型,推动企业形成节能低碳的生产方式

检察机关借助公益诉讼的杠杆,推动企业进行绿色生产,通过节约集约循环利用的方式实施环保技术改造,尤其是中水回用项目变废为宝,将不能直接利用的清净下水变成可利用的工业水,既减少了水资源的浪费,也减少了排入黄浦江的污水量。雨排系统中混入的重金属不再排入黄浦江,而是排入上海市污水综合排放系统,减少了对黄浦江的污染。通过推动企业绿色转型和绿色创新,提高了源头减排,降低了废水处理的压力和成本,使企业绿色发展初显成效。

三、协同共治,发挥检察公益诉讼补充性和兜底性的功能

生态环境监管部门对本行政区域内的环境污染负有第一顺位的监管职责,本案,其虽对违法企业进行了行政处罚,但未能解决企业非直排自然环境违法行为问题。检察机关充分发挥公益诉讼检察的独特价值,通过开展公益诉讼监督进行补位,发现和弥补监管漏洞,推动行政机关探索治理路径。深化司法执法协作配合,检察机关与行政机关形成监督合力,充分发挥监督"一盘棋"的职能,实现了长江经济带生态环境区域协同治理。

四、借助"外脑",打造多方参与支持的公益司法保护新模式

因专业性较强、问题持续较久尚未解决,闵行区检察院通过走访调研职能部门和专业机构,聘任生态环境领域的专业人员担任特邀检察官助理,协同企业管理人员、技术人员等,参与公益检察专项活动和现场调查等工作。特邀检察官助理凭借多年职业经验的优势,提供"外脑"支持,在问题根源、适用标准和整改措施等方面提供专业化和针对化的意见,充分发挥自身"智囊团"的作用,增强了检察监督的精准性和可操作性。通过"智库"支撑、多方参与,提升了检察机关办案专业化水平,更好服务保障国家治理体系和治理能力现代化。

案件承办人:

肖飞,上海市闵行区人民检察院公益检察室检察官

田笑依,上海市闵行区人民检察院公益检察室检察官助理

案例撰写人:

郑晶晶,上海市闵行区人民检察院公益检察室主任

田笑依,上海市闵行区人民检察院公益检察室检察官助理

案例审核人:

逄政,上海市闵行区人民检察院副检察长

周保强,上海市闵行区人民检察院第六检察部副主任

案例编审人:

林竹静,上海市人民检察院法律政策研究室检察官

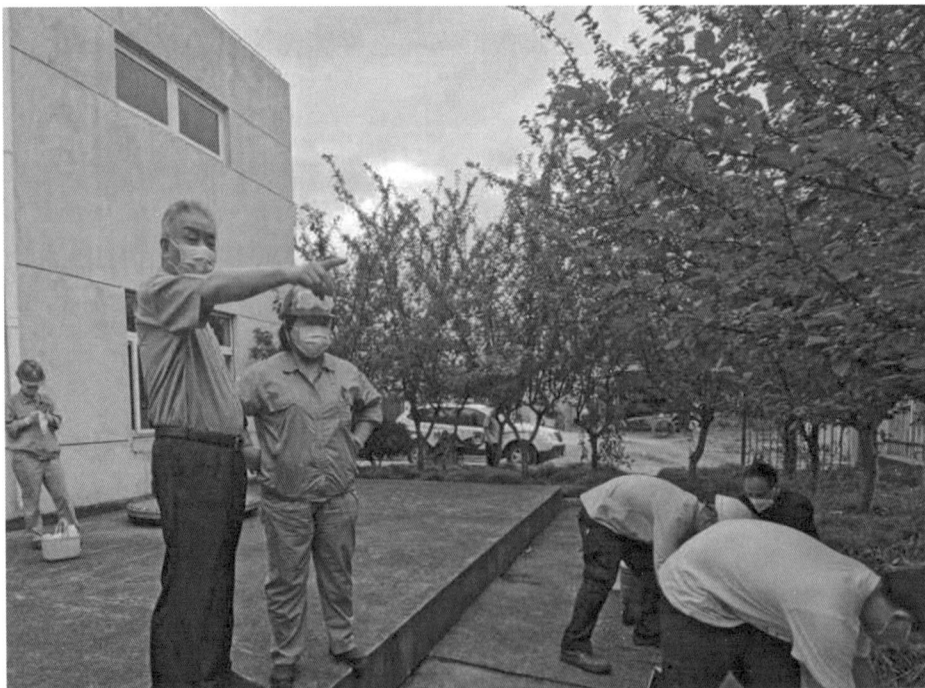

上海市闵行区人民检察院办案人员前往涉案企业调查取证

(2022 年 6 月 21 日由上海市闵行区人民检察院公益检察室田笑依拍摄)

上海市奉贤区人民检察院对奉贤区卫健委与黄某甲等人行政非诉执行监督案①

【案例要旨】

当事人在行政决定确定的履行期限届满后未履行义务的,行政机关即可实施催告,催告书公告送达的,公告期间应当计算在行政机关申请强制执行的 3 个月法定期间内。对于行政机关多起案件存在同类违法情形,实施个案监督内容重复、效率不高的,检察机关可以提出类案监督检察建议,以提升监督质效。

【案情概要】

2019 年 7 月 4 日,奉贤区卫生健康委员会(简称卫健委)查明,黄某甲未经行政部门许可,在未取得《医师资格证书》和《医师执业证书》的情况下,擅自对外开展医疗诊治活动,依法对黄某甲作出没收违法所得、没收器械和罚款的行政处罚决定。2019 年 7 月 23 日,因无法直接送达,奉贤区卫健委向黄某甲公告送达行政处罚决定书,截至 2020 年 3 月 24 日,6 个月期限届满,黄某甲既未申请行政复议或者提起行政诉讼,又未履行行政处罚决定,奉贤区卫健委遂于 2020 年 5 月 12 日向黄某甲公告送达催告书,明确经过 60 日视为送达。同年 9 月 22 日,奉贤区卫健委向奉贤区法院申请强制执行,后法院裁定准予强制执行。

---

① 沪奉检行非诉监〔2022〕62 号。

【履职情况】

一、线索来源

奉贤区检察院在开展"全面深化行政检察监督依法护航民生民利"专项活动中发现,奉贤区卫健委可能存在超期申请强制执行的问题,遂就该线索依职权启动监督程序。

二、调查核实

奉贤区检察院全面审阅执行案件卷宗,多次听取奉贤区卫健委意见,详细了解其行政执法文书送达、申请法院强制执行做法。查明:奉贤区卫健委在 2019 年 9 月 24 日对黄某甲公告送达行政处罚决定后,经过 6 个月提起行政诉讼期限,依法应当在此后 3 个月内,即 2020 年 6 月 24 日前申请法院强制执行。奉贤区卫健委迟至 2020 年 9 月 22 日申请,主要出于两方面原因:一是认为申请人民法院强制执行前的催告应在行政相对人起诉期限届满后发出,故 2020 年 3 月 24 日后,其联系指定报纸,至 2020 年 5 月 12 日刊登催告书公告。二是其认为刊登催告书 60 日公告期间应当扣除。奉贤区人民检察院在监督办案中还发现另有奉贤区卫健委与黄某乙、许某某两件行政非诉执行案件,奉贤区卫健委均采取公告送达的方式送达催告书。

三、监督意见

奉贤区检察院经审查认为:① 奉贤区卫健委对催告时间节点理解有误。最高人民法院在 2019 年 6 月 17 日(2019)最高法行他 48 号《关于行政机关申请人民法院强制执行前催告当事人履行义务的时间问题的答复》中明确:"当事人在行政决定所确定的履行期限届满后仍未履行义务的,行政机关即可催告当事人履行义务。行政机关既可以在行政复议和行政诉讼期限届满后实施催告,也可以在行政复议和行政诉讼期限届满之前实施催告。"在上述案件中,当事人在行政决定所确定的履行期限届满后,奉贤区卫健委即可实施催告。② 奉贤区卫健委申请强制执行扣除催告书公告期间违反行政强制法规定。《中华人民共和国行政强制法》第 53 条明确规定:"当事人在法定期限内不申请行政复议或者提起行政诉讼,又不履行行政决定的,没有行政强制执行权的行政机关可以自期限届满之日起三个月内,依照相关规定申请人民法院强制执行。"该法未规定扣除公告期间。最高法院《关于适用〈中华人民共和国民事诉讼法〉的解释》(2015 年)第 243 条是关于公告期间不计入人民法院普通程序审限的规定,该条不适用于申请行政强制执行。奉贤区卫健委错误地将公告期予以扣除,致使申请人民法院强制执行超期。

2022 年 12 月,奉贤区人民检察院就上述三起案件向奉贤区卫健委制发《类案检察建议书》,建议严格依照法定程序办案,正确适用法律,加强案件流程管理,避免同类情况再次发生。同时,就行政机关超期申请强制执行向奉贤区人民法院制发执行活动监督检察建议,获回函采纳。

四、监督结果

奉贤区卫健委收到检察建议后,确认行政违法属实,采取积极措施采纳检察建议:① 组织召开执法工作会议,对相关案件开展自查和分析,围绕问题主动查找原因,切实加强办案流程内部审核。② 严格遵循行政强制合法性原则,按照《中华人民共和国行政强制法》关于行政机关进行催告的相关要求,把握催告发出的时间节点,确保在法定期限内申请人民法院强制执行。③ 根据办案实际,细化制定《区卫生健康委员会监督所行政处罚案件催告程序》,对全体执法人员进行案件文书送达、催告程序的专项培训,进一步明确工作职责和流程。

【典型意义】

一、行政机关应准确理解适用行政强制法,依法及时申请强制执行

行政机关向法院申请行政强制执行,应当准确理解法定期间,尽早提出申请,确保行政处罚内容更好、更快地实现,拖延申请执行将对执行效果"打折扣"。根据《行政强制法》及有关规定,当事人在行政决定确定的履行期限届满后未履行义务的,行政机关即可实施催告,而不必等到起诉期限届满。对于公告送达催告书的案件,公告期间应当计算在行政机关申请强制执行的 3 个月法定期间内。将公告期间扣除后再计算申请强制执行期间的,属于变相延长申请强制执行法定期间,于法无据,影响了行政决定权威。人民检察院在办案中发现该类行政违法情形的,

应依法予以监督,督促行政机关正确理解适用法律,规范行政行为,提升行政效率。

二、人民检察院应当开展行政违法行为监督,通过提出类案监督检察建议,提升监督质效,促进依法行政

《中共中央关于加强新时代检察机关法律监督工作的意见》明确要求开展行政违法行为监督。中央全面依法治国委员会在《关于加强综合治理从源头切实解决执行难问题的意见》提出,检察机关要加强对行政执行包括非诉执行活动的法律监督,推动依法执行、规范执行。人民检察院在行政非诉执行监督中发现行政违法行为的,通过调查核实深究问题症结。通过比对行政机关同类案件处理情况,如果发现多起案件存在同类违法情形、实施个案监督内容重复和效率不高的,检察机关可以提出类案监督检察建议,以提升监督质效。

案件承办人:
刘佳,上海市奉贤区人民检察院第五检察部主任

询问当事人,进行调查核实
(2022 年 11 月 16 日由上海市奉贤区人民检察院办公室人员傅杰拍摄)

案例撰写人：

刘佳，上海市奉贤区人民检察院第五检察部主任

马鼎，上海市奉贤区人民检察院第五检察部副主任

刘江豪，上海市奉贤区人民检察院第五检察部检察官助理

案例审核人：

刘佳，上海市奉贤区人民检察院第五检察部主任

案例编审人：

林竹静，上海市人民检察院法律政策研究室检察官

上海市宝山区人民检察院督促整治长江"三无船舶"违法作业破坏海洋生态环境行政公益诉讼案①

【案例要旨】

检察机关针对"三无"船舶违法作业影响航行安全和破坏海洋生态环境,从事非法捕鱼破坏海洋生物多样性等问题,通过向多家行政主管部门发送检察建议形成监管工作合力,共同推进对"三无"船舶的专项整治,建立长江口协作机制,助力海洋生态环境和生物多样性保护。

【案情概要】

上海市宝山区检察院在履行职责时发现,本区罗泾港水域有"三无"船舶将钓鱼爱好者客运短驳至罗泾港内,通过破坏港口栅栏的方式进入港内进行垂钓;该水域还存在通过磁铁打捞海底金属、进入港口内拉鱼笼、设围网进行非法捕鱼和养殖作业等违法行为。宝山区检察院公益诉讼观察员也提供线索,在宝山区长江口附近盛石路电厂环保桥下有"三无"船舶违法捕鱼。

【履职情况】

发现上述线索后,宝山区检察院公益诉讼办案人员对现场进行走访调查,询问了相关"三无"船舶船主和港口企业,并向周边群众了解情况,同时还查阅了相

① 沪宝检行公建〔2020〕6 号;沪宝检行公建〔2020〕14 号;沪宝检公益行公建〔2020〕58 号。

关法律法规、本市及本区关于长江禁捕与退捕方面的规定,走访相关行政机关了解执法情况。通过上述工作,宝山区检察院了解到"三无"船舶存在以下违法行为:一是以拉网、设置迷魂阵网等方式,在长江入海口非法捕鱼作业,甚至在港口圈地养鱼。二是使用磁铁等工具对港口和码头装卸货物散落入水的铁矿石、煤炭进行打捞。三是穿梭在大型货运船舶之间,运送人员至港内钓鱼、将长江口锚泊船员运送上岸,给停泊船舶补给食物等。四是船舶长期停靠在内河水域河边,船舶上备有大量渔具,可随时变成涉渔船舶,侵占航道面积,影响河道通航安全。上述"三无"船舶船况差、缺乏必要的安全设备,不具备沿海航行条件,航行过程中既可能产生交通安全风险,也会对港区安全生产造成隐患。长江口作为长江出海和远洋航运的口门,大量海运船舶停靠于宝山区吴淞港,"三无"船舶的违规作业既影响海上航运安全,又破坏生态环境和生物多样性,侵害社会公共利益。非法捕鱼违反长江"十年禁捕"政策和上海市禁渔期的规定,破坏了长江生态环境和生物多样性。

宝山区检察院于2020年6月1日立案调查,因本案"三无"船舶存在违法捕鱼、非法圈地养鱼、影响航运安全等多个问题,涉及多个行政主管部门,故宝山区检察院随即与相关行政主管机关开展磋商。磋商过程中,各行政主管部门对监管职责履行提出了不同的看法:一是"三无"船舶的监管包括交通委、农业农村委、水务、公安、海事等部门,仅依靠一家单位发力,无法取得良好的监管效果。二是大多数船舶主要基地在内河水域河汊及上游浏河港内,管理难度大,很多大马力的"三无"船舶被执法人员发现后,往内河及上游逃窜,抓捕难度大。三是"三无"船舶查获后处理难,为避免该类船舶再次投入运营,需要打捞公司或码头单位采用专业设备进行吊装,扣押在码头或港池水域,等待进一步处理。这一过程占用码头岸线资源,对码头正常营运造成一定影响,有些"三无"船舶无人认领,对船舶的拆解也存在困难。

针对多个行政主管机关提出的困难,宝山区检察院将"三无"船舶存在的问题及亟须治理合力的情况形成专报,报送给宝山区委政法委。宝山区政法委书记高度重视,专门作出批示,要求由宝山区政法委有关部门牵头调研。在宝山区委政法委协调下,多个行政主管机关和属地政府对本案涉及的"三无"船舶的后续处理等多个环节达成一致意见。

2020年7月,宝山区检察院分别向负有监督管理职责的中华人民共和国宝山海事局、上海市宝山区航务管理所、上海市宝山区农业农村委员会制发检察建议,建议中华人民共和国宝山海事局采取有效管控措施,避免"三无"船舶对水上通航安全造成影响;加强管辖水域的日常巡查,加大对船舶违法行为的查处力度。建议上海市宝山区航务管理所、上海市宝山区农业农村委员会采取有效措施加强对内河水域涉渔"三无"船舶的清理、整顿。三家行政机关在收到检察建议后,立即召开专题会议,联合属地政府、水上治安派出所、市容绿化等部门开展了联合专项整治行动。在专项行动中,共查获 6 艘"三无"船舶,2 艘非法吸煤船舶。"三无"船舶交由专业公司拆解处理。

【典型意义】

宝山区地处黄浦江和长江的交汇点,海运联运和内河航运发达,连接 160 多个国家和 400 多个港口,大量海运船舶停靠于宝山区吴淞港,"三无"船舶恣意发展,将对船舶航行安全和海洋生态环境保护埋下较大隐患。针对行政机关履职中存在的多头监管、缺乏联动机制、规定不明确,以及处置无依据等客观困难,检察机关主动沟通协调,争取党委和政府的重视和支持,并得到区委领导的批示,共同推进整治工作。检察机关秉持"办理一案、治理一片"的办案理念,推动行政机关开展专项整治活动,建立打击"三无"船舶执法工作机制,明确各单位职责分工,实现多部门联动,进一步加强协作配合。成立区级打击"三无"船舶工作领导小组,形成"水上打击——陆上停靠——拆解处置"完整的协调机制。针对"三无"船舶上游不在本区的情况,为加强溯源治理,联合上海崇明区,江苏太仓、海门、启东等区(县)级检察机关建立长江口区域协作机制,合力打击"三无"船舶、非法捕鱼等违法行为。通过体制和机制建设,形成了完善的长江口"三无"船舶整治工作方案,从根本上解决了长期想解决而未解决的"三无"船舶危及航行安全和海上生态环境老大难问题,较好保护了海洋自然资源和生态环境。

案件承办人:

　　胡巧绒,上海市宝山区人民检察院第五检察部主任

　　徐自广,时任上海市宝山区人民检察院第五检察部四级检察官助理

案例撰写人:

　　杨春明,上海市宝山区人民检察院公益检察室主任

李超,上海市宝山区人民检察院公益检察室五级检察官助理

案例审核人:

杨春明,上海市宝山区人民检察院公益检察室主任

案例编审人:

林竹静,上海市人民检察院法律政策研究室检察官

"三无船舶"违法停靠、载有捕鱼工具

(2020 年 3 月 31 日由上海市宝山区人民检察院检察官李传芬拍摄)

未成年工史某某被强制猥亵案[①]

——综合履职推动未成年工权益保护

【案例要旨】

检察机关在办理未成年工受侵害刑事案件时,应及时关注未成年工身心特点,发挥综合履职优势,在强化刑事办案质量的同时,一体推进未成年工特殊保护。对涉未成年工劳动争议、损害未成年工劳动权益的,检察机关应积极调查核实,发现确实存在维权能力不足、取证困难等情况的,检察机关可以从最有利于未成年人原则出发,探索支持未成年工劳动仲裁,以更优的检察产品及时保障未成年工劳动权益,维护社会公平正义。检察机关还应切实履行行政公益诉讼职能,对办案过程中发现的违规使用未成年工等问题,应督促监管部门完善管理,同时要积极能动履职,注重源头治理,推动用工企业改善管理,促进相关部门联动协作,助力形成未成年工"大保护"格局,以未成年工综合保护工作为牵引,助力构建良好法治化营商环境。

【案情概要】

史某某(女,16周岁)系上海某劳务派遣公司员工,2022年11月被派遣至上海某汽车电子公司务工。2022年11月22日21时许,史某某在上班期间,被上司李某以工作谈心为由单独带至厂区单身宿舍内,后被李某在交谈时趁机压制在床上实施猥亵。2023年2月,上海市金山区检察院以李某涉嫌强制猥亵罪提起公诉,同年4月李某被判处有期徒刑1年2个月。

[①] 沪金检未刑诉〔2023〕3号;沪金检行公建〔2023〕18号。

【履职情况】

一、自行补充侦查保障指控质量，严厉打击侵害未成年工犯罪

李某到案后拒不认罪，提出涉案宿舍没有窗帘且距离作业车间较近、其不具备隐秘作案条件等诸多辩解。鉴于本案涉及未成年工遭受侵害，为切实保障指控质量、及时维护未成年工权益，金山区检察院决定履行自行补充侦查权，开展现场勘查。检察人员至案发现场实地查看，发现宿舍窗户虽无窗帘但贴有窗纸，宿舍对面车间并不能窥见宿舍内部，有力地驳斥了李某声称该宿舍不具有隐蔽性的谎言。同时，检察人员进一步补充证人证言，通过询问史某某同事，获取了有关证言，均证实在案发时无法在作业车间了解到案发现场情况，证明李某的辩解无法成立，最终以扎实的证据为刑事指控打下基础。

二、同步审查侵害民事权益事实，探索支持劳动仲裁维护合法利益

检察机关在办案中发现，被害人史某某案发后被公司辞退，但公司仅支付其薪资，未支付经济补偿金，其劳动权益可能受损。后检察机关开展同步深入调查，经询问被害人、证人，走访相关部门、涉案企业，调取合同、离职申请书、劳务派遣协议等资料，并专门委托鉴定机构对离职申请书笔迹进行鉴定，查明史某某系由劳务派遣单位派遣至用工单位工作，案发后，史某某精神受到重创，用工单位让其在家休养，后未经通知将其退回劳务派遣单位。而劳务派遣公司伪造其笔迹，倒签离职日期，谎称史某某离职系个人原因，仅支付其打工薪资，未支付解除劳动关系经济补偿金。因史某某文化水平不高，在劳动关系中处于弱势，无法充分主张自身权益，遂向检察机关寻求帮助。由于涉及劳动争议，金山区检察院专门组织研讨会论证。经论证，专家学者、人民监督员等与会人员普遍认为，检察机关法律监督的宪法定位为维护弱势群体合法权益和社会公平正义提供了根本依据；《未成年人保护法》确立的"最有利于未成年人原则"为检察机关支持仲裁提供了法律空间；支持劳动仲裁契合能动司法、延伸检察职能作用的现实需要，且史某某系未成年工，维权能力、取证能力较弱，存在检察机关支持仲裁的基础条件，支持仲裁能够及时维护未成年工权益。后金山区检察院支持史某某申请劳动仲裁，并派员参与仲裁调解。经调解，双方达成协议，涉案单位向史某某

支付经济补偿金等共计1万元。

三、履行行政公益诉讼职能,维护未成年工公共利益

金山区检察院积极开展融合履职、综合审查,认为本案暴露出不特定未成年工劳动者公共利益监管保护不力的问题。经调查核实,涉案劳务派遣公司等违规派遣史某某务工,用人单位未对使用的未成年工进行体检、培训,亦未向相关部门进行登记,不符合法律规定;涉案单位未依法制定禁止性骚扰的规章制度、开展预防和制止性骚扰的教育培训等活动,且存在违反规定解除双方劳动关系的行为等。检察机关认为,人社部门对用工单位遵守劳动法律、法规以及侵害妇女劳动和社会保障权益等情况具有监督管理职责,应当督促其依法履职。金山区检察院以行政公益诉讼立案,后向金山区人社局制发《诉前检察建议书》。金山区人社局全面落实,对涉案企业作出13万元的行政处罚,并对辖区内未成年工相对集中的劳动密集型企业进行专项检查,及时纠正企业用工问题。同时进一步完善监督管理机制,对未成年用工行为采取准入登记制度,要求使用未成年工的用工单位及时主动办理登记,规范使用未成年工,以及对未成年工进行定期健康检查,并将对未成年工的特殊保护规定纳入对辖区"和谐劳动关系企业"创建考评机制中,以考核量化的方式督促企业树立自觉意识。后辖区有关企业代表均签署了《未成年工权益保护承诺书》,表示将对未成年工的特殊保护作为企业合规经营管理的必备内容。

四、推动源头治理,构建未成年工群体"大保护"格局

金山区检察院以本案为契机,以司法保护积极推动社会综合"大保护"。金山区检察院深入开展调查核实,发现涉案的劳务派遣公司以及辖区内其他劳务派遣单位、用工单位存在不向相关部门进行登记,违规派遣未成年工、未定期对未成年工体检等问题。经公开听证,金山区检察院向涉案劳务派遣公司制发检察建议,督促企业开展合规整改,后联合金山区人社局、未保办、人民监督员等组成第三方监管团队,对落实整改情况进行跟踪回访监督,保障整改效果。金山区检察院与金山区人社局、金山区司法局签订《关于检察机关开展支持未成年工劳动仲裁的协作意见》,共同开展未成年工保护探索创新;与金山区总工会、市场监管局、卫健委等单位建立维护未成年工权益联席会商机制,2023年9月会签《关于加强未成年工劳动权益保护的协作意见》,后各职能部门联合启动"2023未成

年工保护专项行动"。文旅局、市场监管局、人社局对营业性娱乐场所、酒吧、网吧等是否招用未成年人、是否组织未成年人从事陪侍活动等行为开展执法检查。卫健委对违法安排未成年工从事接触职业病危害作业的行为进行查处。教育局指导辖区内的职业技术学校健全学生实习管理制度与运行机制,防止学生被充当廉价劳动力,侵害其实习权益。总工会督促用人单位建立由工会负责人担任组长的监督检查小组,定期对单位未成年工使用情况开展检查。金山区检察院还联合其他职能部门对辖区内 50 余家公司的人事、工会主席开展专项培训,以案说法,提醒企业依法依规使用未成年工,并督促发现未成年人权益受到侵害情形的,应及时履行强制报告义务。

【典型意义】

未成年工虽已参加工作,但仍属于未成年人,身体尚未发育成熟,知识水平有限,属于弱势群体,合法权益容易遭受各种侵害。由于未成年工群体身体、心理等方面的特殊性,我国制定了《未成年工特殊保护规定》等进行特别保护。但随着经济社会的快速发展,违规使用未成年工现象时有发生,既给未成年工的健康成长产生不良影响,也给社会带来不稳定因素,对此应当强化监督规范。

一、检察机关办理涉未成年工刑事案件时,应强化综合履职、一体履职,发挥未成年工保护的检察职能合力

习近平总书记强调:"法治建设既要抓末端、治已病,更要抓前端、治未病。"修订后的《未成年人保护法》赋予了检察机关未成年人保护更重要的法律监督职责。检察机关办理涉未成年人案件,绝不能止步于办好个案,而要通过履行法律监督职责、促进解决未成年人保护领域的突出问题,实现"治罪"与"治理"的有机统一。实践中,未成年人案件往往涉及多个法律关系,一些未成年人违法犯罪受到侵害,暴露出民事权益保障、行政监管以及公益保护等领域问题,迫切需要加强综合保护、系统保护,检察机关应以"四大检察"统筹履职,推动解决刑事、民事、行政、公益保护相互交织的问题,全方位保障未成年人合法权益。检察机关在办理本案的过程中,需注重未成年工特点,强化刑事办案质量,及时惩治犯罪,同时具有系统审查意识,认真审查合法劳动权益等民事利益以及公共利益是否受到损害。对发现的相关线索应加强调查核实,通过多维度、集成式、系统性履

职方式,综合运用监督手段,达到全面司法保护的效果。

二、检察机关要深入落实最有利于未成年人原则,积极探索维护未成年工利益新方式、新手段

最有利于未成年人原则是检察机关必须遵循落实的重大理念和工作准则。对于涉未成年工劳动争议纠纷的,应遵循"最有利于未成年人原则",及时研究应对未成年人保护实际需求。对于法律没有明确规定的,检察机关可以依据案件条件,积极探索实践支持劳动仲裁,填补检察空白,推动社会发展更新和制度建构。本案中,未成年工因知识、经验等方面不足,在劳动关系中处于弱势地位,无法主张自身合法权益。检察机关从最有利于未成年人原则出发,积极探索支持未成年工劳动仲裁机制,填补未成年工劳动保护领域空白,有力维护了未成年工在劳动争议案件中的合法权益。

三、检察机关应主动推动、融入源头治理,实现未成年工特殊保护的"大保护"格局

未成年人保护工作是一项系统工作、综合工程,需要相关职能部门协力共进,齐抓共管,持续加强资源统筹整合,加强协调联动,增强工作合力,形成未成年工权益保护工作"一盘棋"的工作格局。未成年工权益保护监管困难、专业性强。对于违反未成年工就业岗位、健康体检、备案登记等方面特殊规定的问题,检察机关要有以"我管"促"都管"的担当,积极融入社会治理、诉源治理,督促企业规范用工,凝聚职能部门合力,实现工作有效衔接、精准用力,以全局性、系统性思维,通过高质量检察监督,促进"大保护"建设,形成未成年工的特殊保护局面。

四、检察机关应加大发挥职能作用,主动延伸检察触角,以能动检察助力法治化营商环境建设

检察机关作为国家的法律监督机关,肩负着积极服务大局、推动法治建设的重任。党的二十大指出,要加强检察机关的法律监督工作。在党和国家全面建设法治社会、法治国家的当下,检察机关要积极作为,践行司法担当。本案中,对涉及的未成年工权益保护问题,检察机关着力发挥自身职能作用,积极推动社会各方面对未成年工开展保护,促进未成年工保护法治化运行,保障了未成年工权益,为构建良好的法治化营商环境做出了检察贡献。

案件承办人:

冯小彦,上海市金山区人民检察院第一检察部检察官

梁珍,上海市金山区人民检察院第一检察部检察官助理

案例撰写人:

施翀,上海市金山区人民检察院第一检察部副主任

赵德亮,上海市金山区人民检察院第六检察部副主任

案例审核人:

周子简,上海市金山区人民检察院副检察长

案例编审人:

林竹静,上海市人民检察院法律政策研究室检察官

上海金山区检察院联合相关职能部门会签《关于加强未成年工权益
保护协作意见》,并启动未成午工权益保护专项行动

(2023 年 9 月 26 日由罗吉拍摄)

上海市青浦区人民检察院碳汇认购补偿生态损失民事公益诉讼案[①]

——立足双碳大目标，探索规范化碳汇认购新模式

【案例要旨】

检察机关立足"碳达峰""碳中和"战略背景，深入贯彻生态优先、绿色发展理念，针对破坏林木资源案件，在办案中创新引入"碳汇"修复理念，委托专业机构科学核算碳汇价值量，以在全国统一碳排放交易市场认购"碳汇"并注销的方式补偿生态损失。同时，检察机关以个案为切入点，探索长三角跨区域低碳公益诉讼协作机制，为完善制度标准提供基层样本，并设立长三角跨省联合生态修复基地等，为助力"双碳"目标提供上海样本和检察智慧。

【案情概要】

2022年年初，上海市青浦区检察院接到"益心为公"志愿者举报线索，上海某网络科技有限公司（简称某网络公司）为改造位于青浦区某街道的厂区，擅自砍伐厂区内树木201棵，破坏绿化面积4.56亩，损害了生态环境和社会公共利益。青浦区检察院通过现场勘验、无人机航拍建模、专家鉴定评估等技术手段查明案件事实，经公开听证后，与某网络公司达成民事公益诉讼诉前磋商协议，探索"碳汇"认购生态补偿模式，某网络公司通过补种树木、认购碳汇的方式履行生态修复义务。同时，青浦区检察院与浙江嘉善、江苏吴江检察机关联动履职，在签订机制基础上设立长三角联合生态修复基地暨"最江南"公益诉讼实践创新基

---

① 沪环境交〔2022〕66号。

地。该基地以生态优先、绿色发展理念为引领,立足跨域湖泊元荡自然禀赋优势,衔接河、荡、林、田、草等水绿空间,包含"一室、一站、五片"功能区划,系长三角首个联合生态修复基地青浦片区,也是上海首个公益诉讼实践创新基地。示范区三地检察机关就破坏林木、湿地类案件立案审查,督促责任主体在基地植树造林、放生环保鱼苗,通过降碳、减污、扩绿的公益诉讼实践,助力示范区率先打造低碳、零碳引领区和样板间。

【履职情况】

一、"公地困境"的破局

受理线索后,青浦区检察院开展大量精细化调查核实工作。通过走访案发地、询问负责人了解砍伐树木的原因、动机,并进行现场勘验、激光仪测距后查实,被砍伐树木共计 201 棵,现场剩余树桩直径 20 cm 以下 30 棵,直径 20 cm 以上 171 棵,最大直径可达 60 cm。经无人机航拍测绘,破坏绿化面积 3 040 平方米。树木、草地具有固碳释氧、水土保持等生态服务功能,随意砍伐会破坏区域生态环境,损害社会公共利益。调查工作完成后,青浦区检察院与区公安、法院、绿化市容管理部门、属地街道共同召开案件研讨会议。经多方研判,了解到林木主要分为公益林、商品林、自然保护区林木等,且由不动产登记机构统一登记造册、核发证书,本案所涉树木系厂区业主自行种植,无登记、无备案,且本案厂区土地性质系建设用地,亦不属于绿容主管部门管辖处罚范围;本案案发后,厂区仅剩被砍的树桩,仅能测量根茎直径,但街镇城管执法处罚标准依据的系树木胸径,当前对树木胸径与根茎直径之间无明确转换测算标准,因本案涉及树木较多,故街镇行政处罚金额争议较大。此外,最高检察院、公安部《关于公安机关管辖的刑事案件立案立案追诉标准的规定》明确:滥伐林木需 10—20 立方以上或幼树 500—1 000 株以上(胸径 5 cm 以下),未规定成年树木数量,鉴于现有证据无法证明被砍树木体积且数量未达 500 株以上,故本案现有证据难以认定某网络公司涉嫌滥伐林木罪。综上,本案刑事部分难以追责,行政监管亦存在盲区,为避免"企业违法,政府买单"的困境,青浦区检察院在个案无法刑事追责的情况下,以民事公益诉讼立案调查,并坚持生态修复优先,引导和促成责任主体主动修复受损生态环境,体现环境有价、损害担责的观念,积极发挥民事公益诉讼的独特价值。2022年3月,青浦区检察院依法以民事公益诉讼立案并发布公告。

二、"从0到1"的创新

《最高人民法院关于审理环境民事公益诉讼案件适用法律若干问题的解释》第20条第1款规定:原告请求修复生态环境的,人民法院可以依法判决被告将生态环境修复到损害发生之前的状态和功能,无法完全修复的,可以准许采用替代性修复方式。本案办理过程中优先适用了原位同质修复。办案过程中,青浦区检察院邀请人民监督员见证,联合青浦区生态环境局、绿化市容局等部门,在植树节之际实地督促涉案公司在原址补植树木及草坪,修复绿化面积6 880余平方米。但因新种树木要生长数十年才能恢复此前生态系统功能,且由于涉案厂区改造后部分路面已经硬化,本案树木原址无法完全修复,需采取原位同质部分修复与替代性修复相结合的方案,实现区域生态系统的动态平衡和总量恢复。

《最高人民法院关于审理森林资源民事纠纷案件适用法律若干问题的解释》第19、20条明确了林木的固碳功能,同时规定允许当事人通过认购经核证的林业碳汇方式,替代履行森林生态环境损害赔偿责任。本案中,某网络公司破坏的系树木资源,与固碳减排功能关联性较强,可以通过碳汇认购解决原位同质修复无法修复完全的问题。案发时,上海尚未有碳汇认购相关案例,故以认购林业碳汇方式履行修复责任既契合本案特点,又具有实践示范意义,青浦区检察院遂在办案中创新引入碳汇修复理念,以认购碳汇方式替代履行生态损害赔偿责任,由该公司根据第三方鉴定评估报告,采取认购碳汇、安装新能源汽车充电桩、在长三角生态修复基地种植树木等方式进行,修复完成后,由第三方对修复情况进行验收,最终达到修复受损公益的目的。

碳汇认购新方式既践行了恢复性司法理念,又避免赔偿金"沉睡"和生态功能损失"欠账"。青浦区检察院在案件办理中探索将碳汇计量引入生态功能损失评估,将树木固碳功能价值用于碳汇认购,引导和规范责任主体购买林业碳汇产品折抵赔偿树木固碳功能损失,促进树木生态价值与产品价值的有效转化,让"绿水青山"通过碳汇交易真正变成"金山银山"。

三、"可复制推广"的样本

碳汇认购替代生态修复相当于创汇主体采取植树造林、森林管理等方式,有偿代替违法行为人在异地恢复以固碳释氧为主的生态服务功能。但是当前,碳汇评估无专门标准、碳交易体系尚不完善,相关交易规则尚在构建当中,青浦区检察院在探索碳汇认购方式替代修复时,主动加强智慧借助,综合运用检测鉴定、专家意见、现场勘验等方式判断评估受损生态环境损害及碳汇价值量。青浦区检察院通过现场勘验、激光仪测距等手段,确定破坏绿化面积达 3 040 平方米。通过委托绿容局比对,确认被砍伐树木品种包括香樟 60 株、榉树 63 株、水杉 44 株、其他树木 34 株。通过无人机三维建模,测绘修复绿化面积 6 887 平方米。在此基础上,青浦区检察院委托上海市环境科学研究院科学评估生态功能损害,核算碳汇价值量。经鉴定,涉案生态固碳功能损害价值量为 1.12 万元,为碳汇认购提供科学支撑。同年 7 月,青浦区检察院组织人民监督员、“益心为公”志愿者、环境领域专业人士参与公开听证,广纳民智、广听民意。经磋商听证,青浦区检察院与涉案公司达成民事公益诉讼诉前磋商协议,确定固碳功能损失以认购碳汇产品方式予以补偿。

《碳排放权交易管理办法(试行)》明确,碳排放权交易应当通过全国排放权交易系统进行。为确保本案认购的是统一市场经核证的规范碳汇,青浦区检察院全程跟进,引导涉案公司向上海环境能源交易所申请认购,以市场化方式将替代修复工作交由固碳减排主体来完成。同年 11 月,经交易所确认,涉案公司完成 1.12 万元林业碳汇认购,根据当日碳交易价格,认购吨数为 187 吨,并已全部注销。上海环境能源交易所系目前国内唯一具有全国碳排放交易权的交易所,承载全国碳排放权交易,本案委托专业机构核算碳汇价值量,在全国统一碳排放交易市场认购碳汇,就是将专业的事交给专业的人干,既让认购流程公开透明,又让“绿水青山”通过碳汇认购变成“金山银山”,以实现减排和增收良性互动。

四、“零碳司法”的试验田

在个案办理的基础上,青浦区检察院聘请碳市场领域专家为“益心为公”检察志愿者,加强了碳汇司法领域智慧借助。为深化跨域低碳协作,青浦区检察院联合长三角生态绿色一体化示范区内的嘉善、吴江检察机关会签《关于长三角生态绿色一体化发展示范区检察公益诉讼助力“双碳”目标落实联合实施方案》,重点围绕跨流域污染防治、跨区划林草资源保护,加强线索共享、调查协作、办案互助,下好跨域低碳协作“先手棋”,并在示范区核心区域元荡共建长三角首个联合生态修复基地暨公益诉讼实践创新基地,设立碳汇造林、水下森林等五个功能片区,以满足系统保护和异地修复需要。目前,示范区三地检察机关就破坏林木、湿地类案件共立案 20 余起;就 5 起案件督促责任主体在基地碳汇造林 100 余棵、放生环保鱼苗 200 多万尾,通过降碳、增汇、扩绿的公益诉讼实践,倾力守护地球"绿肺"。

【典型意义】

　　党的二十大报告强调积极稳妥地推进碳达峰碳中和。面对这场广泛而深刻的系统性革命,检察机关聚焦中心大局,更新司法理念,积极发挥民事公益诉讼的制度优势,办理首例通过全国统一碳排放交易市场认购碳汇补偿生态损失公益诉讼案,既是环境司法与生态修复的创新融合,也是助力"双碳"目标的有益实践。同时,检察机关以个案为切入点,探索完善碳汇损失评估机制,为完善制度标准提供基层样本;利用"益心为公"检察协作载体发挥双碳领域智慧借助;设立长三角跨省联合生态修复基地,打造"两山"实践创新标杆和"零碳司法"的试验田。

　　本案的办理得到了国家生态环境部、碳管理行业领域的权威认可,获评2022 年度全国检察公益诉讼优秀案例、2022 年度上海检察机关公益诉讼十大典型案例。新华社、《人民日报》、央视等百余家媒体专访报道,全国多地检察机关咨询经验做法,取得了良好的办案效果和社会效果的统一。

案件承办人:

　　余莉,上海市青浦区人民检察院公益检察室主任、检察官

　　蒋云飞,上海市青浦区人民检察院公益检察室副主任、检察官

　　朱易清,上海市青浦区人民检察院公益检察室检察官助理

案例撰写人:

　　余莉,上海市青浦区人民检察院公益检察室主任、检察官

　　朱易清,上海市青浦区人民检察院公益检察室检察官助理

案例审核人:

　　沈琳梅,上海市青浦区人民检察院第六检察部主任、检察官

　　张超,上海市青浦区人民检察院第六检察部检察官助理

案例编审人：

林竹静，上海市人民检察院法律政策研究室检察官

"最江南"公益诉讼实践创新基地

（2023 年 6 月 2 日由上海市青浦区人民检察院朱文俊拍摄）

上海市崇明区人民检察院督促保护 北长江口水域生态资源行政、 民事公益诉讼案①

——沪苏皖跨区域、跨职能生态环境共保联治

【案例要旨】

检察机关针对长江入海口两省(市)交界位置非法采砂破坏环境资源问题采用行政、民事公益诉讼手段双管齐下。对行政机关涉及多个监管部门问题的,向承担主要监管职责部门发出《检察建议书》,同步推动沪苏两省(市)其他相关部门加强执法衔接和协作,形成监管闭环和长效机制,以保护长江生态资源安全;对生态环境损害赔偿问题,通过沪苏皖检察机关联动,与侵权人平等磋商,高效灵活地制定科学可行赔偿协议,并经司法确认确保协议内容合法性及科学性,在探索长三角一体化生态保护信息互通、机制联动方面积累了宝贵经验。

该案于2022年7月19日获评最高检察院服务保障长江经济带发展典型案例(第四批),于2022年10月10日获评上海市高级法院服务保障长江经济带、长三角区域一体化发展典型案例。

【案情概要】

2018年4月—2020年10月,在未取得采砂许可证的情况下,有多名侵权人擅自驾驶无船名船号、无船舶证书、无船籍港的"三无"采砂船、运砂船,在长江

① 沪崇检行公建〔2021〕79号。

B7 浮附近水域禁采区内非法采砂 90 余次,获取江砂 10 余万吨,涉案江砂价值达人民币 360 余万元。

【履职情况】

一、线索发现

2021 年 9 月,江苏省如皋市人民法院在办理长江 B7 浮非法采砂刑事案件时发现公益诉讼线索,并移送至上海市检察院,上海市检察院指定上海市崇明区检察院管辖。因本案涉及行政机关监管不到位和侵权人破坏生态环境两类问题,崇明区检察院以行政公益诉讼和民事公益诉讼分别立案。

二、行政公益诉讼

(一)调查核实

本案违法行为发生地长江 B7 浮位于上海市与江苏省交界的入海口,砂石资源丰富,且水情复杂、港汊较多,便于非法采砂船舶藏匿。多年来,该水域已成为非法采砂行为人在长江水域盗采砂石的主要据点,非法采砂问题突出。为查明本案具有法定监管职责的行政机关,崇明区检察院走访了崇明区海事局、水务局、规划和自然资源局、民政局等相关行政机关,明确了长江 B7 浮水域非法采砂行为的主要监管部门是崇明区水务局,多个相关行政部门负有部分监管职责。崇明区检察院对该水域的行政监管情况进行调查,发现崇明区水务局未能依法履行监管职责,执法设备薄弱,未与江苏省在该水域形成有效执法衔接,导致长江 B7 浮水域非法采砂活动屡禁不止。

(二)检察建议

2021 年 10 月 21 日,崇明区检察院向崇明区水务局发出《检察建议书》,建议其加大查处长江 B7 浮及附近水域非法采砂行为力度,形成长效监管机制并加强与江苏省相关部门的联动协作。崇明区水务局在收到《检察建议书》后,立即加强巡查执法,加大了对"三无"采砂船、运砂船的打击力度,并申请资金在长江 B7 浮水域建设远程视频监控设备,以对该水域全天候持续监控。同时,强化对沪苏交界重点河段、敏感水域的日常监管和联合执法，预防长江水域非法采砂行为。2021年11月26日，崇明区检察院联合相关行政机关对长江B7浮及附近水域开展回头看和执法巡查，现场未发现可疑船只，水域情况正常。

（三）跟踪问效

在个案办理取得成效的基础上，崇明区检察院依托北长江口检察协作办公室，联合崇明区水务局、江苏省南通市海门区人民检察院、海门区水利局、长航公安上海分局、崇明海事局等六部门，共同会签了《北长江口生态资源保护工作备忘录》，以实现对长江B7浮及附近水域"行政执法＋刑事司法＋公益诉讼"的闭环监管，以推动两地行政执法机关、公安机关、检察机关对北长江口水域同步、同频保护。

三、民事公益诉讼

（一）调查核实

本案非法采砂行为的发生地位于崇明岛西南侧，毗邻水源生态涵养红线、生物多样性保护红线及长江刀鲚水产种质资源保护区，该环境侵权行为不仅打破了河道泥沙输送能力之间的平衡，造成河床横向次生流和平面流场调整，而且还导致浮游生物、底栖生物的生存环境遭受毁灭性破坏，同时可能使河流水质和水体降解能力下降，严重损害长江生态功能。崇明区检察院对10名侵权人提起民事公益诉讼，并委托鉴定机构对侵权人非法盗采砂石行为造成的生态环境损害进行评估鉴定。

（二）跨省磋商

因多名侵权人被判缓刑后，分散在安徽、江苏等地接受社区矫正，崇明区检察院根据沪苏浙皖检察机关共同签署的《沪苏浙皖检察机关关于依法全面充分履行检察职能为扎实推进长三角一体化发展提供司法保障的意见》，主动与侵权人户籍所在地检察院取得联系，委托属地检察院提供协助，先后对10名侵权人完成赔偿协议跨省签署。

（三）司法确认

为保障赔偿协议执行效果，崇明区检察院和侵权人共同向崇明区法院申请司法确认,法院依法作出民事裁定,确认赔偿协议合法有效。截至目前,共追回生态修复金 26 万余元。

【典型意义】

一、检察机关办理跨区域环境公益诉讼,应厘清行政、司法管辖边界

本案的特殊之处在于既涉及沪苏两省跨省监管问题,又涉及跨河流和海洋监管部门的确定问题。

首先,本案由江苏省如皋市人民法院移送至上海市人民检察院。根据最高检察院《关于长江经济带检察机关办理长江流域生态环境资源案件加强协作配合的意见》,长江流域跨省的重大生态环境资源公益诉讼案件线索,可由省级检察院通过协商将线索移送生态环境资源损害结果主要发生地或处于长江下游相邻的省级检察院。因江苏省南通市环资类刑事案件由江苏省如皋市法院长江流域环境资源第二法庭集中管辖,法院判决仅解决了侵权人非法开采砂石刑事责任,对侵权人非法采石行为侵害国家利益和社会公共利益问题应从公益诉讼角度评价,故江苏省如皋市法院将公益诉讼线索移送至上海市检察院。

其次,长江 B7 浮水域管辖具有特殊性。海事、水务部门在水域上针对不同问题履行不同行政监管职责,海事部门管理包括水上船舶公共安全、船舶泄油漏油导致的环境污染以及船员管理等问题;水务部门管理包括非法采砂、违法向水体排放污水等问题;公安部门负责打击犯罪。在长江水域,长江航运公安局可以突破传统地理区划,在长江水域追捕侵权人,海事、水务部门在其管辖范围内行使职权。同时,沪苏两地海事部门和水务部门在长江水域管辖上划分也不一致,本案违法行为发生地长江 B7 浮水域位于沪苏交界处的长江入海口,海事部门适用水域管辖规则,长江 B7 浮黑浮北侧水域由上海海事管辖,长江 B7 浮黑浮南侧、红浮由江苏省管辖;水务部门适用行政管辖规则,以长江中线划分,长江中线以北属上海市管辖,长江中线以南属江苏省管辖。

最后,本案系侵权人非法采砂,存在行政机关对区域非法采砂监管不到位问

题。《中华人民共和国长江保护法》第28条第2款、第91条和《长江河道采砂管理条例》第3条第2款规定,对非法采砂问题负有监督管理职责的行政机关为县级以上地方人民政府水行政主管部门。水务部门对长江B7浮非法采砂监管不到位,又因长江B7浮位于长江中线以北,故本案应属上海市崇明区水务部门管辖。人民检察院办理行政公益诉讼案件,由行政机关对应的同级人民检察院立案管辖,基于上述理由,如皋市法院将案件移送至上海市检察院,上海市检察院指定崇明区检察院管辖。

二、检察机关办理跨区域环境公益诉讼应坚持协同共治,突出长江流域生态保护的整体性、协同性、系统性

行政公益诉讼方面,崇明区地理位置特殊,岛上有上海崇明、江苏启东、海门三地,本案损害结果发生地位于沪苏交界水域,主要为崇明、海门交界水域,由于两地对北长江口水域分割管理,治理步调不一,导致两地在长江B7浮水域非法采砂打击上执法标准、力度、尺度略有不同,两地未能形成有效的执法衔接。为了从源头上切断盗采江砂的利益链条,全方位整治长江水域采砂生态,崇明区检察院依托北长江口检察协作办公室,联合崇明水务、南通海门检察院、海门水利、长航公安、崇明海事等部门召开北长江口生态资源保护座谈会,通过座谈会推动两地水务、海事强化对沪苏交界重点河段、敏感水域的日常监管和联合执法,从源头上铲除非法采砂生存的土壤。同时,与会单位会签了《北长江口生态资源保护工作备忘录》,以实现对长江B7浮及附近水域"行政执法+刑事司法+公益诉讼"闭环监管,推动沪苏两地行政执法机关、公安机关、检察机关对北长江口水域同步同频保护。

民事公益诉讼方面,本案中,崇明区检察院在获得江苏省如皋市人民法院提供的线索后,在上海市检察院的指导下,参照刑事案件鉴定报告、民事生态环境损害评估报告及其他证据材料科学合理确定民事赔偿责任范围,在尊重当事人意思自治的前提下从磋商程序合法性、赔偿协议专业性、科学性及可操作性、公共利益保护充分性等方面,对磋商协议内容进行全面审查,因侵权人大多分布在安徽地区,崇明区检察院根据2020年10月上海、安徽等四省市检察机关会签的《沪苏浙皖检察机关关于依法全面充分履行检察职能为扎实推进长三角一体化发展提供司法保障的意见》:"长三角检察机关要加强跨省协作充分履行检察职能",主动与侵权人户籍所在地安徽省镜湖区检察院取得联系,委托其为崇明区

院办案提供检察协助,通过沪苏皖检察机关一体联动,最终与侵权人磋商达成赔偿协议,获得人民法院裁定支持,解决了非法采砂跨省区划协作问题,为检察机关开展民事公益诉讼跨省协作、保护长江流域生态资源提供了有益的实践样本。

三、环境公益诉讼办理应落实恢复性司法理念,破解"环境受损,政府买单"困境

本案能动落实生态检察恢复性司法,沪苏皖一体协同,让侵权人为生态环境损失"买单"。本案是长三角跨行政区域探索生态环境共保联治机制的典型案例,由于自然资源的流动性,破坏生态的环境侵权行为所造成的损害后果往往涉及多个行政区域,需要跨行政区域联动执法司法才能统筹推进"五位一体"总体布局,实现生态保护目标。从江苏省如皋市法院提供线索到上海市检察机关立案办理,再动安徽省检察机关推进协作促成磋商,本案作为跨行政区生态磋商、司法确认的成功案例,检察机关和侵权人通过平等磋商,高效灵活地制定了科学可行的赔偿协议,并经司法确认确保协议内容的合法性及科学性,在探索长三角一体化生态保护信息互通、机制联动方面积累了宝贵经验,有助于探索全国区域协调发展新路径,将生态优势转化为经济社会发展优势,共同建设绿色美丽长三角、打造美丽中国建设先行示范区。

案件承办人:

谢惠,上海市崇明区人民检察院党组成员、副检察长

邢光英,上海市崇明区人民检察院公益检察室主任、四级高级检察官

许佩琰,上海市崇明区人民检察院三级检察官助理

案例撰写人:

邢光英,上海市崇明区人民检察院公益检察室主任、四级高级检察官

许佩琰,上海市崇明区人民检察院三级检察官助理

案例审核人:

谢惠,上海市崇明区人民检察院党组成员、副检察长

案例编审人：

林竹静,上海市人民检察院法律政策研究室检察官

北长江口生态检察保护座谈会

（2021 年 11 月 26 日由龚晨晖拍摄）

浙江省
法治案例

浙江省人民检察院制发检察建议
促进寄递行业治理案[①]

——浙江省人民检察院向浙江省邮政管理局制发
《1号检察建议》，堵塞毒品寄递流通渠道，
助推行业安全管理规范

【案例要旨】

检察机关在办案履职过程中要善于发现、总结案件背后反映出的社会治理漏洞共性问题，在依法惩治相关犯罪的同时，主动延伸检察职能，通过制发检察建议等形式积极参与社会治理。检察建议要围绕中心服务大局，在深入调研、深刻剖析的基础上，努力把问题提准，落实对策建议，充分释法说理，积极争取各方理解与支持。要立足法律监督定位，以把检察建议做成刚性、做到刚性为目标，凝聚更多共识，全方位立体推进落实，通过实实在在的工作促进社会综合治理，实现双赢多赢共赢，为国家治理体系和治理能力现代化建设贡献更多检察力量。

【案情概要】

2020年年初，浙江省检察院在开展寄递毒品犯罪专项调研中发现，浙江作为寄递大省，快递业务量增长迅猛，2019年全省快件揽收量132亿件，占全国21%，投递量45亿件。与此同时，毒品流通环节寄递化特点突出，犯罪分子利用寄递行业监管漏洞实施毒品犯罪的数量逐年上升，2017—2019年环比分别以

[①] 浙检二部建〔2020〕1号。

60%、111%的速度递增,涉案毒品种类多、数量大,尤其在新冠疫情期间,利用非接触的寄递方式实施犯罪的案件多发、高发。浙江寄递行业面广体大,寄递企业运营不规范现象较为普遍,寄递监管力量不足,新兴寄递业态较多,存在诸多管理监督漏洞。为加大从源头打击利用寄递渠道犯罪行为的力度,促进行业综合治理,浙江省检察院于2020年2月10日向寄递行业主管部门浙江省邮政管理局制发《检察建议书》(浙检二部建〔2020〕1号,简称"1号检察建议"),指出当前寄递行业存在"实名制收寄执行不严格、收件验视不到位、专业检测仪器不足、智能快递柜寄件存在缺陷、同城急送新业态领域存在监管盲区"等五大问题,并提出"严格落实三项制度、完善监管机制和措施、建立风险防控机制、严防同城急送运毒、提高从业人员辨毒意识和能力"等五项改进建议,为邮政管理部门履行监管职责,规范寄递行业运营行为积极建言献策。

浙江省邮政管理局收到《检察建议书》后,充分认可检察机关积极参与寄递行业综合治理的责任担当,围绕"精、准、实"的检察建议内容积极组织整改。2020年5月8日,浙江省人民检察院、浙江省公安厅、浙江省邮政管理局联合印发《关于在预防和打击寄递毒品犯罪工作中加强协作配合的若干意见》(浙邮管〔2020〕62号),在预防和打击利用寄递渠道实施毒品犯罪工作中建立协同打击、信息共享、专项巡检、联席会议、保密奖惩、宣传教育等六项长效协作机制。同日,浙江省邮政管理局正式函复检察建议落实情况,随函附上7项制度安排、8个具体举措,特别在以下五大方面整改有力、成效显著:一是堵塞智能快递柜寄件漏洞。在全国率先将智能快递柜纳入快递经营许可,出台规定明确只有具备人脸识别和开箱验视条件的企业才准许经营寄件业务。2020年5月,丰巢智能柜启用人脸识别、开箱验视寄件系统后,多家寄递企业迅速跟进落实,部分企业智能柜因不达标被取消寄件业务,堵塞了智能柜创新背后的漏洞。二是提升寄递企业智能化设备配置。要求全省全部法人企业必须配备安检机,提升安检机使用效能,保证寄出件应检必检,限期要求升级监控设备,将视频监控保存期限从30天延长至90天,并指定慈溪市、金华市金东区、临海市作为云南等重点地区进浙快件过机安检的试点,提升发现涉毒快件的能力。三是推动无人监管的新业态纳入监管。在湖州市吴兴区试点同城急送监管,以循序渐进、审慎包容的政策逐步加强对同城急送新业态企业的监管。四是推广人脸识别实名制寄件。以新昌县人脸识别模式为试点,积极推动各地探索人脸识别寄件,启动后的当月就实现寄递时前科人员预警800人次,拓宽了犯罪线索,确保可侦查回溯。

五是提高寄递从业人员禁毒意识和能力。加强寄递从业人员禁毒培训,开展禁毒信息员队伍试点,创新手机 APP 线上推送、地铁循环播放等形式,通过"云课堂＋微视频＋普法面对面"开展多方位禁毒宣传。

2020 年 6 月 23 日"国际禁毒日"来临之际,浙江省检察院联合浙江省邮政管理局共同召开"共同打击毒品犯罪,共筑寄递安全防火墙"新闻发布会,并介绍相关工作情况,同步发布十大典型案事例,开展禁毒和寄递安全宣传。此后,全省三部门上下联动、内外协同、持续发力,以深入贯彻习近平总书记关于禁毒工作重要指示精神和打赢禁毒人民战争的高度政治自觉,推动落实"1 号检察建议"走深、走实,促进行业监管和社会综合治理取得良好成效,率先走出一条检察建议助力寄递行业监管水平提升的"浙江之路"。

2021 年 10 月,最高检察院吸纳浙江"1 号检察建议"等经验做法,向国家邮政局制发"七号检察建议",推动强化安全监管,堵塞管理漏洞,促进寄递行业健康持续发展。全省检察机关进一步提高站位,持续发挥先发优势,围绕《关于在预防和打击寄递毒品犯罪工作中加强协作配合的若干意见》,对标最高检察院"七号检察建议",扎实推进五项试点工作。2022 年 4 月,《关于贯彻落实"七号检察建议"寄递渠道"春雷"专项行动的实施意见》(浙检发〔2022〕2 号)印发,并组织全省三部门 100 余人在浙江湖州开展贯彻落实最高检察院"七号检察建议"及浙江省"春雷行动"实战演练暨经验交流会,吹响了浙江全面推进"七号检察建议"走深、走实的冲锋号,进一步扎实落实、完善改进,取得了良好成效。

2023 年 2 月,浙江省委政法委、浙江省人民检察院、浙江省邮政管理局等 14 部门共同印发《关于进一步加强浙江省邮件快件寄递安全管理工作的实施意见》,2023 年 6 月,浙江省 18 部门联合印发《浙江省平安寄递专项行动方案》,为提质增效深化推进最高检察院"七号检察建议"、浙江省"1 号检察建议"做出新的更大范围的动员部署。"1 号检察建议"发布以来,全省寄递渠道涉毒等违法犯罪案件数量明显下降,县(市、区)级专门邮政监管机构由"1 号检察建议"发布时的 20 家发展至如今的 79 家,寄递行业监管力量和能力明显提升,安全监管防线切实得到加强。浙江省人民检察院积极履职,以强化办案促进检察建议落地生根,以协作发力促进寄递行业整改规范到位,以数字赋能延伸社会综合治理,通过实实在在的工作实现双赢多赢共赢,为国家治理体系和治理能力现代化建设贡献检察力量。

【履职情况】

为把检察建议做成刚性、做到刚性,浙江省检察院主动跟进并指导全省检察机关协同相关部门形成合力,扎实推进检察建议有效落实,尤其是最高人民检察院发布"七号检察建议"后,浙江检察机关认真贯彻落实,坚持实践创新,发挥先发优势,加强打击寄递渠道相关犯罪和推动寄递行业综合治理始终在高位运行。

一、深入一线企业,开展联合巡查督导

联合浙江省邮政管理局、浙江省公安厅赴多地开展寄递渠道禁毒工作专题调研,实地走访企业网点、分拨中心、寄递园区,通过召开座谈会等形式找准落实检察建议的突破口和落脚点,并对调研过程中发现的问题及时提出改进建议。三年来,省级层面共开展联席会商 10 次,部署联合行动 12 次。

二、开展五项试点,合力破解监管难题

协同浙江省邮政管理局采用试点先行的方式开展人脸识别实名制寄件等,多次赴试点地区调研指导,召开全省寄递渠道防范打击毒品犯罪试点工作推进会,加快试点推进进度,多次组织"回头看"活动,督促试点工作有序推进,智能安检机、人脸识别收件和禁毒信息员队伍建设等工作进展迅速。

三、出台规范性文件,建立长效协作机制

联合下发《关于在预防和打击寄递毒品犯罪工作中加强协作配合的若干意见》,推动检察、公安、邮政管理及更多部门联动开展寄递渠道打击预防毒品违法犯罪工作常态化、规范化、制度化。浙江省公安厅将"互联网+寄递"涉毒线索智能研判列入"公安大脑"+禁毒"苍穹"系统建设,提高快递企业发现毒品、协助侦破犯罪的能力,2022 年共推送寄递涉毒线索 130 余条,破获案件 110 余起。2023 年 2 月,浙江省邮政管理局等 14 部门联合印发《关于进一步加强浙江省邮件快件寄递安全管理工作的实施意见》。为贯彻落实国家相关会议精神,5 月又会签《浙江省平安寄递专项行动方案》,召开全省电视电话会议部署落实专项行动,浙江省检察院作为代表单位进行发言。

四、护航保障亚运会,开展"春雷"专项行动

2022年3月30日,浙江省检察院牵头印发《关于贯彻落实"七号检察建议"寄递渠道"春雷"专项行动的实施意见》,部署全省开展以"五个一"行动为主要内容的专项行动。联合浙江省禁毒办开展寄递从业人员背景审查专项,发现涉毒前科人员1 000余名,涉毒线索2条;赴德清县地信小镇等亚运场馆开展联合调研;联合浙江省公安厅、浙江省邮政管理局组织召开实战演练暨经验交流会,实地走访全省首个乡镇快递网点园区化试点——湖州市南浔区双林镇快递集中处理中心,听取园区智慧化管理、网络化管理的新模式,参观综治工作站、快递小哥之家、检察联络点和部分快递网点,在吴兴区圆通快递公司观摩了针对涉毒、涉生物安全、涉疫三个突发事件场景的应急实战演练,又组织现场经验交流会,全省共9家单位进行汇报、交流。

五、多形式能动履职,夯实基层治理基础

2020年6月23日,浙江省检察院联合浙江省邮政管理局召开"共同打击毒品犯罪,共筑寄递安全防火墙"主题新闻发布会,介绍检察建议推进情况,发布严厉打击寄递毒品犯罪十大案事例,进行法治宣传和警示教育;杭州将检察建议的落实纳入市人大《禁毒法》执法规范化检查;湖州成立由市政府分管领导担任召集人、职能部门分管领导为成员的寄递行业打击毒品犯罪重点整治协调小组;丽水龙泉出台实施意见,在常规合作基础上探索构建寄递行业违禁品数据库、开展寄递领域公益诉讼;湖州南浔检察院联合邮管局、乡镇政府出台工作意见,创设驻快递园区检察联络制度,加强从业人员法治培训,园区内一快递小哥提供贩毒线索1条;杭州市拱墅区针对夜市经济、商圈经济中快递、闪送、外卖形成会议纪要,并规范治理;杭州余杭、温州永嘉、绍兴诸暨等地检察院邀请相关职能部门及寄递企业开展座谈,现场送达《检察建议书》;绍兴嵊州、柯桥、嘉兴秀洲等地检察院会同相关部门对辖区内寄递企业开展专项督导检查,对重点时段、重点寄送地区、重点网点开展巡检。浙江省检察院就本省寄递行业监管存在的"监管力量薄弱、经费保障不足、实名制和收寄验视监管规则不完善"等三大难题,形成专题报告呈报浙江省政府,分管副省长对该报告充分肯定,批示浙江省委编办、财政厅、司法厅、省政府办公厅加大协调力度给予支持。

【典型意义】

一、服务大局,能动履行法律监督职能

浙江省检察院严厉打击利用寄递渠道贩运违禁品的犯罪活动,又通过制发检察建议推动规范寄递行业运营、加强监管力量配置,参与社会综合治理,积极回应社会关切,围绕中心大局助力保障疫情防控、经济社会发展,护航杭州亚运会,是检察机关高标准履行法律监督职责、拓展监督领域、延伸监督触角的典型范例,实现了法律监督"三个效果"有机统一,为最高人民检察院"七号检察建议"的出台提供了浙江经验。与2021年相比,2022年浙江省检察机关受理移送审查起诉的利用寄递渠道实施犯罪的案件数量下降了31.3%,治理效果明显。

二、精准施策,推动检察建议落地见效

浙江省检察院找准堵点,精准施策,指导全省检察机关因地制宜打击寄递渠道犯罪,形成"一手打、一手防、一手疏"格局,尤其注重发挥数字赋能优势,按照"数字检察转向实战化"要求,加快部署数字监督模型,加大法律监督力度,延伸社会综合治理。以"1号检察建议"为契机,积极梳理其他相关领域犯罪情况,加强同林业、安监等行业主管部门的联系沟通,查找相关领域的寄递风险防控关键点,推动堵塞漏洞,努力达到"提出一建议、治理全领域"的效果。

三、构建机制,提升行业监管水平

检察机关既依法打击相关犯罪,又强调源头治理、源头预防,通过建章立制、堵塞漏洞,确保寄递行业行稳致远。浙江省检察院与浙江省公安厅、浙江省邮政管理局联系紧密、沟通顺畅,发挥各自职能优势,深挖监管漏洞与薄弱环节,推动出台多项协作机制,涵盖侦查、检察、行业监管、法制宣传等内容,注重行业、地域特点,指导各地积极探索保持先发优势的工作机制,以创新推进"春雷行动"为主要方式,加强亚运赛区内外围禁毒工作,严防涉毒、涉恐、涉政等违禁品通过寄递渠道流入赛区,实战检验行业监管水平,助力平安亚运。

案件承办人：

张提,浙江省人民检察院三级高级检察官

王修珏,浙江省人民检察院党组机要秘书、一级主任科员

案例撰写人：

刘文霞,浙江省人民检察院三级高级检察官

陈和健,浙江省人民检察院二级检察官助理

案例审核人：

董善满,浙江省人民检察院第二检察部副主任

案例编审人：

王宪峰,浙江省人民检察院第二检察部主任

"共同打击毒品犯罪,共筑寄递安全防火墙"新闻发布会

(2020 年 6 月 23 日由龚成拍摄)

浙江省无障碍环境建设公益诉讼系列案[①]

——聚焦特殊群体权益保护,助推无障碍环境建设

【案例要旨】

　　无障碍环境既是保障残疾人、老年人等特殊群体平等参与社会生活的重要条件,也事关每个公民特殊需求之时的应急保障,体现了社会文明进步和公平正义。但长期以来,无障碍环境建设相关法规和国家标准未能严格落实现象较为突出,问题整改面临"九龙治水"的困局。检察机关深入贯彻落实党中央重大决策部署,能动发挥检察公益诉讼在国家治理体系中的独特制度效能,积极探索无障碍环境建设公益诉讼,对照无障碍环境建设存在的突出问题开展专项监督,找准违法点和责任主体,坚持系统抓、抓系统,结合监督办案推广治理经验,依托制度机制巩固深化办案成果,为无障碍环境建设提供坚实的司法保障。

【案情概要】

　　2020 年 1 月,浙江省杭州市检察院在杭州市人大常委会的监督支持下,探索开展无障碍环境建设公益诉讼。该院通过走访调查发现,全市范围内无障碍环境建设不规范、不均衡、不系统问题较为普遍,涉及交通出行、日常生活、办公办事等多重环境维度,侵犯了残疾人、老年人、儿童、孕妇等特殊群体平等参与社会生活的基本权利,相关职能部门未能依法履职,存在监督管理缺位现象。浙江省检察院经调研发现,全省存在类似问题,社会公共利益持续受到损害。

---

　　① 《最高检会同中国残联联合发布残疾人权益保障检察公益诉讼典型案例:维护平等权利,促进全面发展》,https://www.spp.gov.cn/spp/xwfbh/wsfbt/202205/t2022513_556792.shtm#1.

【履职情况】

一、杭州市检察院履职情况

杭州市检察院在前期调研走访的基础上,于 2020 年 1 月印发《关于开展无障碍环境建设检察公益诉讼专项监督行动的实施方案》,在全市部署开展无障碍环境建设检察公益诉讼专项监督。截至 2020 年年底,杭州市检察院共排查发现无障碍环境建设违法点 130 处,发出《行政公益诉讼诉前检察建议》36 份,督促城管、住建、文广、市监、港航、园文等职能部门依法履行监管职责,加强和规范无障碍环境建设。相关职能部门收到检察建议后均高度重视,认真进行整改落实,并按期进行了书面回复,检察建议相关违法点全部整改到位。

2020 年 5 月,杭州市检察院组织召开全市无障碍环境建设检察公益诉讼专项监督座谈会,推动相关职能部门开展行业内部专项排查,促进系统治理。各行业主管部门主动作为、举一反三,除检察建议涉及的违法点外,另有 68 个公共停车场共计 617 个无障碍停车位已完成增设或整改,4 045 处城市主要道路上的盲道障碍物被清除,674 处破损、缺失的无障碍设施(不含盲道)恢复正常使用功能,20 座人行天桥配套无障碍设施实施改造,客运码头无障碍通道设置率达 78%,轮椅配备率达 85%,1 座县级公共图书馆增设盲人阅读专区,实现"办理一案、治理一片"的监督效果。2020 年 10 月,杭州市检察院联合杭州市无障碍环境建设领导小组办公室制定《关于强化检察公益诉讼职能,服务保障无障碍环境建设的十一条意见》,为进一步深化无障碍环境建设检察公益诉讼监督提供制度保障。

二、浙江省检察院履职情况

浙江省检察院全程跟进、指导杭州市检察机关开展无障碍环境建设检察公益诉讼专项监督行动,组织开展专题调研并形成报告,深入分析全省无障碍环境建设存在的主要问题:一是建设管理方面缺乏规范,表现为尚未配置无障碍设施、设施配置不健全、设施功能发挥受限等问题。二是建设进程碎片化问题突出,表现为设施衔接不到位、服务指引不充分、区域发展不平衡等问题。三是监管领域全流程把控不严,表现为建设环节主体责任落空、审核环节行政监管缺失、使用环节维护管养不力等问题。浙江省检察院经研判认为，相关职能部门无障碍环境设施的规划建设、改造提升和运行维护等监督管理职责缺位情况不是个别现象，在全省各界冲刺筹备杭州亚运会亚残运会的背景下，有必要在全省范围内开展系统化的专项监督。

2020年7月，浙江省检察院印发《公益诉讼检察办案指引》，全面梳理无障碍环境建设违法点、部门职责、相关法律规范等，推广杭州市检察机关办案经验。2020年9月，浙江省检察院印发《关于开展无障碍环境建设检察公益诉讼专项监督行动的通知》，决定在全省范围内开展无障碍环境建设检察公益诉讼专项监督行动，重点针对全省58个杭州亚运会亚残运会比赛场馆及城市相关配套设施开展专项监督。2021年3月，浙江省检察院与浙江省残疾人联合会共同出台《关于建立公益诉讼配合协作机制的意见》，明确对口联系、信息通报、线索移送、办案协作等工作机制，形成工作合力，共同保护残疾人群体合法权益。

全省各级检察机关积极开展无障碍环境建设公益诉讼办案。浙江省检察院围绕机场、铁路客站等站内站外无障碍环境设施衔接等重点问题自行立案，与浙江省住建、交通运输、国资等部门开展磋商，推动相关问题解决。杭州铁路运输检察院开展浙江铁路无障碍环境建设检察公益诉讼专项监督行动，共排查发现232处问题点，立案8件，制发检察建议8份，组织召开问题整改协调会，推动铁路部门将整改资金纳入经费预算，确保整改到位。宁波市鄞州区人民检察院召开公开听证会，推动全区830处不规范无障碍设施引导标识专项治理。金华市金东区人民检察院对辖区范围主干道进行详细排查，发现包括提示盲道设置不规范、盲道引导错误等18大问题、428个问题点，并会同金东区住建、综合执法、文明办、残联等单位召开圆桌会议，共同保障盲人脚下安全。2020年9月—2023年8月，全省检察机关立案办理无障碍环境建设行政公益诉讼案318件，发送检察建议307份。全省11个地市检察院和相关基层院实现无障碍环境公益诉讼案件办理"全覆盖"，推动相关问题的系统治理和有效解决。

三、专项监督拓展深化情况

2021年1月至今，杭州市检察院在最高检察院、浙江省检察院的指导下，依托"全国数字经济第一城"的区位优势，将监督视角从设施无障碍逐步向信息无障碍、服务无障碍等维度延伸，持续拓展深化无障碍环境建设公益诉讼专项监督行动，助力消除特殊群体"数字鸿沟"，平等畅享"共富红利"。全市检察机关通过走访排查、实地踏勘、专家咨询、问卷调查等方式,查明全市范围内违反《残疾人保障法》《无障碍环境建设条例》等法律法规的点位共计 100 处,办理信息无障碍、服务无障碍专项监督案件 23 件,发出行政公益诉讼诉前检察建议 22 件、民事公益诉讼诉前检察建议 1 件,覆盖全市各区、县(市),涉及文广、卫健、市监、公安、数据、商务、公共交通等多个职能部门或民事主体,涵盖公共图书馆未配备无障碍设施、残疾人驾驶的机动车未实施停车费减免优惠政策、公共服务机构未提供信息无障碍服务、公交车辆未配备必要无障碍设施等类型。

相关职能部门收到检察建议书后均积极落实整改。杭州市富阳区图书馆及时完成信息无障碍环境改造,增设盲人阅读专区,配置盲文读物、读屏软件、光学放大镜、盲文点显器等相关设备,并启动全区文化、旅游、体育等公共建筑无障碍环境建设功能提升行动;就辖区内盲人通行较为集中的路段增设人行横道信号灯过街音响,并上线全省首个新型智能交互式过街语音提示装置,为视障群体提供更有针对性的提示服务的同时降低对附近居民造成的噪声干扰;重点医院研究制定信息无障碍建设方案,分步增设室内辅助定位导航系统、无障碍信息显示屏、语音文字互转系统、语音辅助提示装置等设施,全面推进医疗系统信息无障碍环境建设。西湖区部分景点升级预约售票服务,增设现金服务窗口,优化志愿帮扶,全方位保障各类游客游览需求。钱塘区部分社区卫生服务中心改进收费方式,并通过专项摸排在全区各社区卫生服务中心增设老年人优先窗口、人工服务窗口、导医台及志愿者就医指导服务,方便老人就医需求。萧山、临安、钱塘三区督促更新升级 198 座公共停车场自动收费系统,登记残疾人车辆信息 1 243 条,完善政府定价管理停车场停车收费系统定期更新机制,推动残疾人停车优惠政策落地落实。建德市医疗急救指挥调度系统增设文字报警和一键呼救定位功能,畅通语言、听力障碍群体生命呼救渠道。杭州市交通运输公司积极履行民事责任,针对人流量大、客流量多的火车站、汽车站的残障和行动不便人士等候区进行改善提升,改造 15 处无障碍公交车站点作为标准示范站点,检测升级 1 800 余辆公交车电子站名播报系统,制定不具备无障碍设施公交车三年淘汰计划,升级 APP 软件,多维度满足特殊群体出行需求。

【典型意义】

浙江省检察机关找准无障碍环境建设和杭州亚运会、亚残运会的切入点与着力点,聚焦无障碍环境建设领域多发性、普遍性问题长期存在的症结,以系统化专项监督推动系统性治理,并将监督视角逐步从设施无障碍向信息无障碍、服务无障碍等维度拓展延伸。同时,联合相关职能部门建立长效机制,切实增强检察监督的整体性、协同性与全面性。针对部分行业垂直管理体制造成的客观监管障碍,由省级检察院指导地方检察机关与专门检察机关形成协同办案的"一体化"格局,着力提升检察监督合力,为维护特殊群体合法权益、提升社会文明程度贡献检察力量。

案件承办人:

    浙江省人民检察院办案组、浙江省杭州市人民检察院办案组等

案例撰写人:

    应旭君,浙江省人民检察院第八检察部检察官助理

    王文卓,浙江省人民检察院第八检察部检察官助理

    毕克来,浙江省杭州市人民检察院第八检察部主任

    桂阳,浙江省杭州市人民检察院第八检察部检察官助理

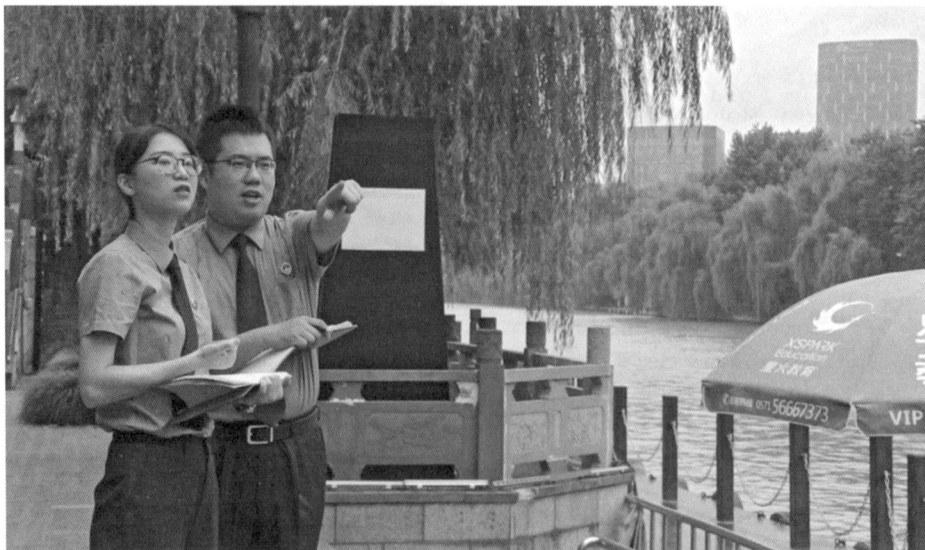

杭州市拱墅区人民检察院就客运码头无障碍环境整改情况进行"回头看"

(2020 年 8 月 4 日浙江省杭州市拱墅区人民检察院王蕴于拱墅区信义坊码头拍摄)

案例审核人:

胡卫丽,浙江省人民检察院第八检察部副主任

案例编审人:

潘敏佳,浙江省人民检察院第八检察部副主任(主持工作)

宁波市人民检察院办理的姜某某等人徇私舞弊暂予监外执行案[①]

——融合监督揭开"纸面服刑"十年面纱，能动履职助推社会治理

【案例要旨】

检察机关在职务犯罪案件侦查工作中要充分发挥一体化办案优势，运用"三查融合"思维和方法，积极组建跨部门、跨层级的办案团队，发挥好"侦查＋法律监督"专业互补、强强联合的融合监督优势，确保自侦案件办理质效。在办案过程中，要积极依法能动履职，及时移送发现的系统性、普遍性问题，以点带面拓展监督效果，追根溯源促进社会治理，努力做到从个案办理到类案监督，再到社会治理，充分体现司法办案、法律监督和服务大局的有机统一。

【案情概要】

吴某(已收监)于 2001 年 11 月被浙江省高级法院判处死刑，缓期二年执行，剥夺政治权利终身。2009 年 8 月，吴某被批准保外就医，在宁波市江东区(现鄞州区)接受社区矫正。

2021 年 10 月 21 日，宁波市检察院(简称宁波市检察院)收到浙江省检察院交办的吴某违法保外就医涉及鄞州区司法局职务犯罪线索函。宁波市检察院成立了以侦查骨干为主，刑执、技术、法医、刑检共同组成的工作专班，在前期调查取证的基础上，于 2021 年 11 月 24—26 日对吴某展开为期 3 天的提审，吴某如

---

① (2022)浙 0212 刑初 1077 号；(2022)浙 0212 刑初 1078 号；(2022)浙 0212 刑初 1079 号。

实供述了其不符合保外就医条件,自己通过张某甲多次请鄞州人民医院耳鼻喉科主任张某乙为其出具虚假《医学司法鉴定书》的犯罪事实,还供述了其通过张某甲多次请负责其社区矫正监管工作的鄞州区白鹤司法所社区矫正工作人员姜某某不对其提出收监执行司法建议的犯罪事实。

2021年12月10日,宁波市检察院对姜某某、张某甲、张某乙以涉嫌徇私舞弊暂予监外执行罪立案侦查,并对三人采取取保候审强制措施。姜某某、张某甲、张某乙均如实供述了自己的犯罪事实。该案顺利侦结并提起公诉。2022年11月8日,鄞州区法院以徇私舞弊暂予监外执行罪分别判处张某乙、姜某某、张某甲有期徒刑1年6个月;有期徒刑1年6个月,缓刑2年6个月;有期徒刑1年4个月,缓刑2年。

【争议焦点】

本案的焦点之一在于吴某要求保外就医的条件是否属实且符合法律规定。对此,宁波市检察院工作专班在对全案证据材料进行梳理分析后,提出前期侦查重点应放在查证吴某违法保外就医的全过程。经过调取吴某保外就医期间相关医疗和病情诊断、就医记录等证据材料,向浙江省检察院技术处、浙江省人民医院耳鼻喉科主任请教相关医学问题,浙江省检察院技术处出具了审查意见,认定吴某不符合保外就医条件。

另外,工作专班还调取了保外就医期间吴某历年的司法监管档案资料,审查有无违规监管情形。经调查,发现姜某某等人存在徇私舞弊的行为,吴某要求保外就医的条件并不属实。基于前期调查取证,吴某在提审中如实供述了其犯罪事实,承认其不符合保外就医条件。

本案的焦点之二在于姜某某等人的行为是否构成徇私舞弊暂予监外执行罪。2021年12月10日,宁波市检察院对姜某某、张某甲、张某乙以涉嫌徇私舞弊暂予监外执行罪立案侦查,并对该三人采取取保候审强制措施。经调查取证,发现司法工作人员姜某某受张某甲请托,在长期对暂予监外执行罪犯吴某进行社区矫正监管工作的过程中,存在徇私舞弊、弄虚作假、未认真履行监管职责的情形,违反《中华人民共和国刑法》第401条规定:"司法工作人员徇私舞弊,对不符合减刑、假释、暂予监外执行条件的罪犯,予以减刑、假释或者暂予监外执行的,处三年以下有期徒刑或者拘役;情节严重的,处三年以上七年以下有期徒刑。"鄞州人民医院耳鼻喉科主任张某乙受吴某、张某甲请托,明知吴某病情不符合暂外执行条件,多次出具吴某符合暂予监外执行的医学鉴定意见,多次出具假病历,存在徇私舞弊、弄虚作假、故意出具虚假医学鉴定意见的情况。至此,证据扎实全面,姜某某、张某甲、张某乙均如实供述了自己的犯罪事实,姜某某等人的行为构成徇私舞弊暂予监外执行罪。

【评析意见】

本案在侦办过程中充分发挥一体化办案优势,讲究融合监督,注重分工明确,高效收集相关证据,及时提请协同办案。因吴某保外就医时间极长、涉及监管审批环节众多、相关法律法规适用复杂且发生过较大改动,工作专班根据"三查融合"相关规定,吸收刑执、法医、技术、刑检等人员共同参与,并兵分三路:第一组调取梳理不同时期关于暂予监外执行、保外就医范围等法律规定演变过程及各监管责任主体、流程、职责;第二组调取保外就医期间,吴某历年的司法监管档案资料,审查有无违规监管情形;第三组调取吴某保外就医期间相关医疗和病情诊断、就医记录等证据材料,查明其真实身体状况。审查意见为立案后突破相关人员口供提供了极为重要的支撑。

宁波市检察院收到浙江省检察院交办的吴某违法保外就医涉及鄞州区司法局职务犯罪线索函后,立即对姜某某、张某甲、张某乙以涉嫌徇私舞弊暂予监外执行罪立案侦查。在本案侦办期间,工作专班依法能动履职,主动发现宁波市暂予监外执行工作因同步监督滞后、医学知识欠缺等原因,存在较多问题,并及时将该情况通报刑执部门。刑执部门高度重视该情况,在前期排摸梳理基础上,2022年2月,宁波市检察院组织开展了为期四个多月的交叉巡回检察,覆盖全市辖区10个基层司法局,抽查了51个司法所共计1 500余名社矫人员档案,重点对近5年来暂予监外执行的457名社矫对象档案及病历进行复查,组织15名暂予监外执行社区矫正对象进行异地病情鉴定,依法监督收监执行不符合暂予监外执行条件的矫正对象19人,并向相关单位制发《纠正违法通知书》14份、《检察建议书》11份。被监督单位均已采纳《纠正违法通知书》与《检察建议书》,并采取了相应的整改措施。

本案证据扎实,适用罪名准确,对社会治理工作具有以下重要的指导意义。

一是侦查工作要在办案组织模式上发挥一体化优势,通过上下贯通集聚办案合力。该案由于涉案周期长、区域跨度大、疑难问题多,办理过程中浙江省检察院靠前指挥,全程跟踪,多次指导下级检察机关调查取证,协调罪犯收监、区域协作等事项,为全案成功侦办指明了方向。宁波市检察院在接到线索后,院党组高度重视,统筹全市办案资源,迅速抽调两级检察院精干力量组建工作专班,制定周密调查核实方案,定期会商,集中优势兵力打"歼灭战"、打"组合拳",确保案件高效侦结。

二是侦查工作要在法律监督格局中发挥托底作用,通过融合监督提升整体质效。侦查工作要充分运用审查、调查、侦查"三查融合"的思维和方法,实现从单纯侦查的思维和方法向审查、调查、侦查并重的思维和方法转变。侦查要全程引导审查、调查,积极组建跨部门、跨层级的办案团队,发挥好"侦查+法律监督"的专业互补、强强联合优势。本案暂予监外执行涉及大量的医学类、司法监管类证据,工作专班及时吸纳刑检、刑执、法医、技术等条线骨干,形成融合式办案力量,为全案成功侦办提供专业支撑,有力助推办案质效提升。

三是侦查工作要在监督办案中发挥能动作用,通过类案监督助推社会治理。检察机关侦查部门在办理案件时,既要把好案件质量关,又要对办案时发现的普遍性、倾向性违法问题和重大隐患,及时向相关部门、单位发出检察建议,协同出台相关机制,协力做好办案的"后半篇文章",助推社会治理。本案办理过程中,针对发现的司法实践中暂予监外执行工作病情鉴定不规范、审查流于形式等问题,工作专班推动刑执部门开展全市社区矫正交叉巡回检察,并依法收监执行19人,取得了良好的监督成效。2023年1月,宁波市检察院联合宁波市司法局、宁波市卫健委出台了《宁波市暂予监外执行对象监督管理办法》,以健全暂予监外执行中诊断、鉴定等操作流程,从审查程序、适用标准、监管措施等维度织密监督法网,努力实现从个案办理到类案监督,再到社会治理的全流程检察监督。

案件承办人:

汤珏红,宁波市人民检察院第九检察部副主任

周理栋,宁波市海曙区人民检察院院第三检察部副主任

黄旭栋,宁波市余姚市人民检察院第五检察部副主任

案例撰写人:

唐佳敏,宁波市人民检察院第九检察部检察官

耿业华,宁波市鄞州区人民检察院福明检察室检察官

案例审核人:

荣鲁宁,宁波市人民检察院第九检察部主任

案例编审人:

李建勇,浙江省人民检察院第十一检察部四级调研员

查阅罪犯吴某社区矫正档案资料

(2022 年 6 月 15 日由唐佳敏拍摄)

数字赋能车辆保险诈骗类案监督案[①]

——数字民事检察的生动实践范例

【案例要旨】

"四大检察"融合履职监督是当前和未来检察工作的发展趋势,然而如何更好地实现履职共治,需要在实践中不断探索。以较为典型的车辆保险领域为例,骗保、骗赔是现代社会治理中的一个"顽疾",其中涉及的民、刑法律问题纷繁复杂,线索发现难、取证要求高、打击难度大的特点极大束缚了检察机关职能作用的发挥。近年来,浙江省绍兴市检察院根据部分保险公司骗保虚假诉讼的线索反映,以科技赋能民事检察工作,研发了"民事裁判智慧监督系统",通过大数据筛选、排查,梳理出一批涉嫌虚假诉讼、诈骗等高质量线索,以公安侦查、检察引导、提前介入为抓手,全力打掉了多个违法犯罪团伙,彻底铲除了车险领域的黑色产业链。同时通过民事裁判监督,提出再审、抗诉意见,实现民事纠错,通过制发检察建议,督促相关部门履职尽责,堵塞行业漏洞,实现从个案办理到类案监督,再到社会治理的全流程检察监督。

【案情概要】

2020 年,绍兴市检察院第四检察部通过"民事裁判智慧监督系统"对涉交通事故车损保险理赔诉讼的 800 余份民事裁判文书,以及相关汽修厂的人员流和社保金缴纳信息流、资金流等进行全方位检索和大数据穿透,发现在越城、上虞、嵊州等 5 个区的多个修理厂存在通过虚增维修材料费、伪造事故、虚假诉讼等方

---

① 绍检民监〔2021〕22 号;绍检民监〔2021〕23 号。

式骗取保险理赔款的线索,随后移交公安机关立案侦查,打掉了绍兴市越城区以周某某为首的违法犯罪团伙。

周某某、金某某夫妻两人在经营绍兴市某汽车修理厂(简称某汽修厂)过程中,伙同某汽修厂员工宋某某、沈某某、潘某某、徐某某等人长期采用虚增、篡改、捏造事故车辆维修项目的方式,以进厂维修事故车保险权益受让人的身份,通过诉讼理赔方式实施诈骗。其中,周某某实际负责某汽修厂的事务管理;金某某主要负责财务付款、核发工资;宋某某作为某汽修厂的副总经理及业务员,主导事故车维修项目的虚增、篡改、捏造以及事故车损评估报告的形成、诉讼理赔对接等;沈某某作为某汽修厂的定损员,主要协助、配合宋某某实施上述行为;潘某某作为某汽修厂业务员,主要从事事故车维修业务承揽,并向沈某某等人报告事故情况,为后续维修项目的虚增、篡改、捏造提供信息,同时协助完成部分事故车保险权益的受让手续;徐某某作为某汽修厂采购员,主要负责根据业务需求采购配件,并根据宋某某等人的指示寻求配件销售商在虚高的配件销售报价资料上盖章。现已查证,周某某、宋某某等人通过上述方式骗取了进厂维修事故车所投保保险公司理赔金共计 116 143 元。

2021 年 9 月 7 日,周某某、宋某某等人犯诈骗罪被绍兴市越城区法院判处有期徒刑 4 年至 1 年 6 个月不等的刑期,并处罚金。其中根据各涉案人员量刑情节,对沈某某、金某某、潘某某、徐某某依法适用缓刑。

同时,绍兴市检察机关对该案中已查明的 49 件涉嫌虚假财产保险合同纠纷案的错误判决,依法提出再审建议、抗诉等监督意见,均得到法院的采纳,维护了法律的权威和社会的公平正义。

【履职情况】

一、案件来源及排查

2019 年下半年起,陆续有保险公司反映骗赔现象,绍兴地区存在车险理赔数额高、诉讼率高、伤残率高的"三高"现象,但面对骗赔案件,保险公司在法院打不赢官司,到公安立不了案,遂到检察机关申请监督。绍兴市检察院民事检察部门利用"民事裁判智慧监督系统",对近 5 年的 52 万余份裁判文书进行检索。首先,通过提取民事裁判文书中的要素进行筛查,梳理出短期内密集起诉的原告或代理人同一或存在关联的异常诉讼案件。其次,通过社保、银行信息搜集,对人员关系、社保缴纳信息、资金流向等进行大检索和大数据分析,发现行为人均与汽修厂有关,初步分析存在一个以汽修厂人员为主体的诈骗团伙。再次,通过调取法院卷宗、公安部门事故责任认定材料、保险公司定损材料、询问相关人员等,研判出指向性明确的线索方向。最后,以起诉案件的原告、被告、代理人、理赔等信息,梳理排序全市涉机动车交通事故责任纠纷案件,发现了以宋某某(系上述周某某等人诈骗案罪犯之一)等人名义提起的诉讼频率畸高,遂对宋某某等13人名下的200余件民事裁判文书进行二次分析研判,发现宋某某等人均为同一汽修厂员工,通过受让保险理赔权提起诉讼、绝大多数事故车均未经保险公司定损、诉前评估车损高于诉中评估车损、诉前评估人相对集中等现象,确定了这一团伙作案属高概率事件。

二、线索移送及办理

为维护法律权威及有效打击违法犯罪,绍兴市检察院开展刑民合作,民事检察部门将相关调查研判材料汇总整理,批量向绍兴市公安局移送线索,并建议立案侦查,抄送绍兴市检察院刑事检察部门。同时绍兴市检察院将涉案线索推送到涉案地的辖区检察院,由辖区检察院实地办理案件,形成上下联动办案机制。对于批量移送的虚假诉讼、骗保骗赔的线索,公安机关经初查认为,涉案汽修厂作案手段零星化,导致存在车主对车损不清楚、虚报行为事后难以核查、侦查方向不明、案件无从着手等问题。绍兴市检察院刑检部门、民事检察部门针对上述问题,联合下级检察院全面介入侦查,要求公安机关以涉案理赔汽车为突破口,分单位从汽修厂、评估公司、保险公司、法院以及银行调取汽车维修工作分配单等客观性证据;分人员对涉案车辆驾驶员、保险公司定损员、汽修厂维修工人、评估机构评估员进行全面询问,收集言辞证据,查清事故发生及车辆损坏、维修、评估、定损以及诉讼等相关情况,还原案件事实。同时,委托物价部门根据登记表记录的品牌、型号等信息对涉案车辆理赔配件进行价格鉴定,对相关人员手机进行勘验检查,提取微信聊天记录等电子证据,形成全案证据闭环。通过刑事和民事检察部门的实时引导侦查、提前介入取证和全过程参与,为公安机关明确了侦查方向和取证标准,逐步突破了涉案人员的口供,使该保险领域诈骗案被顺利侦破。

三、监督结果

通过利用"民事裁判智慧监督系统",绍兴市越城区法院排查出了上虞区以任某某为首、嵊州市以陈某某为首的以同样方式实施虚假诉讼和骗保骗赔的多个违法犯罪团伙,并对其刑事追责,实现办理一案、全域治理的良好局面。

经过梳理排查,虚假诉讼导致法院出现民事错误判决情形,以及法官在此类案件审理中存在对证据的采信、举证责任的分配、鉴定程序启动等方面的自由裁量权的行使问题,例如原审未审查第三方评估程序是否规范、鉴定人员资质是否符合要求,直接认定第三方鉴定采信度高于保险公司定损意见,对保险公司关于异地鉴定和聘请具有公估师资格人员进行鉴定的合理请求一律不予采纳等,共计22件案件。在骗保骗赔类案件的办理中,刑民检察融合履职,上下级检察机关联动办案,充分展现了检察机关的使命与担当。为进一步扩大战果,检察机关还联合公安、法院在全市开展保险领域虚假理赔专项整治活动,制定相应的工作机制,以促进行业长效治理。

【典型意义】

一、数字赋能民事监督,破解保险领域执法顽瘴痼疾

民事检察监督涉及范围广,案件体量大,采用传统的人工排查模式并不现实,检察监督面临挑战,尤其是隐藏在诉讼背后的监督点很难被发现,民事监督进入瓶颈期。绍兴市检察院民事检察部门敢于创新,以数据化改革撬动法律监督,研发"民事裁判智慧监督系统",充分发挥数字赋能作用,通过办案实践分析研判监督点,进行数据碰撞,剥离出可人工排查的异常数据,经验证后形成指向性明确的线索,移送公安机关进行查处。本案紧盯车辆保险理赔领域,通过数字建模、数据抓取分析出有效线索,解决了长期以来骗保骗赔案件中挖掘线索难、取证要求高、打击难度大的"顽疾",一批案件的有效办理对保险行业既是一种警示,更是一次秩序的净化。

二、内部融合、上下联动,绍兴检察走出刑民共治的新路径

保险领域的骗保骗赔案件既涉及民事的虚假诉讼监督,也伴随着诈骗等刑事犯罪案件的发生。因此,绍兴市检察院民事检察部门在分析出有效案件线索

后及时移送公安机关侦查,并抄送刑事检察部门,协同刑检部门开展提前介入、引导取证等,形成刑民内部融合办案,实现同一个案件由同一办案组从接收线索到审判终结的全流程办理,更能抓住焦点、明确案件走向。同时由于公安机关的介入,使传唤、取证等具有了强制性,解决了民事检察部门在核查取证过程中权力受限、不具强制力等调查受阻的被动局面。将涉案线索下放到涉案人员所在地的基层检察院,充分发挥了市级检察机关平台枢纽作用,形成了市级检察院统筹协调指导、基层检察院实地办理的新局面。另外,在刑民内部融合办案上,采取反向倒查模式,通过刑检部门办理的虚假诉讼等类型的刑事案件,反查其中存在的错误民事判决,实现了刑民虚假诉讼线索、结果内部双移送和双互动,形成办案合力。

三、积极参与社会治理,健全机制体系,开创民事检察工作现代化新局面

民事检察监督的最终目的是不断往返于纠错和社会治理之中,这也是法律效果和社会效果的价值追求。在办案过程中,针对法院在同类案件处理中鉴定费负担裁判标准不统一的情形,检察机关向法院制发以统一裁判尺度为内容的工作性检察建议;针对价格认证中心鉴定费收取不规范的问题,向主管单位制发检察建议,要求规范鉴定费收取等财务制度,充分发挥了检察机关的监督职责和检察建议的社会治理价值。在全流程监督过程中,绍兴市检察机关还联合公安、法院开展保险领域虚假理赔专项整治活动,出台了相应的工作机制,实现了规范保险市场秩序、弘扬公平诚信理念、促进全域长效治理、推动优化营商环境的治理格局。

四、共建共享数字检察成果,助推民事检察高质量发展

数字检察的活力在基层,创造力来自全体检察人员,绍兴市民事检察部门紧紧抓住"数字浙江"建设的良好机遇,以民事生效裁判智慧监督为先导,积极探索大数据法律监督之路,研发了"民事裁判智慧监督系统",构建了虚假诉讼、司法拍卖等多个专项监督模块,并通过浙江省检察院向全省甚至全国检察机关推广使用,实现一地突破、全域共享的良好局面。监督模型投入使用以来,协助浙江省外检察机关排查、推送线索 100 余条。同时绍兴市检察机关在数字模型共享、类案共治、理论共研、人才共育等方面也进行了创新融合发展,通过现场授课、数据分享、线索协查、人才互派等方式,携手打造了数字检察合作的生动实践范例。这种模式对全省乃至全国检察机关都具有十分重要的借鉴意义。

之四 以大数据战略赋能法律监督

积极运用大数据助力检察办案

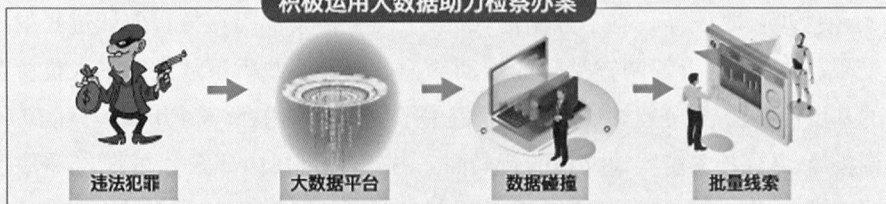

违法犯罪 → 大数据平台 → 数据碰撞 → 批量线索

以数字化撬动法律监督:浙江绍兴车辆保险诈骗类案

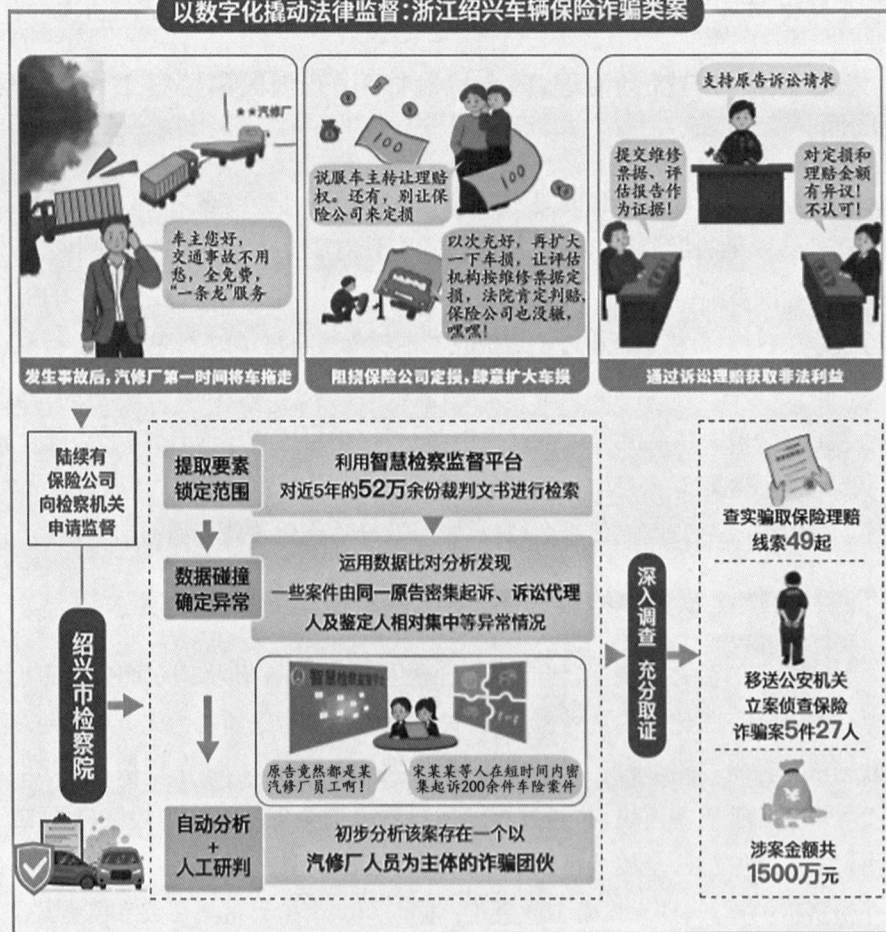

车主您好,交通事故不用愁,全免费,"一条龙"服务

说服车主转让理赔权。还有,别让保险公司来定损

以次充好,再扩大一下车损,让评估机构按维修票据定损,法院肯定判赔,保险公司也没辙,嘿嘿!

支持原告诉讼请求

提交维修票据、评估报告作为证据!

对定损和理赔金额有异议!不认可!

发生事故后,汽修厂第一时间将车拖走

阻挠保险公司定损,肆意扩大车损

通过诉讼理赔获取非法利益

陆续有保险公司向检察机关申请监督

提取要素锁定范围

利用智慧检察监督平台对近5年的52万余份裁判文书进行检索

数据碰撞确定异常

运用数据比对分析发现一些案件由同一原告密集起诉、诉讼代理人及鉴定人相对集中等异常情况

绍兴市检察院

原告竟然都是某汽修厂员工啊!

宋某某等人在短时间内密集起诉200余件车险案件

自动分析+人工研判

初步分析该案存在一个以汽修厂人员为主体的诈骗团伙

深入调查充分取证

查实骗取保险理赔线索49起

移送公安机关立案侦查保险诈骗案5件27人

涉案金额共1500万元

2022 年 3 月 8 日,浙江绍兴车辆保险诈骗类案被写入《最高人民检察院工作报告》

(2022 年 2 月 20 日由王晗烨绘制)

案件承办人：

曾于生,浙江省绍兴市人民检察院检委会专职委员、第四检察部主任

丁吉琴,浙江省绍兴市人民检察院第四检察部副主任

章芳芳,浙江省绍兴市人民检察院第四检察部副主任

金丹丹,浙江省绍兴市人民检察院第四检察部检察官助理

案例撰写人：

曾于生,浙江省绍兴市人民检察院检委会专职委员、第四检察部主任

马炳添,广西壮族自治区昭平县人民检察院党组成员、副检察长

金丹丹,浙江省绍兴市人民检察院第四检察部检察官助理

案例审核人：

曾于生,浙江省绍兴市人民检察院检委会专职委员、第四检察部主任

案例编审人：

郭雯,浙江省人民检察院第六检察部副主任

浙江某环境科技有限公司诉诸暨市市场监督管理局行政处罚检察监督案[①]

【案例要旨】

检察机关办理行政诉讼监督案件,需充分运用调查核实权,穿透式分析行政处罚背后的执法程序、执法理念中存在的普遍问题,帮助行政机关在涉企案件"能罚则罚"与"能不罚则不罚"之间做出正确选择。通过省市县检察院三级联动,以抗促调,发挥新时代"枫桥经验",化解民营企业三年诉累,重拾"浙商回归"企业信心,获得法治化营商环境最优解。

【案情概要】

2019年7月15日,浙江某环境科技有限公司(简称某科技公司)生产了一批标注 GB/T18742.2 - 2002(以下简称"2002 年标准")冷热水用聚丙烯管材。同年10月17日,诸暨市市场监督管理局(以下简称市场监管局)对该批次产品进行抽检,检验报告载明管材熔融温度不符合新的国家推荐标准 GB/T18742.2 - 2017(简称"2017 年标准")要求,检验结论为不合格。后市场监管局对某科技公司负责人何某某制作了《调查笔录》。2020年3月7日,市场监管局以检验报告为依据,认定该公司违反了《产品质量法》第32条的规定,根据《产品质量法》第50条,责令某科技公司停止生产销售,罚款4.7万元,没收违法所得1 644元,并在国家企业信用信息公示系统公示处罚结果。

---

① 诸检建受〔2023〕3 号;绍检行临〔2022〕34 号。

2020 年 6 月,某科技公司不服市场监管局的行政处罚决定,向人民法院提起行政诉讼,主张其产品生产标准一直是"2002 年标准",从未发生变化,也未弄虚作假,且产品质量符合该标准。公司法定代表人何某某在市场监管局所作的《询问笔录》中表示:"产品按照'2017 年'标准组织生产,管材上标注的'2002 年'标准是公司标错了",实际是被市场监管局执法人员误导,故市场监管局应当适用《中华人民共和国产品质量法》第 32 条规定,认定某科技公司的产品属于法定的合格产品,请求法院判令撤销行政处罚决定。市场监管局则认为某科技公司被抽查的产品上标注的是"2002 年标准",该标准在 2018 年 5 月 1 日被"2017 年标准"替代,其法定代表人在《询问笔录》中明确表述产品按照"2017 年标准"组织生产,管材上标注的"2002 年标准"是公司标错了。经绍兴市质量技术监督检测院按"2017 年标准"检测,涉案产品单项指标"熔融温度"不合格。某科技公司的行为属于以不合格产品冒充合格产品,事实清楚,证据充分,某科技公司违反了《中华人民共和国产品质量法》第 50 条规定,故对其处以责令停止生产销售并处罚款 4.7 万元、没收违法所得 1 644 元的行政处罚,符合法律规定。市场监管局在履行职责过程中依法立案调查,对某科技公司相关人员进行调查询问、制作《询问笔录》,行政处罚决定前依法履行告知义务,作出处罚决定后依法送达,程序符合法律规定。后一、二审法院均认定某科技公司存在以不合格产品冒充合格产品误导消费者的行为,判决认定某科技公司败诉,某科技公司申请再审亦被浙江省高级法院驳回。2022 年 6 月 24 日,某科技公司向绍兴市检察院申请监督,认为市场监管局行政处罚不当且有诱导行为,某科技公司没有误导消费者,要求撤销行政处罚,并消除行政处罚给企业带来的负面影响。

受理该案后,绍兴市检察院成立专案组,一方面,围绕事实证据进行调查核实,发现市场监管局的行政处罚决定在产品标准适用上存在法律适用错误的问题,在执法中存在单人询问的程序违法事实,综合认为原判认定事实不清、主要证据不足,且有新证据足以推翻原判,遂提请浙江省检察院抗诉。另一方面,专案组在浙江省检察院的指导下,围绕企业实质诉求由基层检察院开展行政争议化解工作,并向市场监管局制发《检察建议书》,指出其存在行政执法不规范问题。最终,在省市县三级检察院的调解下,当事人双方达成和解,申请人撤回监督申请,息诉罢访,本案结案。

【争议焦点】

本案有两大争议焦点:一是市场监管局做出的对某科技公司涉案产品生产行为认定为属于加工销售以不合格产品冒充合格产品的行为事实是否清楚;二是市场监管局做出的行政处罚适用法律是否正确。

某科技公司认为,原审法院因认定事实错误而导致适用法律错误。某科技公司生产的涉案管材标注的系"2002年标准",其产品生产标准一直是"2002年标准",从未发生变化,也未弄虚作假,且产品质量符合该标准,法定代表人何某某所作的《询问笔录》中回答"产品是按照'2017年标准'生产,包装上的执行'2002年标准'是标错了",显然不符合客观事实及常理逻辑,也并非原告真实意思表示。其"口述"标注系标错,实际是被原告执法人员误导,违法行为的认定仍应当以客观事实与证据为准则。鉴于涉案产品仅有推荐性标准,产品质量只要符合包装上的公示、标注的标准即可,包装上的标准才是消费者、买受人所能直观判断的产品质量依据。原审判决依据《中华人民共和国标准化法》第27条,认为某科技公司的产品应该符合公示公开的"2017年标准",所以涉案产品属于不合格产品。但某科技公司产品标准公示的是"2002年标准",所以需要执行的也是"2002年标准",非"2017年标准",故应当适用《中华人民共和国产品质量法》第32条规定,认定涉案产品属于合格产品。

市场监管局则认为,原审判决认定事实清楚、适用法律正确。首先,对涉案事实的认定。基于原告在原审中对被告提交的证据真实性无异议,认定某科技公司被抽查的产品上标注的是"2002年标准",该标准在2018年5月1日被"2017年标准"替代,某科技公司法定代表人在《询问笔录》中明确表示产品按照"2017年标准"组织生产,管材上标注的"2002年标准"是公司标错了。经绍兴市质量技术监督检测院按"2017年标准"检测,涉案产品单项指标"熔融温度"不合格。某科技公司出具书面材料证实,涉案产品已经全部销售,货值31 235元,利润1 644元。其次,《中华人民共和国标准化法》的立法目的是加强标准化工作,提升产品和服务质量,促进科学技术进步,保障人身健康和生命财产安全,维护国家安全、生态环境安全,提高经济社会发展水平。原则上,国家鼓励采用推荐性标准。本案如果适用企业自行制定的标准,则应当公开相应性能指标,而某科技公司在产品上标识执行国家推荐性标准,应当适用生产当时有效的推荐性标准。按照企业自述,当时的标识是标错了,由于标识的存在,传达给该消费者直观印象是该产品出厂时符合国家推荐性标准,事实上产品检测结果是单项指标不合格。

【评析意见】

本案在办理过程中形成三种意见:第一种意见认为新的国家标准出来后,旧标准当然被废除,企业在产品上承诺的标准不可以低于国家推荐性标准。因此,市场监管局在对某科技公司产品抽检时发现其生产的产品仍标注"2002 年标准",该标准当时已被"2017 年标准"代替并废止,某科技公司有冒充国家标准误导消费者的行为,可以对其行政处罚,不应支持某科技公司的监督申请。第二种意见认为,推荐性标准约束力本身较强制性标准弱,"新国家标准实施后,原国家标准同时废止"系 2023 年 3 月 1 日起才施行的《国家标准管理办法》新增条款,市场监管局在新办法实施之前即对某科技公司产品进行处罚,有违"法无禁止不可罚"原则,应当支持某科技公司的监督申请,向法院提出抗诉。第三种意见认为,现有证据不足以证实某科技公司误导消费者,且行政机关存在程序违法,原判认定有误,但某科技公司的实质诉求是尽快消除行政处罚的负面影响。因此,建议在提请浙江省检察院抗诉的同时积极开展行政争议化解工作,减少企业诉累。

检察机关应秉持双赢多赢共赢理念,围绕企业真正需求,开展行政争议实质性化解工作,做到案结事了政和。

一、市场监管局不宜对某科技公司进行行政处罚

市场监管局认定某科技公司的行为违反了《中华人民共和国产品质量法》第 32 条的规定,属加工销售不合格产品冒充合格产品的行为,应根据《中华人民共和国产品质量法》第 50 条对其进行处罚。但经检察机关调查,某科技公司从来没有在其生产的产品上标注过"2017 年标准",都是标注"2002 年标准",不存在以"2002 年标准"产品冒充"2017 年标准"产品的行为。同时,某科技公司的产品经检验符合"2002 年标准",不应以不符合"2017 年标准"对其进行行政处罚。绍兴市质量技术监督检测院出具了(2019)JQC00048 检验报告,国家建筑材料工业建筑围护材料及管道产品质量监督检验测试中心于 2018 年 1 月 8 日出具了

编号为 JS2017GD2424 号的检验报告,两份检验报告证实了某科技公司的产品其他各项检测指标均合格,唯一不合格项目是(2019)JQC00048 检验报告根据"2017 年标准"认定"熔融温度"超标,但"2002 年标准"并无此检测项目要求。因此,某科技公司在 2023 年之前生产的产品虽不符合"2017 年标准",但符合"2002 年标准"。"新国家标准实施后,原国家标准同时废止"系 2023 年 3 月 1 日起才施行的《国家标准管理办法》新增条款,市场监管局在新办法实施之前即以"2017 年标准"委托检验机构对某科技公司产品进行检验、处罚,有预设立场和标准之嫌,有违"法无禁止不可罚"原则。

二、法院认定某科技公司误导消费者行为证据不足

原判认定某科技公司产品误导消费者主要证据系某科技公司负责人何某某的口供,但系孤证。在案证据并不能充分证实某科技公司在产品上标注 GB/T18742.2 - 2002 的行为误导了消费者。原判认为,某科技公司何某某的庭审陈述与事实明显不符,理由是其在 2019 年 12 月 13 日的《询问笔录》中明确陈述:"这个产品是我公司按照 GB/T18742.2 - 2017 组织生产的……管材上标有:……GB/T18742.2 - 2002……这个执行标准是我公司标错了",故对其庭审辩解不予采信。经检察机关调查,除了何某某口供,市场监管局没有搜集市场销售等证据予以印证,相反,市场监管局的调查笔录存在程序违法情形,该局在对某科技公司负责人何某某进行调查询问、制作《调查笔录》时,仅有工作人员张某某一人在场,违反了《中华人民共和国行政处罚法》等法律规范关于"行政机关在调查或者进行检查时,执法人员不得少于两人,并应当向当事人或者有关人员出示证件"等规定,属程序违法。因此,某科技公司自我答责行为不能排除系市场监管局工作人员诱供所致,原判认定某科技公司误导消费者的证据不足。

三、检察机关开展行政争议实质性化解系本案的最优解

经初步了解,某科技公司系"浙商回归"企业,企业主热心公益事业,不仅系当地"孝德会"会长,而且出资成立民间救援队,多次救死扶伤,在当地有较大的影响力。行政处罚不仅影响了其作为美国 A.O.史密斯水管原材料供应商的信誉,而且打击了企业主经营信心。绍兴市检察院高度重视涉民营企业申诉案件,抽调市县两级骨干成立专案组,围绕审判争议焦点和行政执法程序规范开展调查核实:一是进企调查,实地查看厂房设备,了解生产工艺、原材料等;二是到

2 000多公里外的河北省唐山市滦南县、路南区等地,对某科技公司的主要销售客户进行产品质量市场反馈调查,充分掌握一手资料;三是专家咨询,向质量技术监督检测院了解管材检测标准中"熔融温度"的检测要求和指标价值,向国家市场监督管理总局进行网上咨询,明晰国家推荐性标准与国家强制性标准的适用区别等专业问题。最终,绍兴市检察院以绍兴市中级法院(2020)浙06行终538号行政判决认定事实不清、主要证据不足,且有新的证据足以推翻该判决为由,提请浙江省检察院抗诉。同时,考虑到某科技公司实质诉求是尽快消除行政处罚对企业造成的负面影响,为减少当事人诉累,决定由属地检察院向市场监管局制发检察建议,并开展实质性争议化解工作。接到提抗通知书后,市场监管局负责人带队主动到企业赔礼道歉,省市县三级检察院随即会同市场监管局召开调解会议,会上绍兴市检察院通报"数字智慧"检索近年来50余起当地冷暖水管材企业行政处罚案件,绝大部分案件均依赖检验报告,未经市场反馈等调查核实即判定企业产品质量不合格并直接予以行政处罚,分析认为该案具有典型意义。检察机关当面向市场监管局送达检察建议,要求规范行政执法,强化办案效果,注重调查核实,市场监管局与企业负责人签订《和解协议》,承诺3个月内撤销网上行政处罚信息,企业负责人当场撤回监督申请,并签订《息诉罢访承诺书》。

申诉民营企业负责人向办案检察官赠送锦旗

(2023年8月9日由陈梁拍摄)

案件承办人:

李佑喜,绍兴市人民检察院副检察长

陈梁,绍兴市人民检察院第四检察部副主任

案例撰写人:

陈梁,绍兴市人民检察院第四检察部副主任

案例审核人:

李佑喜,绍兴市人民检察院副检察长

案例编审人:

俞炜,浙江省人民检察院第七检察部副主任

湖州某环保科技有限公司、夏某甲等人污染环境案^①

——融合监督促推乡镇污水治理,联防共治深化长三角水源保护

【案例要旨】

行为人使用"COD去除剂"投入污水处理末端,干扰自动监测设施,以降低COD自动监测数据,排放化学需氧量污染物,构成污染环境罪的,应依法追究刑事责任。针对案件中暴露出的污水处理厂治污反致污的问题,检察机关依法能动履职,通过"刑事+公益"同步履职,"办案+调研""办案+治理"两个融合,完善了"绿水青山就是金山银山"理念诞生地的水治理机制,推进了京杭大运河、太湖流域水源保护,将生态检察一体化的制度优势切实转化为长三角生态治理的效能提升。

【案情概要】

被告单位湖州长兴某环保科技有限公司(简称某环保科技公司)于2015年9月9日成立,2020、2021年均被确定为湖州市重点排污单位,经营范围包括污水处理及相关技术咨询。被告人夏某某系某环保科技公司生产经营负责人,直接负责该公司污水处理工作。2019—2020年,某环保科技公司曾三次因化学需氧量(简称COD)等水污染物超标排放被湖州市生态环境局罚款。2020年12月—2021年1月,为逃避监管、防止被处罚,某环保科技公司先后7次从其他公

---

① 湖检刑诉〔2022〕8号;(2022)浙05刑初7号。

司购买"COD去除剂"共3吨,由夏某某或者夏某某指使的其他员工投放在污水处理末端,干扰自动监测设施,致使所排放废水中污染物化学需氧量的监测值比实际偏低。2021年5月12日晚,环境执法部门对某环保科技公司进行现场检查,发现上述违法行为,并将线索移送至公安机关立案侦查。经检测,某环保科技公司购买、使用的"COD去除剂"主要成分为氯酸钠,该去除剂无法真正去除COD,只是干扰COD的检测,造成数据下降的假象,实为"屏蔽剂"。

2021年12月30日,长兴县公安局将该案移送长兴县检察院审查起诉。鉴于本案社会影响重大,且属于新类型案件,湖州市检察院决定对该案提级办理。

2022年5月17日,湖州市检察院以某环保科技公司、夏某某犯污染环境罪向湖州市中级人民法院提起公诉。同年6月2日,湖州市中级人民法院以污染环境罪分别判处被告单位某环保科技公司罚金人民币20万元,被告人夏某某有期徒刑1年,缓刑1年6个月,罚金人民币2万元。

检察机关在办案中发现,乡镇污水处理厂普遍存在违法排污现象,遂对全市重点排污单位及乡镇污水处理厂的运营情况及管理问题进行走访调研,并主动联系湖州市住房和城乡建设局、湖州市生态环境局,通报个案办理情况和专题调研情况,了解污水处理行业监管现状和存在的困难与问题,共同研究从源头上、体制机制上提升污水处理行业管理水平的对策。2022年10月,在充分沟通交流的基础上,湖州市检察院向湖州市住房和城乡建设局发出《社会治理检察建议书》,提出完善乡镇污水处理厂建设管理体制机制;进一步规范乡镇污水处理厂建设、运行的各类标准;加大监管力度,强化对乡镇污水处理厂运营监管;发挥指导、监督乡镇污水处理厂行业建设、运营安全、应急管理的工作职责等改进建议,为住建部门履行监管职责、规范污水厂建设运营积极建言献策。同时,湖州市检察院第一时间向党委和政府汇报,促推湖州市住房和城乡建设局落实检察建议。湖州市住房和城乡建设局收到建议后,围绕"精、准、实"检察建议内容积极组织整改,在以下三个方面整改有力,成效显著:一是高水平谋划厂站布局。在综合考虑城镇发展需求和水环境质量要求的基础上,着手编制高水平污水处理规划。二是部门联动,高效提升监管水平。在市委、市政府牵头下,与生态环保部门联动抓好水源头管控,并实现标准规范运维。三是高质量落实工作职责,主要包括完善巡查机制、强化行业管理、提升数字化管理水平。截至目前,投资约3.5亿元、日处理能力为5万吨的杨家埠污水处理厂已开工,预计2024年6月前完工;投资约18亿元、一期日处理能力达10万吨的城南污水处理厂已在选址中;4座具有较大管理风险的乡镇污水处理厂已完成政府收购,实行了"民转公"运营,城镇工业污水处理厂已着手研究建设。同时,湖州市住房和城乡建设局联合市生态环境局出台《关于进一步加强和规范乡镇污水处理厂运行管理的通知》,每季度部署开展污水处理厂安全生产检查,并计划在 2023 年实现 47 座污水处理厂清洁排放标准执行全覆盖,进一步完善巡查机制,强化行业管理,提升数字化管理水平。

【履职情况】

一、"刑事＋公益"同步履职,提升案件办理质效

本案系全国首例添加"COD 去除剂"干扰自动监测设施污染环境的刑事案件,湖州市检察院高度重视,成立了以检察长为组长的办案组。在审查起诉阶段,办案人员对某环保科技公司运营的污水处理厂进行复勘,掌握了某环保科技公司使用"COD 去除剂"干扰监测设备的具体场所和手段,并征求专家意见,确认违法犯罪行为和干扰监测数据之间的因果关系,同时向环境执法部门调取了某环保科技公司近年因相同行为被行政处罚三次的违法记录,证实了被告人主观故意。经法院开庭审理,依法认定某环保科技公司、夏某某构成污染环境罪,并采纳检察机关全部量刑建议。针对案件中被告人购买的"COD 去除剂"水剂、粉剂包装欠缺标识内容,且无生产厂家、作用、成分等信息,向相关行政单位制发《行政公益诉讼检察建议》,建议依法处置本案中生产、销售不规范外包装的"COD 去除剂"的经营主体,并排查市场上不规范包装的"COD 去除剂",加强辖区内产品质量管理。相关行政单位采纳检察建议内容,并同时开展专项行动,就化工公司生产、经营危险化学品资质问题进行排查,对存在问题的 3 家企业进行立案,并依法做出行政处罚。因某环保科技公司违法投加"COD 去除剂"造成水环境损害,需要承担相应的侵权赔偿责任,检察机关还委托浙江省生态环境科学设计院做出鉴定评估,为民事公益诉讼夯实了证据基础。

二、"办案＋调研"融合,探清案件背后深层次问题

为深入了解案件背后可能存在的污水处理体制机制问题,湖州市检察院在湖州市建设局、湖州市生态环境局等有关单位的支持下,对全市重点排污单位及

污水处理厂的运营情况进行摸排,走访了全市两级相关部门和 20 个乡镇,实地查看 27 家污水处理厂,与 62 名行政机关工作人员、乡镇干部、污水处理厂负责人进行座谈交流,形成专题调研报告。调研发现,乡镇污水处理厂占全市污水处理厂的 2/3,但存在以下问题:一是乡镇污水处理厂受行政处罚率高,但屡罚不改。乡镇污水处理厂中受行政处罚的覆盖面比率达 32.3%,远高于县以上污水处理厂 6.3%的受处罚率。二是乡镇污水处理建设和技术规范亟须统一和更新。乡镇污水处理厂由于体量小、位置偏远、工资待遇低等原因,难以招到专业技术人员,且设备维修费用高、周期长。三是混合污水成分复杂,处理难度大。一些乡镇企业将未进行预处理的工业废水直接排放到污水收集管网中,给乡镇污水处理厂带来较大处理难度。存在此类问题的原因主要包括乡镇污水处理厂由乡镇政府属地监管的机制不够顺畅,乡镇一级业务知识和管理手段欠缺;乡镇污水处理厂利益驱动与行业发展公益趋势相冲突,多数乡镇污水厂要在政府补贴前提下才能够正常运营,为获取利润,往往会精简人员,节省人力开销,而这与污水处理行业公共性、风险高、技术要求高的本质要求不符。

为解决此类问题,湖州市检察院提出如下对策建议:一是逐步对乡镇一级污水处理厂提级至县区一级管理。充分实现县区范围内污水管理人力资源共享,优化人员调配,科学规范管理,同时在设备维护和药剂采购等方面可以获得明显的规模经济效益,降低运维成本,提升财政资金使用绩效。二是推动纯民营的污水处理厂逐步收归国有经营。国有资产经营公共事务有助于解决经济效益与民生服务公共性的冲突,目前南浔区已将 7 家污水处理厂统一交由南浔区城投公司运营维护。三是统一完善面向乡镇污水处理厂的建设和技术标准。污水处理厂管理依据及技术标准较为宏观,且年代日久,在具体施行中需要因地制宜地设置符合湖州市发展阶段与未来目标的标准。四是强化对乡镇污水处理厂运营监管。行政机关要重点加强对在线监控设施和污水处理设施的运行监管及行政执法力度;司法机关要重点关注污水处理厂违规排放涉刑案件的办理,加强刑事打击力度。

三、"办案+治理"融合,推动体制机制健全完善

针对调研发现的全市乡镇污水处理厂经营和管理问题,湖州市检察院向湖州市住建部门发出《检察建议书》,提出全市污水处理厂规范、科学运营和监管的建议,助力政府启动全市污水处理厂布局和运行变革,从源头上治理以污水处理

厂为主体的环境污染问题。

《检察建议书》发出后,湖州市检察院积极跟进落实情况:一是积极争取市委、市政府的认可与支持,向市委、市政府和上级检察院专题汇报调研和检察建议情况,得到市委主要领导的充分肯定,《专题调研报告》获市委书记、市长、市委政法委书记等领导批示肯定。二是推动市政府专题研究对策建议。参加市政府专题研究会议,从检察机关办案角度为市咨询委对市级供排水系统建设运营管理现状、趋势及存在问题的调研工作提供支持,提出了完善乡镇污水处理厂建设管理体制机制、规范乡镇污水处理厂建设及运行标准、强化对乡镇污水处理厂运营监管、完善应急管理工作职责等意见建议,并得到采纳。三是积极助推湖州市住建局落实检察建议。通过加强联系沟通,密切关注检察建议整改落实情况。湖州市住建局采纳检察建议,在全市工业企业分布较为集中的区域,建设一批工业污水处理厂。通过收购、混改、合资等形式,整合乡镇小、散污水处理厂,提高运营管理水平。同时,整合区域性联合污水处理厂,淘汰处理设施和工艺上较为落后的乡镇污水处理厂。四是开展检察建议落实"回头看"工作。由办案检察官走访辖区内乡镇污水处理厂,查看运营现状,发现"工厂环境更加整洁,处理设备运转更加规范,监管体制更加顺畅。"截至目前,湖州市4座具有较大管理风险的乡镇污水处理厂已由政府收购,实现"民转公"运行,乡镇污水处理厂的"瓶颈"问题正在逐步得到解决。

【典型意义】

本案的办理有效推进了水治理机制的完善,有效保护了流域水源生态,切实回应了人民关切,维护了民生福祉。

一是完善"绿水青山就是金山银山"理念诞生地的水治理机制。作为习近平总书记提出的"绿水青山就是金山银山"理念的诞生地,湖州的水治理工作理应成为落实该理念的模范标兵。生活污水、工业废水的处置作为水治理的关键环节,决定着区域水环境的质量和污水总量减排目标的实现。湖州市检察院在办案过程中,对案件暴露出来的污水处理厂治污反致污、连续高额行政处罚罚款仍未有效制止违法排污行为的问题进行了深入思考,深挖背后潜在的违法犯罪原因,通过实地走访调研,发现乡镇污水处理厂在运营过程中存在管理体制等深层次问题,通过制发《社会治理检察建议书》,以"我管"促"都管",推动全市污水处理厂体制机制的变革重塑。

二是推进京杭大运河、太湖流域水源保护。湖州市水网密布、四通八达,京杭大运河、太湖紧邻在侧,湖州市所有 31 家乡镇污水处理厂排水最终流入京杭大运河、太湖等流域,污水处理不当将严重破坏流域水源。通过本案办理,推动了行政执法机关抓好污水排放源头管控,实现了污水处理标准规范运营,促进提升了数字化管理水平,有效推进了水域源头保护,生动体现检察机关自觉融入国家治理、深度参与社会治理、助力高水平建设生态文明典范城市的责任担当,展示了以法治之力服务中国式现代化的生动实践。

该案先后被新华网、中国新闻网、央视新闻客户端、央视《新闻直播间》等媒体报道。

案件承办人:

黄辉,湖州市人民检察院党组书记、检察长

姚金珏,湖州市人民检察院第七检察部主任

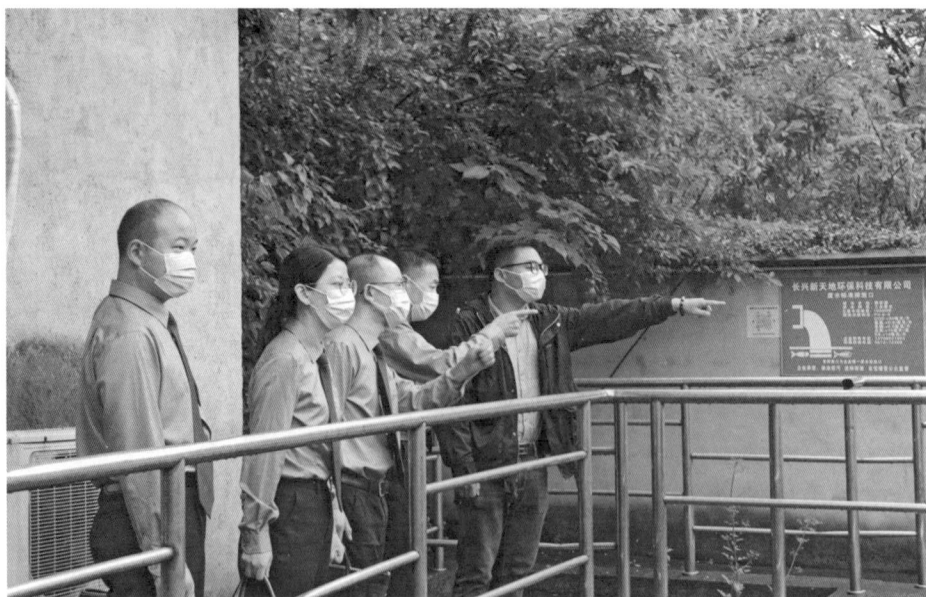

办案人员对涉案污水处理厂进行现场勘察

(2022 年 5 月 13 日由湖州市人民检察院办公室楼淏霞拍摄)

费聪,湖州市人民检察院第五检察部干警

董斐斐,湖州市人民检察院第五检察部干警

案例撰写人:

费聪,湖州市人民检察院第五检察部干警

陈楚,湖州市人民检察院法律政策研究室干警

董斐斐,湖州市人民检察院第五检察部干警

案例审核人:

钱建美,湖州市人民检察院法律政策研究室主任

案例编审人:

梁博,浙江省人民检察院法律政策研究室检察官助理

浙江湖州检察机关涉未药品安全监管行政公益诉讼案^①

—— 精准化帮教、系统化审查，健全
完善未成年人保护综合治理

【案例要旨】

检察机关在办理涉未成年人案件过程中，应当综合运用附条件不起诉、督促监护等特殊制度，因案视情可将成瘾性物质戒断情况作为个性化帮教的附带条件，将未成年人特殊、优先保护落到实处。通过刑事案件系统审查等工作机制强化侵害其他未成年人权益案件的线索发现，探索涉未成年人"四大检察"办案内部证据转化规则。坚持涉未成年人"个案办理—类案监督—系统治理"路径，推动制度完善和风险防控。

【案情概要】

被告人郭某某，男，作案时 17 周岁，初中文化，休学在家；被告人张某某，男，作案时 16 周岁，初中文化，无业人员；被告人陈某某，男，作案时 16 周岁，初中文化，休学在家；被附条件不起诉人李某某，男，作案时 17 周岁，初中文化，无业人员；被附条件不起诉人杜某某，男，作案时 16 周岁，初中文化，在其父的菜场摊位帮工；被附条件不起诉人何某某，男，作案时 17 周岁，小学文化，无业人员；被附条件不起诉人杨某某，男，作案时 17 周岁，初中文化，无业人员。

2019 年—2020 年 7 月，被告人郭某某等 7 人（案发时均未满 18 周岁）伙同

---

① 安检一部附不诉〔2020〕46 号；(2020)浙 0523 刑初 544 号。

成年人共同在湖州市安吉县多地多次实施聚众斗殴、寻衅滋事等违法犯罪活动，扰乱经济、社会生活秩序，造成较为恶劣的社会影响。2020年12月23日，被告人郭某某、张某某、陈某某因犯聚众斗殴罪、寻衅滋事罪被判处2年—2年3个月不等刑期，未成年人李某某、杜某某、杨某某、何某某因情节较轻，被安吉县检察院附条件不起诉。在附条件不起诉考察期间，安吉县检察院发现李某某、杨某某存在滥用药物氢溴酸右美沙芬（简称右美沙芬）情形，右美沙芬原系非处方药，价廉易得，通过实体药店和网络平台均可大量、便捷购买，且无限制措施。该药物服用后易产生暴躁不安、兴奋冲动、醉酒样等身体表现，与引发违法犯罪存在一定关联。

经梳理，湖州市检察机关在办理涉未刑事案件中发现，有13名涉案未成年人存在滥用右美沙芬的情况，其所涉案件类型为涉未聚众斗殴案、未成年人被侵害案。根据案件中的关联信息，办案人员进一步发现未成年人滥用该非处方药的情形在一定范围内呈现一定规模。涉案人员均一致提道：上述药物是非处方药，且价格便宜、购买便捷无任何限制措施，药店、网络平台特别是微商均可大量购买。

检察机关对上述案件线索进行评估，认为同时存在涉未公共利益受到侵害和有监督管理职责行政机关可能未依法行使职权的情形。为了依法督促职能部门加强对该类药品的流通监管力度，关注未成年人滥用药物的风险防范，安吉县检察院及时启动行政公益诉讼立案程序。2021年3月26日，经湖州市检察院批复同意予以立案，安吉县检察院经诉前审查，于同年3月30日向安吉县市场监督管理局制发《检察建议书》。湖州市人民检察院在审批该案时同步进行调查，发现在市域范围内未成年人滥用该药物具有一定普遍性，需要全市层面加强监管力度，后湖州市检察院、湖州市各县区检察院相继向市场监管部门制发《检察建议书》，均获整改并书面回函。

【履职情况】

一、"人格甄别"前置的分级处遇

办理该案过程中，湖州市安吉县检察院规范运用不起诉权，精准开展分级处理。对7名涉案未成年人启动社会调查、心理测评，充分考量7人涉嫌罪名数量、具体情节、主观恶性、成长经历、监护教育、再犯可能性等基础要素，对郭某某等 3 名未成年人依法提起公诉。2020 年 11 月 10 日,鉴于李某某、杜某某、杨某某、何某某 4 人在共同犯罪中作用相对较小,可能判处 1 年以下有期徒刑,综合评估其有悔罪表现,且具备帮教考察条件,安吉县人民检察院对该 4 人依法决定附条件不起诉,确定考验期为 1 年。

二、综合设置可评价帮教考察条件

一方面,针对李某某等 4 人存在的法律意识淡薄、行为偏差、交友不慎等共性问题,检察机关责令其不得接触特定人员或进入特定场所、参加固定时长法治课堂和社会服务等矫治教育措施;另一方面,考虑 4 人在个性特征、家庭情况、犯罪成因等方面的差异,联合司法社工、亲子教育专家等社会力量设置个性化帮教方案。例如针对杨某某家庭存在的监护不当、缺失等突出问题,检察机关依法制发督促监护令,并协同妇联为杨某某家庭提供专业家庭教育指导,督促落实监护职责,有效改善亲子关系;针对李某某、杨某某存在的滥用右美沙芬问题,在依法训诫的同时,将禁止滥用药物、配合戒瘾治疗作为新增的附带条件,并与专业医疗、心理咨询机构联系,指派医师、心理咨询师为两人提供戒瘾治疗、心理疏导,经过跟踪戒断,两人对药物的依赖均有一定改善。2021 年 11 月,杜某某等 3 人在监督考察期间积极接受考察帮教、遵守规定,被宣告不起诉,现均已顺利回归家庭、社会,并实现就业。对李某某监督考察期间严重违反治安管理规定的情形,撤销其附条件不起诉决定,依法提起公诉。

三、系统审查助力公益线索调查核实

安吉县检察院聚焦发案原因,通过梳理近 3 年类似刑事案件时发现,共 12 名涉案未成年人存在右美沙芬药物滥用情况,且与案件发生存在关联。经过市场调查和互联网"爬虫"技术分析,右美沙芬药物滥用在青少年群体中具有一定普遍性,存在严重用药安全隐患,可能损害未成年人合法权益和社会公共利益。安吉县检察院启动系统审查,在 2021 年 3 月 26 日行政公益诉讼立案调查前,完成在刑事案件中调取涉案人员微信聊天记录、手机交易记录等书证、询问涉案人员及其他证人,固定滥用药物来源、用药反应、用药群体、公益受损事实等关联证据,并同步上报湖州市检察院。湖州市检察院通过启动数据分析,比对刑事案件中的涉案人员、异常购药记录、行政处罚等基础数据,发现有 46 名涉案未成年人有右美沙芬滥用史,认为未成年人滥用该药物在市域范围内具有普遍性,有必要在全市层面督促加强监管,同年 4 月 14 日,依法以行政公益诉讼案件立案,在全市范围内启动调查。

四、以诉前检察建议促进行政机关依法充分履职

湖州市检察机关重点围绕涉案药品监管缺失致公益损害问题,通过实地走访排查零售药店及网上平台售药情况、查阅医药研究论文等多种方式开展调查,在浙江检察大数据法律监督平台中进行数字建模,通过数据筛选、对比、碰撞,查明药品经营者存在线下药店未依规登记或登记不实、网络平台无资质或加价销售涉案药物、未履行用药指导义务、涉案药物销售记录异常等违法违规情形,市场监管部门未依法充分履职,对违法售药行为查处和零售药店监管不力、未依法落实跟踪管控和上报信息启动涉案药品的安全风险测评等,导致未成年人群体对涉案药物呈现异常关注甚至滥用。2021 年 3 月—5 月,湖州两级检察机关依法分别向两级市场监管部门制发《行政公益诉讼诉前检察建议》6 件,内容如下:一是加大对微信朋友圈等平台上违法售药行为的打击查处力度;二是依法履行监督管理职责,落实监测药品购销实名登记制度;三是引导线上、线下药品零售企业履行药品安全提示义务;四是系统排查涉案药物的异常销售记录,及时落实跟踪管控;五是对右美沙芬致瘾性及其他安全风险及时上报并开展测评,推动提升药物管制级别。

五、推动涉未药品监管实现诉源治理

市场监管部门经整改反馈:一是累计查处微商、抖音博主等违法售药案件 8 起,排查销售记录 34 112 条,排查网络销售企业 326 家次,梳理异常购药记录 600 余条,追踪滥用右美沙芬药物人员 89 名并落实重点管控。二是建立按需销售原则,明确医师的用药指导和安全提示义务。三是将涉案药品提前纳入全市处方药销售监测平台,落实实名登记、分级预警、跟踪管控等综合治理措施。四是及时上报案件信息,启动右美沙芬安全风险评测。检察机关牵头卫健、药监等职能部门以及药学会、药品经营企业代表,深入研讨未成年人药物滥用风险防控,联合市场监管部门出台全省首个《未成年人药物滥用风险管控实施意见(试行)》,督导市场监管部门对零售药店、网上售药企业销售止(镇)咳类药物需加强管控,做好涉未药物滥用事件应急预警处置,建立涉事未成年人的诊疗防治、心理援助转介机制。检察机关通过及时上报案件信息,推动浙江省教育厅、药监

局、市场监管局等单位开展联动治理,在省域范围内落实了涉案药物的交易监测、专项检查、预防教育,启动涉案药物滥用的成瘾性专项研究,并依托人大代表、政协委员,以建议、提案等方式积极呼吁,逐步推动在国家层面调整右美沙芬药物管制级别。在各部门共同努力下,国家药监局组织论证和审定,并于2021年12月发布公告,将氢溴酸右美沙芬口服单方制剂由非处方药转为处方药管理。

【典型意义】

一、将成瘾性物质戒断情况纳入附条件不起诉监督考察的个性附带条件,将未成年人特殊、优先保护落到实处

检察机关在办理涉未刑事案件过程中,应规范运用附条件不起诉等特殊制度,对成瘾性药物滥用的未成年人结合其自身问题应落实精准帮教救助措施,帮助并督促被附条件不起诉人在指定医疗机构接受跟踪戒断的诊疗防治、心理援助转介,并将其成瘾性戒断情况纳入教育矫治措施的执行情况和考验期内表现予以衡量,以可评价的个性化帮教,实现对未成年人的特殊、优先保护。

二、在线索发现、证据收集固定转化工作中充分发挥未检业务统一集中办理优势

在案件办理中,检察机关积极落实刑事办案系统审查工作机制,主动挖掘刑事案件背后未成年人权益保护的各类监督线索。以涉未成年人"四大检察"融合办案理念,将刑事案件中通过侦查手段获取的主客观证据,以立案介入调查的形式转化为涉未公益损害、督促监护等其他监督线索的调查证据使用,以调查取证的质效助力未成年人综合保护监督效能的最大化。

三、以个案办理推动系统防控,健全完善未成年人保护综合治理

办理涉未成年人保护案件中,对工作中发现的制度性、源头性问题,检察机关应当发挥诉源治理职能,通过研判分析、信息层报、提出对策建议等方式,与行政机关形成工作合力,推动药品精细化管理,督促实现风险防控和诉源治理,以"我管"的司法保护推进"都管"的综合保护。

案件承办人：

　　戴立新,湖州市人民检察院党组副书记、常务副检察长

　　章春燕,湖州市人民检察院第六检察部主任、四级高级检察官

　　卢腾,湖州市人民检察院第六检察部四级检察官助理

　　竺炜,安吉县人民检察院第一检察部主任、一级检察官

　　汪超,安吉县人民检察院团委书记、办公室副主任、五级检察官助理

案例撰写人：

　　章春燕,湖州市人民检察院第六检察部主任、四级高级检察官

　　卢腾,湖州市人民检察院第六检察部四级检察官助理

　　汪超,安吉县人民检察院团委书记、办公室副主任、五级检察官助理

案例审核人：

　　章春燕,湖州市人民检察院第六检察部主任、四级高级检察官

案例编审人：

　　王永,浙江省人民检察院第九检察部四级高级检察官

未检检察官实地走访药店,对实体店中的右美沙芬药物经营情况调查取证

（2021年4月由卢腾拍摄）

朱某某虚开增值税专用发票案①

——数字赋能监督治理"空壳公司"优化法治营商环境

【案例要旨】

空壳公司无实际经营业务、无社保及税款缴纳记录,往往被用作虚开税票、电信诈骗、骗取政策性补贴等违法犯罪活动的"掩护壳"。不法分子利用互联网商事登记便利,批量注册空壳公司违法牟利,已形成灰黑产业链。此类犯罪甄别发现难、防范打击难,传统监管手段已无法适应互联网政务实际。检察机关从办理朱某某虚开增值税专用发票个案出发,解析案例特征,以虚开税票、帮信等案由锁定监督范围,以"对公账户""营业执照"等关键词在检察业务应用系统中检索并提取涉案公司信息,依次与市场监管、人社、税务数据进行碰撞,筛查出一人多企、一地多企、无社保和税款征缴记录等异常的涉空壳公司类案线索,精准打击刑事犯罪,督促行政机关依法履职,及时处置问题公司,并打造数字化多跨应用场景,建立业务协同、动态预警、综合治理的工作机制,实现动态长效治理。

【案情概要】

2020年5月19日—7月9日,杭州某基础工程有限公司时任法定代表人兼实际经营负责人朱某某,在明知该公司与杭州某运输有限公司没有发生真实业务往来的情况下,经他人介绍,以开票金额6.8%—7.2%的开票费为对价,从杭州某运输有限公司处购买增值税专用发票,后在2020年6月和8月将上述发票

---

① 杭拱公(经)立字〔2022〕02404号;(2022)浙0105刑初681号。

用于税款抵扣。经查,案涉发票共计 135 份,税价合计人民币 1 363 万余元,其中税款合计人民币 112 万余元。2022 年 6 月 13 日,被告人朱某某主动从我国澳门地区入境投案自首,到案后,对上述犯罪事实供认不讳,之后,杭州某基础工程有限公司全额补缴了上述虚开的增值税专用发票税款。拱墅区检察院经审查,于 2022 年 10 月 12 日向杭州市拱墅区法院提起公诉。同年 10 月 20 日,法院判决被告杭州某基础工程有限公司、朱某某犯虚开增值税专用发票罪,判处朱某某有期徒刑 2 年,缓刑 3 年;判处杭州某基础工程有限公司罚金人民币 5 万元。

检察机关办案发现,案涉开票方杭州某运输有限公司系专门从事出售增值税发票的公司,无实际经营业务,以买票、卖票的利率差作为获利方式,严重扰乱公司登记秩序,破坏税收征管秩序。拱墅区检察院从个案出发,深挖同类刑事案件,梳理总结发现此类案件中的"空壳公司"普遍具有注册地址雷同、注册时间相近、无社保征缴和报税纳税记录、对公账户流水巨大、经营项目无需审批、同一代理人大量注册等共同特征。据此,拱墅区检察院决定以开展大数据法律监督,搭建空壳公司线索筛查模型,归集公司注册人身份、注册地址、办公场所租赁合同、社保征缴和报税纳税记录等各类信息数据,通过数据碰撞比对挖掘问题线索,由此摸排出异常公司 567 家。此外,还通过拓展构建涉税类、涉电诈类、骗补类空壳公司数字化监督治理模型,对各领域利用空壳公司实施犯罪活动的行为开展刑事立案监督,已成案 11 件,督促吊销问题公司 74 家,追缴税款 300 余万元。

【履职情况】

一、个案延伸

拱墅区检察院突破"就案办案"的单线业务逻辑,在办案过程中敏锐发现个案背后的类案治理问题。通过运用大数据法律监督思维,找准法律监督切口,明确将利用"空壳公司"实施的涉税票犯罪活动类案作为监督对象,构建涉税类空壳公司数字化监督治理模型,在大数据技术辅助下,实现从个案监督到类案监督的路径转变。拱墅区检察院全面梳理涉税刑事案件信息,打破数据壁垒,调取涉案企业工商登记信息、开票、税务信息,通过大数据筛选、比对、碰撞,共发现利用

"空壳公司"实施虚开增值税专用发票犯罪的相关企业81家,后将上述线索分别作为偷逃税款及"空壳公司"的行政违法线索,同步抄送至税务部门和市场监督管理部门;经进一步审查筛选,将仍在追诉时效内的33条刑事犯罪线索移送至公安机关,对其中已有相关证据材料证实的作为立案监督线索移送,并要求公安机关说明不立案理由,已立案监督成案11件;与公安机关协作,利用认罪认罚制度督促外逃的杭州某运输有限公司法定代表人陈某某回国投案。此外,针对办案中发现涉案空壳公司开具增值税专用发票涉嫌偷逃税款的行为,刑事检察部门还将相关线索同步移送公益诉讼部门。公益诉讼部门经初查、立案后开展调查取证,共发现67家公司涉嫌偷逃税款,涉案金额共计300余万元,并通过行政公益诉讼诉前磋商程序督促相关职能部门开展税款追缴等工作,实现了对该类问题的全闭环处置、全链条打击、全方位治理。

二、构建模型

第一步,数据采集。采集检察业务应用系统中相关案件的起诉意见书、审查报告,形成重点案件信息表。涉税类案件采集案由为虚开增值税专用发票等涉税票类案件;涉"电诈""两卡"类案件采集案由为诈骗、帮助信息网络犯罪活动、买卖国家机关证件、掩饰隐瞒犯罪所得、非法经营等案件;涉公民个人信息类案件采集案由为侵犯公民个人信息等案件。

第二步,数据处理。先通过"营业执照""对公账户""公司登记注册"等关键词对重点案件信息表进行检索,进一步锁定案件范围,再对此类案件中的起诉意见书、审查报告进行结构化处理,提取涉刑事犯罪的公司名称。与市场监管部门的企业登记信息碰撞后,获取公司的详细信息,例如法定代表人、公司登记注册地址、公司状态等,形成涉刑公司基础信息。

第三步,线索挖掘。将涉刑公司基础信息分别与税务部门的企业税款缴纳信息、人力社保部门的企业社保参保信息碰撞,进一步筛选出无社保缴纳痕迹、无税款缴纳痕迹等未实际经营的公司信息,获取行政检察监督的线索;从市场监管部门的企业登记信息中筛查出与这些未实际经营公司的法人相同、登记注册地址雷同的关联企业信息,与市场监管部门、税务部门的企业异常信息(例如地址异常、年报异常、开票异常、冒用身份信息投诉等)碰撞,获取刑事检察监督线索及移送公益诉讼检察线索(见图1)。

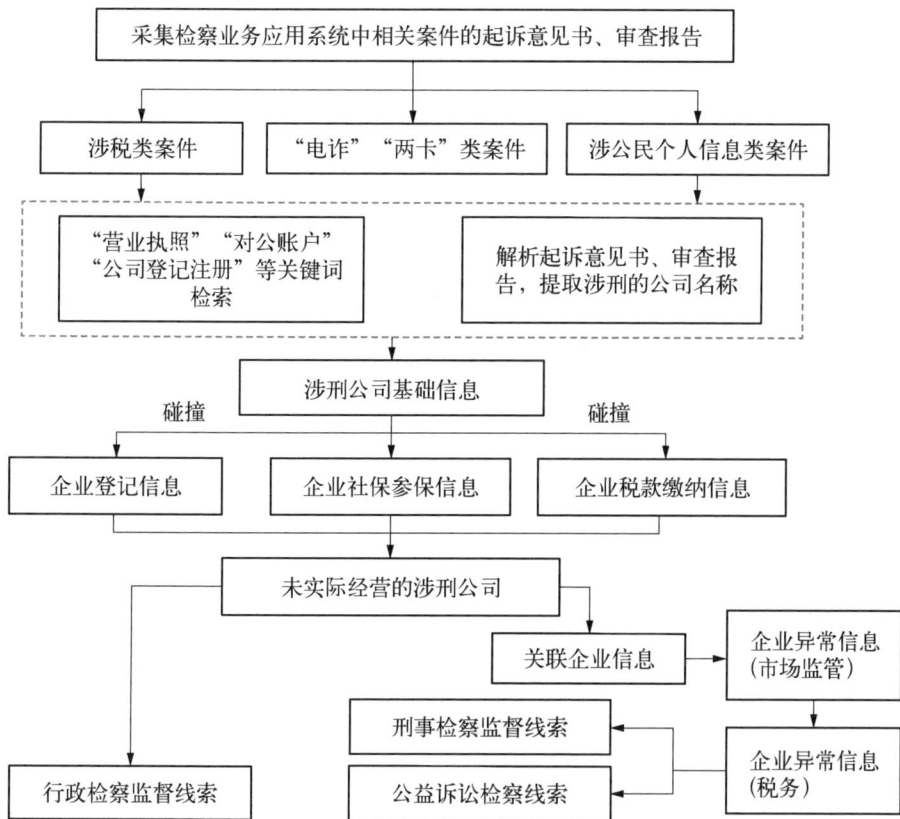

图1 空壳公司监督治理模型思维

三、融合监督

针对模型中发现的涉税、电诈案件线索,拱墅区检察院通过调取相关公司登记材料、社保缴纳信息、税款缴纳情况、实际经营地址单位的营业执照和租赁合同发现,杭州某灯饰有限公司等74家公司均系邓某某等人通过伪造租赁合同和办公租用协议,擅自加盖伪造的实际经营地址单位的印章,并冒用他人身份信息,通过浙江省企业登记全程电子化平台登记设立公司,申请银行对公账户提交虚假材料,并用于违法犯罪活动。经查,其中有4家公司的对公账户已被证实用于电信诈骗活动,其余公司及其对公账户也被转卖给他人用于违法犯罪活动。由于上述74家公司冒用某宾馆有限公司经营地址,影响了该公司破产程序的进行,拱墅区检察院经审查认为,杭州某灯饰有限公司等74家公司提交虚假材料取得公司登记用于违法犯罪活动,已严重损害人民群众的财产安全、信用安全,情节严重,故向拱墅区市场监督管理局发出《检察建议书》,后拱墅区市场监管局针对《检察建议书》的内容,对所涉及的 74 家公司的违法行为依法进行了相关调查处理,做出吊销 74 家公司营业执照的行政处罚决定,并在全区范围内开展空壳公司专项检查,撤销 20 家冒用他人身份证登记的公司,将 200 余家无社保缴纳记录、无缴税记录、同一地址登记多家公司等异常公司列入重点管控企业名录。另有其他诈骗案件所涉及的 26 家公司亦被依法吊销营业执照。

四、打造场景

针对案件办理过程中发现的职能衔接不畅、信息共享不及时、传统监管手段滞后等问题,拱墅区检察院探索数字赋能法律监督,会同拱墅区法院、公安、人社、市场监管、税务等部门,共同打造以空壳公司治理为切入口的数字化场景,依托场景建立线索移送反馈、快速联动查处、定期案情通报等工作机制,建成跨协同共治平台,打通空壳公司协同共治的"快通道"。

场景的总体架构是"两舱(仓)两中心",即数据仓、驾驶舱、分析中心、协同中心,横向打通检察、市场监管、人社、税务等部门业务数据,纵向贯通杭州市、区两级,采用"柔性"线索移送和"刚性"法律监督相结合的方式,实现对空壳公司的协同高效治理。其中驾驶舱中已归集刑事案件、企业登记、社保征缴、违法失信企业、经营异常企业等信息 880 余万条,数据经清洗归集至数据仓。分析中心包括三个模块:一是涉案公司自动感知模块。运用自然语言识别等人工智能技术,从法律文书中自动抓取涉案空壳公司,同时与市场监管、税务、人社的数据进行碰撞,筛查潜在的涉罪空壳公司。二是异常公司自动预警模块。梳理已办案件,提炼出空壳公司筛查规则,通过各主管部门数据联通和碰撞,及时精准发现空壳公司。三是"黑名单"库。场景建立违法犯罪人员和关联市场主体黑名单库,推动行业监管和信用惩戒。协同中心无缝对接分析中心,问题公司线索通过协同中心智能交互至有管辖权的部门,例如市场监管局。市场监管局根据线索反映情况进行依法处置后反馈结果,对涉嫌刑事犯罪的空壳公司发出线索移送函,或向公安机关制发要求说明不立案理由通知书,督促其立案侦查。通过"智能协同",构建行刑共治的一体化流转、处置、反馈闭环机制,以提高治理效能。

五、推进治理

个案办理后,拱墅区检察院通过组建由刑事、行政、公益诉讼以及技术部门共同参与的办案团队,开展类案解析、要素梳理、规则研判,建立数字办案模型,通过数据碰撞获取涉空壳公司的问题线索。针对案件反映出互联网商事登记审核虚化、执法办案数据与司法办案数据存在信息壁垒、对异常信息的辨识和预警能力不足等行政监管问题,拱墅区检察院撰写调研报告、检察情况反映报送拱墅区委及其政法委、拱墅区政府,得到充分肯定和支持。为提升治理效果,拱墅区检察院会同拱墅区委政法委及拱墅区人社局、市场监管局、税务局联合出台协作机制,成立工作专班,共建多跨应用场景,打通检察机关与行政机关的数据壁垒,通过对数字办案模型筛选出来的空壳公司线索与市场监管局的企业基本信息数据、人社局的企业社保缴纳数据、税务局的企业缴税数据进行实时对比碰撞,获取社保缴纳异常、缴税情况异常的企业清单,并将上述线索通过数字化场景的协同中心智能移送至有关职能部门依法处置,实现对空壳公司监督治理、处置反馈、动态预警、综合治理的全流程实时分析,形成覆盖"数据—平台—机制"的长效动态治理模式。

拱墅区检察院以涉税类、涉电诈类空壳公司监督模型为原点,拓展构建骗补类、虚假登记类、虚假劳务中介类监督模型。2022年3月,空壳公司监督治理经验被浙江省检察院推广,在全省组织开展净化空壳公司监督专项行动。截至目前,全省各级检察院孵化形成了涉宽带领域电诈、骗取惠企补贴、涉虚假追索劳动报酬、骗取贷款、侵犯公民个人信息等40余个空壳公司数字化监督治理模型,发现涉空壳公司线索8 172条,监督公安机关刑事立案213件341人,通过制发《检察建议书》督促市场监管部门清理空壳公司3 315家。其中,向杭州市两级市场监督管理部门推送涉案公司918家、关联公司822家,已注销公司29家,吊销公司营业执照289家,另有846家公司被列入经营异常名录,充分彰显了"一域突破、全省共享"的复制推广效果。

【典型意义】

一是由点及面深挖类案,重塑法律监督路径。检察机关积极运用大数据办案思维和方法,找准法律监督"切口",从办理的虚开增值税发票个案线索出发,通过个案特点剖析、类案规则梳理,深挖虚开增值税发票案件背后可能存在的监管漏洞,联动相关部门开展"一件事"全链条治理,以法律监督路径的重塑性变革,推动了法律监督效能的跨越式增长,为大数据法律监督的可行性和优越性写下了生动的实践注脚。拱墅区检察院通过办理该案,探索出检察大数据办案的有效途径,即通过对个案的分析梳理,精准确定类案监督对象,以搭建数字监督模型、打造数字化应用场景为基础,通过抓取数据特征、数据碰撞、统计筛查等一系列数字化辅助方式,为用好数据"富矿"、摸排类案线索,实践"个案办理—类案监督—社会治理"的监督路径,推动全链条法律监督。在此模式下,拱墅区检察院通过对其他类型涉空壳公司犯罪活动的类案打击和案后治理,实现对问题空壳公司的批量清理,有效助力优化营商环境、维护正常市场经济秩序,最大限度地提升法律监督的效能。

二是数字赋能刑行共治,形成打击治理合力。大数据法律监督需以数字化应用场景为载体,实现行政、司法机关的信息互通、数据共享,从而加强部门协同、消除监督盲区。拱墅区检察院通过打造法治营商环境共护数字化治理场景,横向打通公安、市场监管、税务、人社等部门业务数据,纵向贯通全市检察机关办案数据,目前已归集全市刑事案件、企业登记、社保征缴、违法失信企业、经营异常企业等信息880余万条。为充分利用数据、高效盘活资源、有效凝聚合力,拱墅区检察院与协同单位会签《关于建立拱墅区综合治理虚假注册公司共同守护法治营商环境工作机制的意见》《关于加强行政非诉领域执法司法协作的意见》等文件,打造"智能协同中心",实现行政执法与刑事司法一体化衔接,相关案件线索全面贯通、全线协同、全程留痕。

三是"三查融合"提质增效,穿透式监督显刚性。该案的成功办理充分体现了检察机关"四检一体"协同作战的优势。办案过程中,检察机关充分发挥一体化监督优势,注重"四大检察"融合履职,有效扩大法律监督效能,彰显法律监督刚性。各检察条线相互配合,刑事检察部门发掘税票类犯罪案件线索,将相关线索移送至行政、公益诉讼检察,综合发挥刑事检察、行政检察、公益诉讼检察职能作用,全方位延伸法律监督触角,实现对行政、司法机关等相关部门和社会公益保护等相关领域的全覆盖、全方位的法律监督。在穿透式深度监督中,发现更多其他监督线索,推动监督领域全景式拓展和监督效果螺旋式上升。例如排查发现涉空壳公司侵犯公民个人信息、虚开税票等犯罪线索,综合履行检察监督职能,助力挽回经济损失300余万元,帮助5人解除失信限高、恢复个人信用。在前期空壳公司涉税案件监督过程中,深挖渣土运输行业个人劳务税收问题线索,在全市范围内开展专项治理,促进经济犯罪源头治理,提升监督促进治理成效,为经济社会高质量发展提供有力的法治保障。

　　四是"举一反三"转化成果,监督能效叠加释放。用好大数据检察监督实践经验,善于总结思考,在成果转化领域全面发力,为检察机关开展大数据法律监督提供先行范例和实践样板。拱墅区检察院在该案办理基础上,深挖线索、开展行政检察监督,办理的相关案件获评最高检察院指导性案例,同时,根据涉空壳公司相关案件的办案实践,撰写了《检察大数据战略下涉空壳公司案件办理实践》《检察大数据战略下的基层实践与探索》等 4 篇数字检察理论研究成果,分别在国家级、省级刊物发表,为同类监督治理案例提供了理论参考。此外,数字化监督治理经验还被浙江省检察院作为指导性案例,在全省开展相关专项治理行动。办案和治理经验获央视、《法治日报》《检察日报》、中国新闻网和中国长安网等多家国家级媒体宣传报道,为社会治理贡献了检察力量。

案件承办人:

　　冯晓音,拱墅区人民检察院检察长

　　吴志华,拱墅区人民检察院副检察长

全域数字法治监督体系——空壳公司治理场景工作推进会

(2021 年 12 月 17 日,由拱墅区人民检察院工作人员曹青拍摄于本院九楼会议室)

余晓,拱墅区人民检察院第四检察部检察官助理

胡宇翔,拱墅区人民检察院第七检察部主任

周昆,杭州市人民检察院一级检察官助理

案例撰写人:

季政庭,拱墅区人民检察院第九检察部干警

陈浩,拱墅区人民检察院第四检察部副主任

倪舒扬,拱墅区人民检察院办公室干警

案例审核人:

陈荣土,拱墅区人民检察院常务副检察长

汪文静,拱墅区人民检察院第九检察部主任

案例编审人:

曾吉,浙江省人民检察院案件管理办公室副主任

陈乃锋,浙江省人民检察院案件管理办公室一级主任科员

非法改装货车监管违法监督案^①

——问题导向开展融合监督，一体履职
促进长三角行业治理

【案例要旨】

检察机关在履职办案过程中发现货车非法改装问题，一些车辆机构为非法改装货车出具虚假检测报告，部分道路执法人员未依法强制整改，致使非改货车频发重大事故。针对该交通运输行业深层次问题，检察机关成立融合办案团队，数字建模发掘类案线索，刑事打击车检行业虚假检测现象，纠正相关行政部门违法不作为，侦查司法工作人员职务犯罪，开展跨省域协作办案，综合促进长三角行业治理。

【案情概要】

2020年，杭州市西湖区检察院在办理交通肇事案件中发现一些重型自卸货车为了超载，存在非法改装情况，而这些改装货车还能通过上牌检测或年检上路行驶，于是协同交警部门调取全市货车检测数据进行分析研判，发现其中一家机动车检测站的上牌检测量竟占全市24家的47.96%，明显异常，且该检测站曾为多辆交通肇事的非法改装货车上牌过检，其故意弄虚作假涉嫌犯罪可能性极大，于是公安机关决定立案侦查。经侦查，2017年以来，杭州某机动车检测服务有限公司对来检测的待上牌重型自卸货车非法收取法定检测费用以外的费用385余万元。在收受上述违规费用后，该检测机构负责人刘某某指使员工张某某等

---

① （2021）浙0106刑初443号；西检行公建〔2021〕20043号。

人对来检测的重型自卸货车存在的改装车厢、超重等问题置之不理,甚至使用压秤、调整设备参数的方式,出具虚假的《机动车安全技术检验报告》,帮助存在安全隐患的非法改装货车过检上路行驶。2021年8月,杭州市西湖区检察院以杭州某机动车检测服务有限公司及被告人刘某某等8人涉嫌提供虚假证明文件罪提起公诉。2022年2月,杭州市西湖区法院判处被告单位杭州某机动车检测服务有限公司罚金人民币50万元,刘某某等8人被判处有期徒刑4年6个月—2年不等。

在刑事案件办理过程中,检察机关发现该案并非个别现象,非法改装超重车辆违规检测上牌已形成一条灰黑产业链,厂方、经销商、黄牛、检测站、执法人员相互勾结,使得监管手段失效、法律规定被架空。于是杭州检察机关根据非法改装货车频繁违法、事故频发的特点,调取涉及货车非法改装、超载的交通肇事刑事判决书、行政处罚决定书,筛查存在非法改装的货车,进一步调取车管所车辆上牌、年检数据,查找为非法改装车辆出具虚假检测报告的检测机构,发现非法改装货车120多辆,移送行政机关进行处罚、整改,排查非法检测机构线索40多条,还发现多起非法改装货车多次被处罚后未整改,再次因改装造成交通肇事的情况,从中挖掘职务犯罪线索,立案滥用职权罪、徇私枉法罪共4人,移送监委立案受贿罪2人,综合施策促进交通运输行业乱象治理。

【履职情况】

一、刑事立案监督

检察机关首先以"擅自改变""登记结构""改装""核定载质量""超载""超重"为关键字,从交通肇事罪刑事判决、交通类行政处罚数据中筛查非法改装货车。因为非法改装车辆依照法律规定是不能过检的,故以车牌号码为关键字,向车管部门查询为其进行上牌检测和年检的不法检测机构。其次,给非法改装货车开"绿灯"的检测机关,与经销商、黄牛、车管所相互勾结,长期频繁作案,故相比正常检测机构,其对于货车的检测数据会异常畸高。所以,可以在全市或全省范围内对货车上牌检测数据进行统计排序,发现数量异常畸高的检测机构。同时,该检测机构又曾经给确认非法改装货车过检的,对照提供虚假证明文件罪、非国家工作人员受贿罪的构罪要素(例如虚假检测过程中索取或非法收受他人财物的、个人受贿数额 3 万元以上、违法所得 10 万元以上),对公安机关开展刑事立案监督。杭州检察机关据此引导公安打击违法检测机构,刑事追究提供虚假证明文件罪 8 人、非国家工作人员受贿罪 2 人。

二、行政公益诉讼监督

根据相关法规,行政机关对非法改装车辆处罚时,应当对涉案车辆进行强制整改、恢复原状。所以,筛查发现货车因非法改装行为被罚款后未将货车恢复原状的,可针对该怠于履职行为开展行政检察监督。同时,发现有非法改装货车未经处理的,移送线索给交警、交管部门,监督其对非法改装货车以行政处罚、责令限期整改等方式加强监管,消除公共安全隐患。检察机关通过筛查刑事判决书、行政处罚决定书,并利用刑事侦查过程调取的检测过程中留存的照片、视频进行比对发现,161 辆货车存在装载车厢不符合规定等非法改装问题。为确认上述问题货车当前是否正常使用、运营,进一步根据车牌号通过交警部门查询车辆的年检和交通处罚信息,确认 116 辆重型自卸货车不仅在杭州正常使用,而且有交通违法处罚记录,于是向杭州市公安局交通警察支队西湖大队发出《行政公益诉讼诉前检察建议书》。交警部门根据检察机关移送的违规车辆线索,责令 100 多辆重型自卸货车车主、挂靠企业法人限期开展整改,并对 21 辆重型自卸货车做出行政处罚。

三、职务犯罪侦查

在办理杭州某机动车检测服务有限公司提供虚假证明文件案过程中,一些重型货车生产厂家、经销商、黄牛、检测站等已私下形成潜规则,对非法改装超重车辆问题"默许",部分行政机关执法人员存在违法不作为甚至相互包庇等行为,导致大量非法改装货车上路行驶。筛查还发现,在道路执法过程中有同一车牌货车因非法改装受一次或多次行政、刑事处罚后又发生交通肇事的情况。据此可以根据渎职犯罪构成要件,以处罚记录中认定非法改装锁定主观明知,未依法整改锁定渎职行为,伤亡结果(死亡 1 人或者重伤 3 人以上)锁定危害后果,事故责任认定锁定因果关系,精准查办滥用职权罪。此外,交通肇事罪承办交警明知车主指使驾驶员违章驾驶,构成交通肇事罪,但未追究车主交通肇事刑事责任的,涉嫌徇私枉法罪。根据对刑事判决、行政处罚的筛查结果,杭州市检察机关以涉嫌滥用职权罪立案 3 人,以涉嫌徇私枉法罪立案 1 人,并且还有 12 条渎职犯罪线索正在调查核实,涉案金额达 4.5 亿元。此外,还发现车管人员、交警等行政执法人员职务犯罪线索,以受贿罪移送监委立案 2 人。

四、跨区域联合监督

杭州检察机关在办案中发现,涉案违规过检上牌的非法改装浙 A 号牌重型自卸货车后续赴杭州以外机动车检测机构进行年检的现象,且无一例外地都通过了年检,这些检测机构也存在提供虚假证明文件的犯罪嫌疑,故进一步向杭州市车管所调取浙 A 号牌重型自卸货车年检数据分析发现,为涉案改装货车年检的机构涉及上海、安徽等地,主要集中在安徽宣城、芜湖等地。2023 年 3 月,杭州市西湖区检察院根据《长三角区域检察协作工作办法》第 15 条,启动跨省专项工作协作,移送线索给安徽宣城、芜湖等地检察机关,共享检察数据,派员协助联合开展数字检察专项监督。安徽省人民检察院公益诉讼部门亲自协调督办,推动杭州、宣城、芜湖三地检察机构加强合作,确保专项监督顺利开展。安徽省宣城市检察院通过大数据筛查发现非法改装行政处罚案件 34 件,检测机构出具虚假检测报告行政处罚案件 7 件,刑事立案监督线索 8 件;宣城市检察机关核查发现当地 2 家车检机构出具虚假证明文件,制发检察建议监督调查整治;芜湖市检察机关已移送线索、引导公安机关对 1 家车检机构开展调查。

五、社会综合治理

一是监督制定行业规范。杭州市检察机关将办案中发现的尚不构成犯罪的虚假检测、失职渎职等情况,以《检察建议书》等方式向交警部门移送,要求其加强道路执法、车辆检测环节的行政监管,同时建立机制,防范内外勾结、徇私舞弊的情形发生。交警部门据此制定《专项整改方案》,细化四方面 26 项整改措施,并出台《杭州车管查验员监督管理考核办法》,建立查验联合审核制度和双核查制度,规范和加强对从业人员的管理。二是推动整改行业乱象。本案中,货车经销商对非法改装问题车辆的产生有不可推卸的责任,检察机关将货车经销商违规改装、违规收费的情况,以线索函等方式移送市场监管部门、公安机关,要求行政机关对商业贿赂行为进行调查处罚,并约谈货车经销商,建议召回问题货车或整改隐患货车,多家经销商均愿意积极配合回购、整改,从源头上治理了行业顽疾。

【典型意义】

一、检察官应坚持问题导向，在履行办案过程中发现社会治理问题，透过案件发现深层次问题，开展诉源治理，能动履职服务大局

本案检察官在办理交通肇事案件中发现一些重型自卸货车存在非法改装情况，却能通过上牌检测或年检上路行驶，于是对这个问题追根溯源，发现机动车检测机关为了谋取不法利益，为改装货车出具虚假的机动车安全技术检验报告。该问题长期存在，以致货运、工程领域重型自卸货车的整备质量大部分都不合格，对生产安全和群众生命财产存在重大隐患。检察机关以刑事个案办理为切入口，针对道路交通安全领域，全面发挥检察职能，顺应杭州市打好"亚运攻坚仗"的要求，清除车检行业"蛀虫"，符合打好"经济攻坚仗"、除险保安、服务中心大局的要求。

二、人民检察院应坚持系统思维，充分发挥整体优势，推动跨区域协作办案，实现检察监督效果的倍增、叠加效应，提升法律监督质效

本案中，杭州检察机关在办案中发现涉案违规过检上牌的非法改装浙A号牌重型自卸货车后续赴杭州以外的安徽、上海等地进行年检的现象，通过长三角区域检察协作机制，移送监督线索给安徽宣城、芜湖等地检察机关，共享检察数据、监督模型等资源，联合开展专项监督。安徽省宣城市检察院筛查出非法改装货车行政监督线索41条，刑事立案监督线索8条；安徽省宁国市检察院向监管部门发出《检察建议书》，督促调查整治2家造假车检机构；安徽省芜湖市湾沚区检察院引导公安机关对1家造假车检机构开展刑事侦查。通过跨省专项协作，有效凝聚浙江、安徽两地检察机关之间的横向监督合力，全链条、跨区域整治行业顽疾，共同服务保障长三角区域一体化发展。

三、人民检察院应坚持守正创新，打破业务"壁垒"，探索检察一体化办案机制，根据办案需要融合"四大检察"各项职能，形成法律监督合力

本案中，检察机关从刑事个案办理中发现社会治理问题，改变传统检察监督以被动审查为主的模式，整合内部各部门资源，形成"刑公行侦技"融合专班，根据检察官反映的问题和线索，负责进一步提炼特征、要素，构建模型进行数据分析研判,推动刑事、行政、公益诉讼紧密衔接、同向发力。办案中融合运用侦查思维和侦查手段,形成履职合力,推动监督线索的最终成案,甚至挖掘出滥用职权等渎职犯罪线索,推动"数据"到"证据"的跨越,实现"建模"到"案件"的质变,以履职办案机制的现代化推进检察工作现代化。

案件承办人:

严敏,杭州市西湖区人民检察院第一检察部副主任、员额检察官

李洋,杭州市西湖区人民检察院第五检察部副主任、员额检察官

案例撰写人:

姜琪,杭州市西湖区人民检察院第一检察部主任、员额检察官

案例审核人:

姜琪,杭州市西湖区人民检察院第一检察部主任、员额检察官

案例编审人:

梁博,浙江省人民检察院法律研究室检察官助理

公益诉讼部门检察官在杭州市西湖区西园三路工地
对工程车辆开展专项整改"回头看"检查

(2023 年 3 月 16 日由黄伟娜拍摄)

赵某某贪污、诈骗案[①]

——高质效办理涉粮"蝇贪"案件，强履职能动推进系统综合治理

【案例要旨】

检察机关要强化重点领域职务犯罪案件提前介入，加强监检有效沟通，准确把握案件定性。做好办案"后半篇文章"，深刻剖析案件发生原因，通过制发社会治理类《检察建议书》，帮助被监督单位堵塞漏洞。注重数字赋能，积极参与"数字粮仓"平台建设，通过数字检察监督，有效整合收粮、售粮、仓储等系统内数据，构建集预防犯罪与发现线索于一体的粮食购销领域数字监督解决方案，促进粮食购销领域长效常治。

【案情概要】

2022 年 3 月 8 日，杭州市余杭区监察委员会（简称余杭区监委）商请杭州市余杭区检察院派员介入赵某某涉嫌职务犯罪案件。余杭区检察院第一时间成立了由检察长任组长的办案组，提前介入监察调查，提出"增加诈骗罪名、转为'互涉'案件"的意见。余杭区监委采纳了检察机关的意见，将赵某某涉嫌诈骗罪的线索移交公安机关侦查。

2022 年 4 月 13 日、4 月 15 日，余杭区监委、余杭区公安分局分别以杭州市余杭区粮食收储有限责任公司（简称余杭区粮储公司）余杭分公司潘板粮库原保管员赵某某涉嫌贪污罪、诈骗罪移送审查起诉，余杭区检察院经审查后

---

① 杭余检刑诉〔2022〕114 号；(2022)浙 0110 刑初 111 号。

并案。

经依法审查查明:2013—2020年,被告人赵某某在担任余杭区粮储良渚分公司潘板粮库(后划归余杭分公司)保管员期间,利用其负责为粮库收购、保管粮食等职务上的便利,单独或伙同他人,骗取粮食补贴、奖励,赚取粮食差价和盗卖粮食,共计价值人民币276 725.04元。另查明,2019年6月3—5日,赵某某通过他人从余杭区外购入小麦并冒充本地种粮大户的订单粮,以种粮大户名义出售至余杭区粮储公司云会粮库,骗取粮食奖励26 082元。

2022年4月29日,余杭区检察院向余杭区法院提起公诉。同年6月21日,余杭区法院公开开庭审理,余杭区检察院检察长出庭支持公诉。余杭区法院采纳了余杭区检察院指控的犯罪事实、罪名和量刑建议,当庭判决被告人赵某某有期徒刑3年3个月,并处罚金21万元。

【争议焦点】

一、利用苏某某等14名种粮大户名义售粮至潘板粮库,骗取补贴22万余元是诈骗还是贪污

关于该问题,主要有两种意见:一是认为应以诈骗罪定罪处罚,主要理由是:赵某某虽然系潘板粮库保管员,但是其以外地粮冒充本地种粮大户订单粮售卖给潘板粮库,系虚构事实、隐瞒真相的行为,即使没有职务便利,该诈骗行为仍然可以顺利进行,故应认定为诈骗罪而非贪污罪。二是认为该行为应以贪污罪定罪处罚。因赵某某利用作为潘板粮库保管员职务和负有查验售粮人员身份及所售粮食产地的职权,以外地粮冒充本地种粮大户在本地种植的订单粮予以收购,进而骗取国家粮食补贴,符合贪污罪的构成要件,应以贪污罪定罪处罚。余杭区检察院最终认为该部分事实应以贪污罪定罪处罚。

赵某某作为国有公司潘板粮库保管员,负责粮库收购粮食、保管粮食、粮食出入库等工作,符合贪污罪的主体要件,系国家工作人员。其利用管理、经手粮食及收购的职务便利,骗取粮食补贴的行为属于利用职务上的便利骗取公共财物,其所骗取的粮食补贴已达数额巨大的标准,行为触犯了《刑法》第382、383条规定,犯罪事实清楚,证据确实充分,应以贪污罪追究其刑事责任。

二、利用陈某某、李某某、楼某某 3 名种粮大户名义售晚稻至潘板粮库,骗取补贴 3 万余元是受贿还是贪污

种粮大户陈某某、李某某、楼某某将自己的晚稻补贴份额让渡给赵某某使用,自己的晚稻只能按订单外的价格销售,不能享受补贴,涉及金额 3.8 万余元。该部分金额的定性存在争议:一种观点认为该部分应定性为受贿罪,因该部分利益本应是由各种粮大户享受,种粮大户将本应由自己享受的利益让渡给赵某某,而赵某某与种粮大户又存在业务制约关系,故赵某某应构成受贿罪。另一种观点认为,宜将该部分事实与前述事实一体评价,作为贪污罪一罪处理。因赵某某非法占有的始终是国有财产,该部分补贴没有发出时,仍属于公共财产,处于国家所有和管理之下。余杭区检察院最终采纳了第二种观点,以贪污罪对赵某某以外地粮冒充本地种粮大户种植的订单粮售卖至潘板粮库的行为进行一体化评价。具体理由如下。

一是从主观上考虑,赵某某本人主观上并非出于收受或索要他人财物的主观故意,其主观上并没有认识到涉及的三名种粮大户自己仍有粮食要出售,也并无向三名种粮大户索要好处的故意。二是从客观上来讲,该部分粮食补贴仍然属于国有财产。粮食补贴需要种粮大户出售粮食后才能获得,在种粮大户没有出售粮食的情况下,其不能享受该部分补贴。各种粮大户并非将自己的财产或者财产利益让渡给赵某某,而仅是一种交易资格和交易机会。因此从主客观相统一的司法认定原则,该部分不宜认定为受贿罪,且考虑赵某某作案手法统一,其本人主观上没有受贿的意思,种粮大户也没有行贿的意思表示,他们之间并未达成行受贿合意,故应结合前述事实,一体化评价为贪污罪。

三、将外地粮冒充订单粮售卖至云会粮库,骗取补贴 26 082 元是贪污还是诈骗

关于该部分定性意见主要有两种不同意见:一是认为因赵某某具有国家工作人员的身份,且系因其参与收粮工作才知晓相关收粮政策,进而利用相关政策实施骗取国家粮食补贴的行为,应以贪污罪定罪处罚。二是认为赵某某虽然具有国家工作人员的身份,但其职权仅限于潘板粮库,不及于云会粮库,其仅是利用工作中知晓的信息实施诈骗,应以诈骗罪定罪处罚。余杭区检察院认为该部分应以诈骗罪定罪处罚,并在提前介入阶段与监察机关达成一致意见,促使余杭

区监委将相关线索移送公安机关立案侦查。

《刑法》第266条中的诈骗罪是指以非法占有为目的,用虚构事实或者隐瞒真相的方法,骗取数额较大的公私财物的行为。诈骗类犯罪客观方面的逻辑结构表现为:行为人的欺诈行为—被害人的错误认识—被害人"自愿"交付—行为人取得财物—被害人遭受损失。本案中,赵某某以种粮大户陈某、郑某某的名义,将外地粮冒充本地粮大户的订单粮售卖至云会粮库,使云会粮库工作人员(代表国有公司收购)产生错误认识,进而收购了赵某某的粮食,使赵某某获得了补贴,财政补贴因此遭受损失,赵某某的行为符合诈骗罪的构成。

需要注意的是,诈骗罪和贪污罪并非排斥关系,在以骗取手段贪污的犯罪中,贪污罪就是符合主体条件的人员利用职务上经手、保管等职务便利实施诈骗的行为。具体到本案,在将冒充粮卖到潘板粮库的事实中,赵某某具有国家工作人员的主体身份,而且确实利用了职务便利,因此构成贪污罪。而在卖粮至云会粮库的事实中,赵某某缺少利用国家工作人员的职务便利,因此该部分事实不符合贪污罪的构成要件,不能定性为贪污罪。

综上,赵某某的行为触犯了《刑法》第266条规定,犯罪事实清楚,证据确实充分,应以诈骗罪追究其刑事责任。

【评析意见】

一、提高政治站位,强化保护粮食安全行动自觉。惩治涉粮贪腐,事关粮食安全

一方面,余杭区检察院通过依法履职,落实"护航稳进提质"专项整治监督攻坚行动,切实筑牢粮食安全的坚固防线。针对案发单位在基层粮库管理、监管职责落实、行业队伍建设等方面存在的普遍性治理问题和管理监督漏洞,通过走访、调阅、核实等方式剖析案发原因,精准制发社会治理类《检察建议书》,并动态跟踪落实,督促被建议单位建立健全监督管理机制。此外,还通过向政府主管部门制发《检察建议书》,督促其依法履职,追回被骗取的粮食补贴,挽回国有财产损失。该《检察建议书》被最高人民检察院评为"全国检察机关职务犯罪检察类十佳检察建议"。

另一方面,多部门联动共同筑牢粮食购销领域廉政防线。组织余杭区粮储

公司工作人员旁听庭审,运用身边人、身边事、身边案开展警示教育。联合余杭区纪委监委、余杭区商务局召开粮食系统"以案促改"警示教育大会,针对案件暴露的问题,深刻剖析发案原因,提出针对性建议,促进粮食购销领域高效能治理。

二、强化监检衔接,高质效办理职务犯罪案件

在提前介入过程中,检察机关与监察机关共同研究,有效厘清案件争议问题,准确把握本案实际造成的国家损失,明确本案构成贪污罪的主要事实。针对赵某某通过他人从余杭区外购入小麦并冒充本地种粮大户的订单粮予以出售、骗取粮食奖励的行为,检察机关提出赵某某还可能涉嫌诈骗罪,建议将该线索移交公安机关侦查,得到余杭区监察委员会的采纳。检察机关高质效的提前介入,为后续精准、快速办理奠定了基础,该案诉判一致,被告人认罪认罚,效果良好。

三、坚持系统观念,推进数字监督提质升级

余杭区检察院立足办案,强化数字监督,构建数字粮仓,实现了从个案办理到系统治理的监督跨越,促进粮食购销领域长效常治。联合余杭区监委、余杭区商务局共同在余杭区粮储公司试点开展"数字粮仓"平台建设,并在该平台架设的数字监督模块,持续跟踪监督案后的粮食收储情况,同时整合收粮、售粮、仓储等系统内数据,通过数据分析、碰撞,发现异常情况后移交职能部门处置,总结出一套预防和发现粮食购销领域违法犯罪线索的办案方法,助力打造内部清朗、外部安全的"无贪贿、无骗补、无盗窃、无事故"的"新四无粮仓",①真正实现了从办理"蝇贪"一个"小案件"到延伸"治理"一篇"大文章"的目标。

- -

案件承办人:

　　鲍键,杭州市余杭区人民检察院党组书记、检察长

---

①　以浙江余杭粮食干部职工为代表的新中国第一代粮食人,不畏艰苦、夜以继日地顽强工作,登房顶、端雀窝、爬地垄、堵鼠洞、灭鼠保粮、虫口夺粮,1954年创建出无虫、无霉、无鼠、无雀的"四无粮仓"。它的创建开启了我国粮食仓储事业发展的新时代。1955年春,原粮食部根据余杭创建的"四无粮仓"和广东省蚬冈粮库创无虫、无霉粮仓的经验,将"四无"统一调整为无虫、无霉、无鼠雀、无事故,号召全国粮食系统学习余杭,全面开展"四无粮仓"创建活动。余杭四无粮仓陈列馆位于浙江省杭州市余杭区仓前街道,陈列馆主要反映20世纪50年代老一辈余杭粮食人创建全国首批"无虫"粮仓和"四无"粮仓的光辉历史,陈列馆为浙江省廉政文化教育基地、浙江省粮食系统传统教育基地和浙江省党史教育基地,馆内完好保存的四栋"仓前粮仓"列入第七批全国重点文物保护单位。

常丹丹,杭州市余杭区人民检察院第一检察部副主任、一级检察官

案例撰写人:

吴文迪,杭州市余杭区人民检察院检委会专职委员

常丹丹,杭州市余杭区人民检察院第一检察部副主任、一级检察官

案例审核人:

鲍键,杭州市余杭区人民检察院党组书记、检察长

案例编审人:

杜鹃,浙江省人民检察院第三检察部副主任

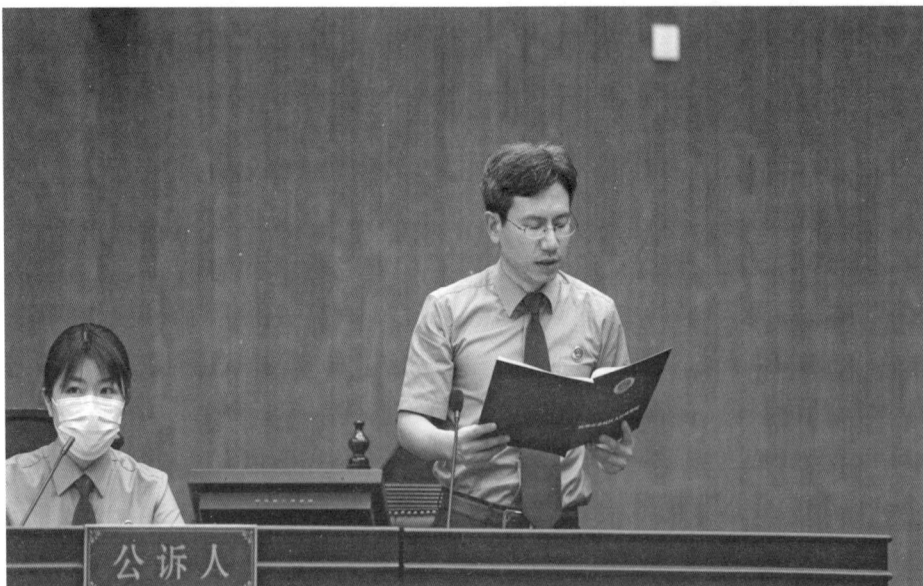

检察长出庭公诉

(2022 年 6 月 21 日由杭州市余杭区人民检察院技术人员朱元拍摄)

纺织品花型著作权虚假诉讼监督类案①

——数字赋能检察综合履职推动知识产权恶意诉讼整治

【案例要旨】

绍兴中国轻纺城纺织品花型②侵权诉讼频发、高发,法院仅凭原告提交的《作品登记证书》认定著作权归属,商户败诉后莫名承担巨大损失。检察机关对法院纺织品花型著作权侵权案件裁判文书进行大数据分析发现,此类案件呈现出原告身份异常、律师代理占比异常、取证人员身份异常等疑点,从中挖掘出虚假诉讼线索,并查实幕后推手利用虚假诉讼进行花型著作权诈骗敛财事实。之后,检察机关综合履行知识产权刑事、民事、行政检察职能,通过刑事打击刬除在轻纺市场长期盘踞的犯罪团伙;通过民事检察监督纠正法院多年来办理花型著作权侵权纠纷案件中的错误倾向;通过行政检察督促版权主管部门撤销涉案作品登记证书,有效提升了中国轻纺城纺织品花型著作权保护质效,促进了当地"大纺织"产业链的健康稳定发展。

【案情概要】

2007年10月,周某某、陈某某成立某版权代理公司,从事著作权登记注册代理及后续维权诉讼,并先后招募杨某某、王某某等人为工作人员。在明知客户无实际著作权、名下花型系抄袭他人作品或直接占用市场上已流通花型的情况下,编造著作权申请登记所需材料,并将创作日期提前一年,向版权登记

---

① 绍柯检民监〔2022〕7号;(2022)浙06刑终258号。
② 纺织品花型也称作纺织品花样,是指纺织品图案、颜色、加工效果等表现出来的具有独创性的花样设计及排版,是一种智力成果,属于美术作品范畴。

机关申请著作权登记。在取得登记证明后,以著作权人名义,以"著作人"受到侵犯为由,向在柯桥区中国纺织品城经销类似花型纺织品的商户索取"赔偿款",未果,即聘请律师提起诉讼。因其能出示著作权登记证明,法院通常支持其诉讼请求,大量此类案件在起诉后以被告支付"赔偿款"、原告撤诉方式结案,所得钱款大部分为周某某等人所占有。这种作案方式迷惑性较大,相关被害商户在取证、诉讼方面完全处于劣势地位。由于无人举报,该团伙盘踞在柯桥区中国轻纺城作案长达 10 余年,经检警合力才侦破案件。经查明,周某某等人共计作案 340 余次,被害经营户达 300 余户,被诈骗金额累计 340 万余元。检察机关经审查后认为,实施虚假登记著作权、恶意"维权"索赔的周某某等人涉嫌诈骗罪,故起诉至法院,法院判决周某某等 4 人犯诈骗罪,处有期徒刑 11 年 6 个月等不同刑罚,并对 800 余件民事花样图案著作权案件进行了全面审查,依职权对其中 62 件案件启动监督程序,向法院提出抗诉或发出再审检察建议,目前案件已全部被再审改判。对于其他虚假诉讼案件,检察机关建议法院自行纠正;对涉案的 27 份花型《作品登记证书》提出呈请报告,并建议依法由浙江省版权局撤销上述登记,浙江省版权局回函已撤销了上述《作品登记证书》。

【履职情况】

一、数字检察穿透式分析发现监督线索

绍兴市柯桥区中国轻纺城的纺织品花型著作权侵权纠纷层出不穷,存在大量的诉讼案件。检察机关在走访相关市场商户时,有商户反映有人到其店铺购买少量布匹,然后商户就收到法院传票,说他们的布匹侵犯了花型图案著作权。检察机关到相关律所访谈时,也有律师反映有些涉案的花型图案简单,市场上早已流行,可能并非原告原创,但被告难以找到相应的证据推翻原告的著作权。检察机关对此高度重视,通过调取相关案件的裁判文书,发现在这些案件中,法院认定著作权人的主要证据通常是版权局的登记证明。而版权局的登记是自愿登记,只要申请即可登记,版权局并不对著作权进行实质性审查。检察机关认为法院对著作权的审查过于依赖登记证明,存在事实认定错误的风险,遂进行大数据筛查。

（一）定向收集、筛选文书

检察机关建立数字监督分析模型,对辖区法院从 2008 年以来的约 16 万份裁判文书进行大数据筛查,筛选出 2 916 起花型著作权案件,并对数据进行研判。

（二）建立模型和排查异常

检察机关从裁判文书中提取相应的要素,分门别类地建立分析模型。先后按当事人分类和代理律师分类,对数据进行研判分析,发现了各种异常:首先,当事人的美术"能力"和其基本情况不匹配。一些明显没有美术功底的人员,例如外省农村户籍人员和普通商户最终成了花型著作权人,且在诉讼案件原告中占比较高。分析人员认为其中一定存在某种联系,原告很可能是"工具人"。有幕后操作者。其次,代理律师集中度异常。统计发现,共有 334 名律师代理过花型著作权纠纷案件,但办案数量分布却呈现异常不均匀状态。平均办案件数为8.73 件,占总数 0.3%,推算代理原告一方则数据减半,人均办案 4.37 件,占比仅0.15%。有同一律所师事务的两名律师朱某、陈某只代理原告,办案数量分别为745 件、648 件,分别占总数的 25.55% 和 22.22%,数量和比例远远高于平均值。检察机关经分析认为,如果当事人自主委托律师,数据应该是均匀分散的,不可能大幅度地集中于同一律所的两名律师,这说明所谓的"原告"很可能处于某种控制之下,由此推断案件被故意制造出来的概率非常大,花型著作权纠纷领域确实有违法犯罪的存在,而且就隐藏在数据之中,通过数据分析可以对其进行有效挖掘。

（三）可疑现象挖掘

通过对数据异常的朱某、陈某两名律师所办案件的梳理,检察机关发现了异常现象,即某版权代理公司利用他人身份登记著作权并恶意诉讼的案件,并查到谢某某恶意提起知识产权诉讼损害责任纠纷案 5 件(其中 1 件提到原案代理律师朱某),谢某某称著作权登记及诉讼都是由某版权代理有限公司代为操作,原案赔偿款 12 000 元,谢某某仅得 500 元。幕后操作黑手某版权代理公司开始浮出水面。

（四）锁定嫌疑人员和嫌疑事实

经调查某版权代理有限公司的工商登记信息,检察机关发现股东为陈某某

（任监事）、周某某（任执行董事、总经理）。以该二人为关键词在2 916份文书中筛查，发现了陈某某、王某某等"取证人员"群体，正是这些所谓的"取证人员"带领公证人员到市场伪装成普通消费者购买面料，取得"侵权"证据，这些人员在373份判决书中出现了348次。由此，检察机关判断某版权代理有限公司为柯桥花型著作权纠纷的幕后操纵者，进而推断其基本的行为方式：利用以他人身份虚假登记著作权，然后又"接受委托"代"著作权人"调查取证，向商户索取赔偿金，达不到目的则代"著作权人"委托律师提起诉讼（律师代理案件比例异常就是因此形成），取得赔偿款。利用虚假登记的"著作权"故意编造被害假象，骗取赔偿，属于"碰瓷"型犯罪。

综上，通过对数据不断的探索分析，检察机关先运用比例分析发现异常，然后对造成异常的原因循迹溯源，挖掘出某版权代理有限公司的相关人员假借著作权实施敲诈勒索、虚假诉讼的犯罪线索及相应的法院被虚假诉讼误导的裁判线索（见图1）。

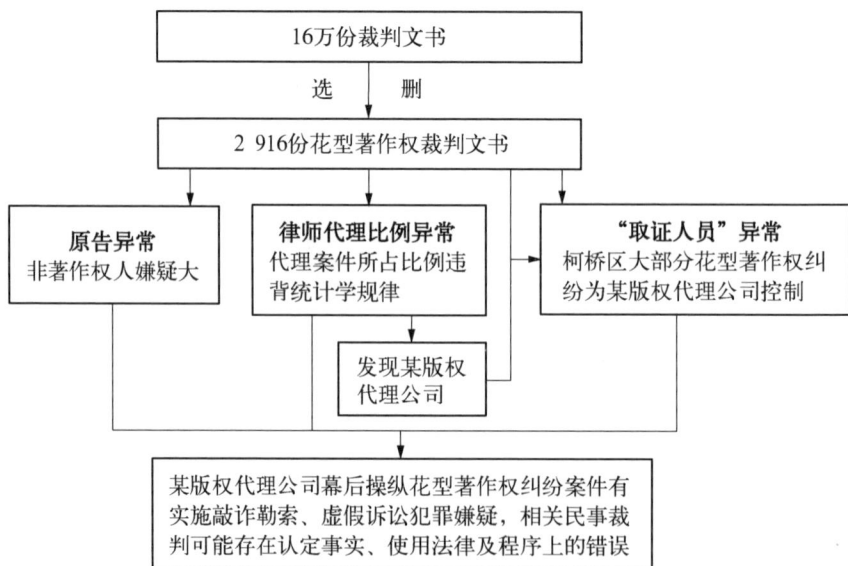

图1　纺织品花型著作权虚假诉讼监督线索

二、综合履职全方位开展法律监督

（一）刑事检察

检察机关组成专案组，分析研判线索，制作线索报告，移送公安机关。为保障案件侦查突破,检察机关和公安机关密切协调,检警协作配合,确定了民刑协同办案思路,促进案件高质效办理。公安机关抽调精干力量组成破案组,精心组织、严密部署开展侦查活动,检察机关提前介入引导侦查,经过数月努力,查清了某版权代理公司相关人员利用著作权登记漏洞,以非法占有为目的、以虚假材料将抄袭花型申请著作权登记,后充作合法"著作权人"向商户恶意诉讼索赔为主要作案方式的诈骗案件,抓获犯罪嫌疑人 27 名。对于侦查查明的事实,检察机关经审查后认为,实施虚假登记著作权、恶意"维权"索赔的周某某等人涉嫌诈骗罪,法院一审判决周某某等 4 人犯诈骗罪,处以有期徒刑 11 年 6 个月等不同刑罚;二审维持原判。对于 23 名多次参与"诉讼维权"的犯罪嫌疑人,即"原告"经营户,其在案件中的主要作用是被利用身份,仅获少量利益甚至未获利。检察机关根据案件事实情况,秉持客观公正、宽严相济的原则,对 15 名经营户进行相对不起诉处理,对 8 名经营户要求公安机关撤回案件。

(二)民事检察

检察机关借力刑事查明事实,及时启动民事监督程序。根据刑事案件相关证人证言和被害人陈述,认定涉案的原审原告均未曾独立创作浙江省版权局登记的美术作品,并不具有作品的著作权,无权提起作品的著作权侵权责任赔偿,原审原告捏造本人作者身份,提起案件著作权诉讼,系捏造事实提起诉讼,属于虚假诉讼。在绍兴市检察院的指导下,两级检察机关共同跟进,对 800 余件民事花样图案著作权案件进行了全面审查,依职权对其中 62 件启动监督程序,向法院抗诉或发出再审检察建议,目前已全部被再审改判。对于其他虚假诉讼案件,建议法院自行纠正。

(三)行政检察

发现上述 50 件虚假诉讼案件共涉及原告 11 人,被告 41 人,涉及"中黑花红—花型""卷帘滴滴""绣球花开"等花型的 33 个《作品登记证书》,其中属于浙江省版权局办理登记的有 27 份。经查实,浙江省版权局办理登记的 27 份作品并非作者独立创作,作品持有人不具有作品的著作权,作者登记的内容与事实不符,故提出呈请报告,建议依法由浙江省版权局撤销上述登记。后浙江省检察院知识产权检察办公室与浙江省版权局相关职能部门签署了《关于加强版权保护合作备忘录》。浙江省版权局回函已撤销上述《作品登记证书》。

三、社会治理针对性施策正本清源

（一）案件社会成效显著

本案的办理有力打击了盘踞在中国轻纺城涉嫌利用花型著作权恶意诉讼犯罪的团伙，治理了花型著作权虚假登记以及恶意诉讼的行业乱象。该案被写入最高检察院 2023 年工作报告，获评最高检察院"2022 年知识产权检察十大案例"、全省检察机关"发挥民事检察职能，助力优化营商环境"典型案例和"数字赋能监督，监督促进治理"精品案例，办案团队获 2022 年度全国知识产权保护工作成绩突出集体。此案也被新华社、最高检察院官微、《光明日报》《检察日报》等多家媒体报道。

（二）开展知产恶意诉讼专项监督，挖掘线索上报彻查

2022 年，最高检察院印发《全国检察机关开展依法惩治知识产权恶意诉讼专项监督工作实施方案》，浙江省检察院也相继出台《浙江省检察机关开展知识产权恶意诉讼专项工作实施方案》，并在方案中明确在全省推广借鉴柯桥区检察院纺织品花样图案著作权纠纷系列虚假诉讼检察监督案中数字检察的运用模式，通过大数据检索、筛查异常案件。同时，浙江省检察院委托柯桥区检察院对全省美术作品著作权案件进行集中排摸，已陆续挖掘出两批线索上交浙江省检察院深挖、彻查。目前，海宁检察院已启动刑事和民事监督程序，对其中 33 个虚假诉讼案件向法院提出再审检察建议或提请抗诉。

（三）加强著作权登记管理，消除抄袭作品申请著作权登记的空间

除了向浙江省版权局通报案情，撤销相关人员的虚假著作权登记证书外，检察机关尤其注重著作权登记的源头治理。经对本案深入分析，周某某等人之所以能将此类抄袭花型成功申请著作权登记，是因为各省版权局之间存在数据壁垒。例如，在浙江省版权局申请登记某花型时，该局查询数据库后告知周某某已有同类花型，不能重复登记。周某某于是到另一省版权局申请登记，该局未检索到同类花型，则予以登记并给其著作权登记证书。因数据壁垒导致无法有效查重，使得相当数量的抄袭花型取得了"著作权证书"的合法外衣，并引发一系列纠纷和风险。为此，柯桥区检察院报请最高检察院知识产权办公室向国家版权局提出检察建议，实现了版权注册申请登记全国联网，从而有效堵塞各省版权局因数据壁

垒导致的申请登记标准不一的漏洞,杜绝不法分子借"维权"敛财,优化源头治理。

(四) 严密和完善花型著作权案件的审理规则

强化对著作权权利的审查,严格著作权的审判认定。在司法审判方面,检察机关坚持庭审纠偏,针对法院未能围绕原告是否著作权人进行深入的法庭调查的问题,主动加强与辖区法院沟通协调,围绕花样著作权举证责任问题进行专题研讨,就审理花样著作权案件举证责任问题达成共识。2022 年 7 月 12 日,柯桥区检察院与柯桥区法院出台《防范和打击花样著作权虚假诉讼工作方案》,推动形成统一的执法、司法标准。聚焦实质审查,注重原始证据。法院审理花样著作权民事纠纷案件时,《作品登记证书》属于原告享有权利的初步证据,应当对作品的独创性开展实质性审查,可以要求原告提供底稿、原创手稿等证明作者创作过程的原始证据,如果原告仅以《作品登记证书》证明权利来源的,法院可通过数字技术手段对涉案花样图案进行查重和溯源,对可能涉嫌虚假诉讼的,应及时将线索移送公安机关。

(五) 积极开展著作权普法,推动市场经营者守法经营,依法维权

积极落实"谁执法谁普法"的普法责任制,拍摄《保护花样版权,检察与您同行》宣传片。建立与柯桥区工商联的日常联系,借助工商联的优势,将该宣传片推广至工商联的微信公众号和各商会、行业协会,教育市场经营户依法维权。联合工商联共同举办花样版权保护专题培训,真正实现"办理一案、治理一片"的社会效果。

【典型意义】

一、大数据筛查监督线索科学高效

高频次大比例数据的背后往往是多次的、持续性的违法犯罪行为。虽然两者不是必然关系,仅是关联关系,但足以形成通过数据引导发现违法犯罪线索的调查路径。具体的做法就是对全体数据进行统计,按频次或者比例进行排序,然后逐条进行分析研判,挖掘出违法犯罪线索。本案就是通过调取裁判文书,对诉讼中的人员进行频次、比例统计,在数据比例异常的引导下,分析异常背后的原因,最终发现花型著作权虚假诉讼的幕后黑手。可见,运用大数据筛查可以在海

量数据中有效提取与违法犯罪相关的数据,进而发现批量违法犯罪线索,这种方法值得推广和应用。

二、实现治罪和促进社会治理并重

一方面,犯罪背后有复杂的社会关系,因此犯罪破坏的往往是复杂的社会关系,不仅涉及刑事,而且可能涉及民事、行政、公益诉讼等业务,需要检察机关提供一揽子的综合解决方案,这样才能全面修复被损害的法律关系。另一方面,不仅要治"已病",而且要治"未病",需要全面审查法律运行中的薄弱环节,通过有针对性的社会治理措施进行补强和纠偏,使法律规则更加完善,保障法律的运行始终在正确的轨道,有效预防违法犯罪的发生。

案件承办人:

顾淑婷,绍兴市柯桥区华舍街道办事处副主任(绍兴市柯桥区人民检察院第四检察部原主任)

向商户进行法治宣传

(2022 年 11 月 22 日由王菁拍摄于中国轻纺城市场)

谢兴峰,绍兴市柯桥区人民检察院第一检察部副主任

赵少岸,绍兴市柯桥区人民检察院政治部副主任、数字检察专班负责人

案例撰写人：

赵少岸,绍兴市柯桥区人民检察院政治部副主任、数字检察专班负责人

胡成英,绍兴市柯桥区人民检察院轻纺城检察室主任

案例审核人：

严奇彪,绍兴市柯桥区人民检察院办公室副主任

案例编审人：

曾吉,浙江省人民检察院案件管理办公室副主任

陈乃锋,浙江省人民检察院案件管理办公室一级主任科员

嘉善县公安局行政拘留不当检察监督案①

——行政处罚未依据法定情节从重处罚案

【案例要旨】

嘉善县检察院依托长三角一体化机制,通过一体化检察协作与大数据赋能行政检察,结合青浦、吴江、嘉善三地的刑事判决数据及治安处罚数据,进行数字建模和大数据碰撞,发现公安机关在实施行政拘留处罚时,未对被处罚人员徐某在省外被判刑正处于缓刑考验期的从重情节作为处罚依据,使同案的其他3名违法人员行政拘留期限畸短,造成行政处罚拘留明显不当。检察机关通过检察监督实现了长三角一体化治安处罚信息共享,打通了跨省区域行政处罚与刑事判决的数据壁垒,扫清了执法漏洞。与此同时,通过检察履职发现存在已做出的行政拘留决定并未实际执行,且不存在法律规定的不予执行的理由。通过检察监督进一步推动行政机关依法履职,从而实现了全案的正义与公平。

【案情概要】

徐某因犯重大责任事故罪被江苏省苏州市吴江区法院判处有期徒刑1年,缓刑1年。缓刑考验期是从2020年10月24日—2021年10月23日。2021年8月30日,徐某因赌博行为被嘉善县公安局行政处罚,处以行政拘留4日。在徐某赌博违法行为行政处罚一案中,还有同案人员黄某、张某、王某3人。对于王某,嘉善县公安局考虑到其在刑罚执行完毕3年内违反治安管理的情况,进行了从重处罚,处以行政拘留5日,且在处罚决定书中援引了《公安机关办理行政

① 善检建〔2023〕6号。

案件程序规定》第160条第5款"刑罚执行完毕三年内,或者在缓刑期间,违反治安管理的"的规定。嘉善县公安局对徐某仅作了行政拘留4日的处罚,明显存在行政裁量不当,在个案上出现了行政处罚不公的情况。

在办理徐某赌博行政处罚一案中,嘉善县公安局未及时查询、掌握徐某在江苏省苏州市被判刑且尚在缓刑考验期内的情况,未将"在缓刑考验期间,违反治安管理"这一从重情节作为行政处罚依据,仅对徐某处罚行政拘留4日。对比之下,同案中无任何从重情节的同案人员黄某、张某均被处以行政拘留4日,而同案的王某因在刑罚执行完毕3年内违反治安管理的,还进行了从重处罚,被处以行政拘留5日。检察机关通过进一步的调查核实,公安机关对徐某作出行政拘留后,至检察监督前未送押执行。

【履职情况】

一、线索发现

借助于数字赋能,嘉善县检察院通过调取近3年嘉善县公安机关行政处罚数据5 635条,与嘉善县的刑事判决信息库进行对比发现可疑问题线索27条,经过进一步比对刑事处罚记录与行政处罚记录的时间先后顺序,进一步确定筛选线索13条。同时,通过对行政处罚数据与拘留所入所登记数据进行比对,发现问题线索12余条。

二、检察协作

依托长三角一体化协作,嘉善县检察院调取了上海市青浦区检察院和江苏吴江区检察院的刑事处罚数据,与前期获取的公安机关行政处罚数据进行进一步对比,初步锁定嘉善县公安机关对曾因刑事犯罪被吴江区法院判刑且处于缓刑考验期的徐某做出的行政拘留处罚不当。

三、调查核实

嘉善县检察院行政检察部门通过对徐某的刑事执行和行政处罚情况进行调查核实,以及审查行政执法卷宗及拘留所入所登记等信息发现,公安机关对徐某的治安管理违法事实认定并无不当,但对其适用行政处罚裁量幅度存在明显错误,且未查询到徐某在拘留所有入所记录。根据《公安机关办理行政案件程序规定》第 160 条第 5 款:"刑罚执行完毕三年内,或者在缓刑期间,违反治安管理的"应当从重处罚。但公安机关在做出行政处罚决定时未查询、未掌握徐某前科刑事刑期的情况,故未将从重情节作为处罚拘留期限的依据。在徐某赌博的行政案件中,还有同案人员黄某、张某、王某 3 人。对于王某,公安机关考虑到其在刑罚执行完毕 3 年内违反治安管理的,进行了从重处罚,处以行政拘留 5 日,且在处罚决定书中援引了《公安机关办理行政案件程序规定》第 160 条第 5 款,但公安机关对有加重处罚情节的徐某与无加重情节的黄某、张某均做出了行政拘留 4 日的处罚,明显存在行政裁量不当,在个案上出现了处罚不平衡的情况。

四、监督意见

嘉善县检察院审查认为,公安机关在行使治安管理行政处罚职权过程中,对缓刑考验期内参与赌博违反治安管理行为的查处,存在未准确适用行政处罚裁量基准的违法情形,且在个案上出现了处罚不平衡的情况,而且拘留决定也只是"纸面处罚",未实际执行,应当予以纠正。2023 年 4 月 28 日,嘉善县检察院向公安机关制发《检察建议书》,要求其依法撤销善公(魏)行罚决字〔2021〕01194 号行政处罚决定,对徐某的行为重新做出行政处罚,要求严格落实拘留决定,并对类案问题进行自查、自纠。

五、监督结果

公安机关收到《检察建议书》后,组织开展专项自查活动。嘉善县公安局启动撤销程序,对徐某重新做出行政处罚。2023 年 6 月 14 日,嘉善县公安局对徐某从重处罚,顶格拘留 5 日。针对已做出行政拘留决定但未实际执行的案件,嘉善县公安局根据《检察建议书》的内容,结合个案实际情况,认真梳理、全面查缺补漏,开展了行政拘留未执行人员"清零"行动,严防行政处罚不当与处罚执行脱、漏的情况再次发生。

与此同时,嘉善县检察院通过建立长三角区域刑事处罚与行政处罚数据共享长效机制,实现了长三角一体化治安处罚信息共享,破除了跨省区域数据壁垒,以助推法治现代化。

【典型意义】

一、借助数据赋能，连通各方数据"孤岛"，实现精准监督

检察机关在履职过程中，发现可能个案线索，经研判此类情形可能是普遍存在时，应运用大数据支撑办案，在海量的数据库中，尤其是在各部门不同类型的数据库中，对交叉的碎片化问题梳理汇总，总结归纳各数据特性，从数据中深挖案件线索，实现精准研判线索、精准调查核实、精准发力监督。本案检察机关要在海量的行政处罚信息中摸排处罚不当的案件线索，采取人工手动逐一审查，费时、费力且难出成效，而且行政拘留处罚数据库由公安机关形成、保存，刑事判决信息由检察机关留档建卡。此外，嘉善县位于长三角一体化核心区，案件涉及浙江、江苏、上海等地，常常出现跨省区域的人员流动与违法情形，造成数据库的保存单位形成了更多的信息"孤岛"，而信息"孤岛"又使得传统办案模式难以为继。检察机关借助数字赋能监督办案，嘉善县检察院将长三角青浦、吴江、嘉善三地六方信息库，行政处罚案件中被处罚人与刑事判决案件中的被告人数据库进行对比、筛查、细化、提取关键词等步骤，将案件信息库进行字段化分析，从5 635条行政处罚数据中精准研判徐某行政拘留处罚不当的线索。检察机关根据线索，调取行政处罚案件卷宗与刑事判决卷宗，进一步调查核实，证实行政机关存在违法情形，实现了精准监督。

二、主动参与社会综合治理，贡献检察智慧，实现执法公平正义

面对个案的违法情形，检察机关应转变监督视角，主动与嘉善县公安局主要负责人深入研究，探讨造成违法情形的可能原因与深层次逻辑，共同商讨解决措施与提升方案，避免此类违法情形再次发生，力求达到"个案办理、类案监督、系统治理"的办案效果。本案，面对同一赌博违法事实，徐某、张某、黄某被嘉善县公安局行政处罚拘留4日，王某被行政拘留5日，而根据《公安机关办理行政案件程序规定》第160条第5款规定："刑罚执行完毕三年内，或者在缓刑期间，违反治安管理的"应当从重处罚。徐某、王某具有《公安机关办理行政案件程序规定》第160条第5款规定的从重处罚情形，但公安机关却对徐某与王某分别做出不同的处罚决定。与此同时，在没有法定事由的情况下，公安机关对已做出的行

政拘留决定未执行到位,损害了执法公信力,与"让人民群众切身感受到公平正义就在身边"的办案理念背道而驰,办案效果较差。

为扫清执法监管盲区,检察机关会同公安机关,一方面,严格规范操作流程,严密查询违法犯罪前科,防止因违法犯罪嫌疑人隐瞒不报而导致嫌疑人员处罚过轻、不当处罚,或遗漏情节处罚;另一方面,加强数字化建设,嘉善县公安局依托"数智创新"联合实验室进行专题研究,对违法犯罪人员前科查询检索升级,最大限度地打通跨省数据信息,为办案民警提供全面的查询工具,借助科技手段实现扫清执法漏洞的目标。通过该案的办理,检察机关通过行政检察领域"数字赋能监督、监督促进治理"的监督路径,有力促进了行政机关依法行政和法治政府建设。

三、探索跨区域执法监督,建章立制推进一体化建设,推进国家法律统一实施

跨区域执法、司法信息共享是法治现代化进程中的难题。在行政执法实践中,因不能及时掌握行政处罚及刑事判刑信息,导致行政机关考量情节、确定处罚裁量基准过程中存在偏差,甚至疏漏,从而造成行政处罚明显失当的情况。人民检察院在履行法律监督职责中应坚持监督与支持并重,充分发挥检察机关的制度优势,推动问题整改落实、落细,共同会商解决法律实施中遇到的问题,扫清执法障碍。在办理本案的过程中,嘉善县检察院主动出击,积极探索跨省长三角一体化核心区的相关行政机关与司法机关打通数据壁垒,解决了执法、司法信息不透明的问题,率先实现了区域数据共享,实现了跨区域的监督与协作。2023年6月26日,三地检察机关在苏州市吴江区检察院共同会签了《关于共同推进长三角生态绿色一体化发展示范区行政违法行为跨区域协作的工作意见》,通过建章立制的形式将加强跨区域案件的沟通会商、配合协作、支持办理,形成检察一体化监督的合力,推进示范区内信息共享、法治统一。通过本案的办理,检察机关主导调动跨区域不同部门有机贯通各自数据信息库、协调执法落实,达到了共管、共治、共享的办案目标,扫清了执法监管盲区,保障了法治环境明朗化,为构建法治的统一实施贡献了检察力量,增强了人民群众的获得感、幸福感、安全感。

案件承办人:

孙磊,嘉善县人民检察院三级高级检察官

仲琴,嘉善县人民检察院第五检察部主任、一级检察官

章聪,嘉善县人民检察院检察官助理

案例撰写人:

张小玉,嘉善县人民检察院第五检察部副教导员、一级检察官

案例审核人:

仲琴,嘉善县人民检察院第五检察部主任、一级检察官

案例编审人:

俞炜,浙江省人民检察院第七检察部副主任

**青浦吴江嘉善三地检察机关签订《关于共同推进长三角生态绿色一体化
发展示范区行政违法行为监督跨区划协作的工作意见》**

(2023 年 6 月 26 日由张荆卉拍摄于上海市青浦区人民检察院)

某物业公司诉钟某等人物业费纠纷虚假司法确认监督系列案[①]
——以数字检察方式对人民调解员伪造调解协议的虚假司法确认案进行类案监督

【案例要旨】

本案系人民调解员参与其中的虚假诉讼案件,具有"当事人不知情""无实质给付义务""未侵害案外人利益"等特点,隐蔽性强且较难被发现。检察机关在办案过程中,利用数字检察办案方式,通过大数据碰撞筛查精准发现线索,为虚假司法确认检察监督提供智慧保障。同时,充分运用检察调查核实权,对调解协议真伪进行线下核查,有效识破虚假诉讼案件,挖掘出背后违规违法操作,及时以检察建议的形式进行监督纠正,切实保障当事人合法权益,发挥检察监督在社会治理中的规范引领作用,形成虚假诉讼联防共治的格局。

【案情概要】

2021年3月,龙泉市某都物业管理有限公司(简称某物业公司)因物业费纠纷,先后将小区业主钟某等8人起诉至龙泉市法院,请求钟某等人支付欠缴的物业费。龙泉市法院受理上述案件后,通过诉前调解程序将该8个案件交由龙泉市人民调解委员会驻龙泉市法院调解室先行调解。之后,某物业公司与钟某等人分别达成调解协议,钟某等人同意一次性支付欠缴的物业费给某物业公司,且款限当天履行,某物业公司放弃其他诉讼请求,同时双方申请龙泉市法院对调解

[①] 龙检民违监〔2021〕1号;(2021)浙1181民特监1号。

协议进行司法确认。2021 年 3 月—4 月,龙泉市法院受理了某物业公司与钟某等人关于确认调解协议的申请,并先后对该 8 个案件作出民事裁定,裁定某物业公司与钟某等人经龙泉市人民调解委员会驻龙泉市法院调解室调解达成的 8 份调解协议有效。

【履职情况】

一、受理及审查情况

2021 年 4 月初,龙泉市检察院民事检察部门接到钟某反映,称其并未与某物业公司签订过任何调解协议,且已缴纳物业费,但手机短信却收到龙泉市法院确认其与某物业公司达成调解协议的民事裁定书。检察人员经查看当事人提供的交款凭证和手机短信发现,可能存在虚假诉讼情形,遂对该案予以受理审查。为进一步查清是否存在同类情形,检察人员利用浙江省人民检察院的生效裁判文书库进行数据筛选,通过设置同一当事人"某物业公司"、文号为"民特"的司法确认案件以及同一时间段等关键条件,排查出另外 7 条存在虚假司法确认可能的案件线索。经研判分析,该 8 起案件均存在以下不符合常理的情形:一是案件呈批量办理现象,案号相连,同一时间段立案、裁定;二是标的金额较小,均为千元左右,且当场履行;三是调解协议协定当场履行,却又在几天后向法院申请司法确认。

针对上述案件线索,检察机关及时开展调查核实工作:一是调取并审查 8 起案件的案卷材料,发现相关文书同一当事人签名笔迹明显不同,经向当事人核实,相关签名均系伪造;二是以询问笔录方式固定言词证据,通过重点询问钟某等 8 人及某物业公司工作人员,查实钟某等 8 人与某物业公司之间均未达成过任何调解协议,亦未向人民法院申请过司法确认;三是及时调取收集关键性书证,通过向某物业公司调取缴费记录、钟某等 8 人缴费凭证等,进一步证实在司法确认之前钟某等人就已完成了相关的款项支付。调解员朱某某如实供述了其通过伪造签名、协议,虚构调解案件,申请司法确认,骗取补贴,并致人民法院作出错误裁判、形成虚假司法确认案件的事实。

二、监督意见

龙泉市检察院经审查认为,司法确认制度的立法本意是在人民调解员成功化解矛盾纠纷后,在双方当事人认为确有必要的情况下共同向人民法院申请司法确认,使调解协议获得强制执行力,实现对当事人的司法救济和司法保障。从本案查明的事实看,某物业公司与钟某等人物业费纠纷的8个司法确认案件中,当事人之间并未进行过调解,钟某等人未参与或委托他人向人民法院申请司法确认,亦未在相关文书上签字,且均已经自行与某物业公司协商并缴纳了物业费。案涉的人民调解协议书、司法确认申请书等材料均是调解员朱某某为骗取司法局人民调解"以奖代补"补助费以及法院调解员办案补贴而伪造的。综上,龙泉市检察院认为,某物业公司与钟某等人物业费纠纷等8个司法确认案件违背了当事人的真实意愿,且案中涉及的标的早已经履行到位,没有可供执行的标的,该案没有进行人民调解和进入司法确认程序的必要,遂于2021年5月11日、5月18日向龙泉市法院发出检察建议,建议该院撤销(2021)浙1181民特138号等8个民事裁定,同时建议该院对未依法履职的人民调解员、承办法官做出处理。

三、监督结果

2021年5月21日,龙泉市人民法院作出(2021)浙1181民特监1号至8号民事裁定,认为(2021)浙1181民特138号等8个司法确认裁定所依据的调解协议违背了调解自愿原则,损害了当事人的合法权益,裁定撤销(2021)浙1181民特138号等8个司法确认裁定,驳回司法确认申请。同时对承办法官、书记员进行了谈话提醒,对聘请的人民调解员予以辞退。完善了诉前调解管理机制,并与龙泉市司法局等部门共同出台文件,规范人民调解员的聘用和管理。

【典型意义】

一、数字赋能检察监督,智能挖掘隐蔽线索

利用虚假调解协议进行的虚假诉讼案件具有较强的隐蔽性,且形式多样,检察机关发现此类案件线索较为困难。本案的关键在于数字赋能检察监督,根据案件特点建立监督模型,再通过大数据碰撞筛查的方式,深入挖掘隐蔽线索,智能筛查关联异常案件,为线下的人工审核提供全方位、系统性的参考,做到精准监督。同时,积极发挥调查核实权,通过走访相关当事人制作笔录,发现调解协

议的虚假性,并以此为突破口查明人民调解员伪造调解协议虚构案件、承办法官未依法按照程序严格审查的问题。通过制发检察建议的方式,对案件本身及承办人员开展监督,取得了良好的法律效果和社会效果。

二、高度重视调解员涉虚假诉讼情况,维护司法权威

该系列案并非常见的虚假诉讼案件,不具有普通虚假诉讼案件中的当事人一方或双方以虚假诉讼方式谋取不正当利益的情形。该案大部分当事人不知道自己"被裁判"了,也不会主动申请检察监督,因此难以发现虚假诉讼情况的存在。本案系人民调解员企图利用司法权谋取私利、骗取调解经费,进而批量伪造调解协议进行虚假司法确认的案件,严重破坏司法公信力。检察机关根据《人民检察院民事诉讼监督规则》第100条的规定,以检察建议方式对该系列案件开展监督,法院依法纠正了错误裁判,体现了检察机关的履职质效,维护了司法权威。

三、以检察监督促专项整改,助推社会治理现代化

司法确认制度可以减轻法院审理民事案件的负担,近年来被各基层法院积极适用,但因司法确认程序的便捷高效也让其成为虚假诉讼案件高发的新领域。检察机关积极履职,深入挖掘虚假司法确认背后存在的制度漏洞问题,推动法院完善诉前调解管理机制。同时要求司法局对人民调解员的聘用和管理进行严格规范,确认调解案件移送司法确认的程序和审查,坚决遏制人民调解员企图利用司法权谋取私利的情况,并就基层人民调解组织的专业性建设进行深入研讨,由检察官为全市人民调解员开展专题讲座,从而形成虚假诉讼联防共治的局面。

案件承办人:

　　吴亮,龙泉市人民检察院第四检察部主任

　　邬燕飞,龙泉市人民检察院第四检察部检察官助理

案例撰写人:

　　吴亮,龙泉市人民检察院第四检察部主任

案例审核人:

　　张军方,丽水市人民检察院法律政策研究室副主任、四级高级检察官

案例编审人:

郭雯,浙江省人民检察院第六检察部副主任

办案小组进行案件研讨

(2021 年 4 月 29 日由卢艳拍摄)

江苏省
法治案例

南通市人民检察院督促整治广播、电视违法广告行政公益诉讼案①

——"事实确认＋跟进调查＋社会治理" 督促整治电视同款广告

【案例要旨】

广告发布者违法发布医疗器械产品电视广告,行政机关怠于履职,致使不特定中老年消费者合法权益受到侵害的,检察机关应当依法能动启动行政公益诉讼程序;在诉前磋商程序中,可以通过向行政机关制发《事实确认书》,督促其依法全面充分履职;在跟进调查行政机关履职和社会公共利益受侵害情况中发现广告发布者在其他电视、广播频道中发布的药品、保健品、医疗器械广告存在虚假宣传等问题的,应当提出改进工作的社会治理检察建议,推动诉源治理。

【案例概要】

2022 年 8 月 5 日,南通市检察院在履行公益诉讼监督职责中发现,南通电视台 A 频道发布的"百岁通激光治疗仪"存在广告虚假宣传、误导消费者的情形,南通市市场监督管理局怠于监管,损害了不特定中老年消费者的合法利益,遂决定进行立案调查。8 月 29 日,南通市检察院向市场监管部门制发《事实确认书》,确认以下事实:① 南通电视台 A 频道播放的"百岁通激光治疗仪"广告用无法证明的语言进行虚假宣传,承诺功能疗效,误导消费者;② 该仪器属于辅助治疗器械,不能独立治病,达不到广告中宣传的效果;③ 淘宝平台记录显示,

---

① 通检行公蹉〔2022〕2 号。

已有 100 多人购买该仪器,损害了不特定消费者的利益;④ 该局怠于监管发布虚假广告、误导消费者的行为。同时,要求该局依法全面充分履职并在两个月内书面回复。2022 年 10 月 28 日,南通市市场监督管理局书面回复检察机关,对南通广电传媒广告有限公司发布包括"百岁通激光治疗仪"广告在内的虚假宣传、误导消费者的广告做出行政处罚,并表示将进一步强化违法线索排查、部门联动协作、普法宣传引导以及依法处置力度。

鉴于该局已处罚违法发布广告的行为,南通广电传媒有限公司积极配合整改,公共利益受损状态有效恢复,南通市检察院遂决定不再制发诉前检察建议。

【履职情况】

一、线索发现

自 2022 年 4 月 10 日全国打击整治养老诈骗专项行动部署以来,南通市检察机关干警密切关注养老领域的各种违法、违规现象。

2022 年 6 月 6 日,南通市崇川区检察院干警发现,该市电视台 A 频道在播放"百岁通激光治疗仪"广告时说:"把医院里的大型激光治疗仪给缩小到腕表这么大小""三高、心脑血管疾病迎刃而解"等涉嫌用无法证明的语言进行虚假宣传、误导消费者的情形。中老年高脂血症等疾病患者如果听信广告煽动,不仅会遭受经济损失,而且可能导致病情延误,影响健康甚至危及生命,遂截取该广告视频截图、国家药品监督管理局检索截图等,并根据立案管辖规定,将案件线索报请移送南通市检察院。

二、调查核实

(一) 初步调查

2022 年 8 月 3 日,南通市检察院对案件线索的真实性、可查性等进行评估。一是确认"百岁通激光治疗仪"的真实功效。检察官通过电视广告购买了一台"百岁通激光治疗仪",并咨询南通大学附属医院、南通市中医院心血管科专家,专家们一致认为该仪器是辅助医疗器械,不能独立治病,无法达到广告中宣传的效果。二是确认行政主管机关。调查发现,虽然南通电视台 A 频道在日常业务上接受南通市文化广电和旅游局指导管理,但对电视台播放虚假广告进行查处的职责归属南通市市场监督管理局。三是确认行政主管机关怠于履职导致社会公共利益受到侵害。南通市市场监督管理局怠于履行对电视台违法播放虚假医疗广告的监管职责,致使虚假宣传、误导消费者的医疗器械广告被播放,相关产品通过淘宝平台对外销售,记录显示已有100多人购买,侵害了不特定中老年病患消费者的合法权益,损害了社会公共利益。

2022年8月5日,南通市检察院决定对该案立案调查,同时决定由该院党组成员、三级高级检察官黄凯东、检察官助理徐晋成立专案组办理此案。

(二) 全面调查

为全面查明南通电视台A频道播放的医疗器械类广告如何进行虚假宣传、误导消费者、所涉医疗器械产品的真实定位、安全性以及实际功效等问题,南通市检察院制定了详细的调查方案,确定了调查思路、方法、步骤以及拟收集的证据清单等。

一是到南通电视台调取A频道投放医疗器械产品广告的电子数据,确认南通A频道存在违法投放医疗器械产品广告的行为。二是精准掌握"百岁通激光治疗仪"的定位、安全性以及实际功效,联系南通市检察院特邀检察官助理和相关领域权威专家对该仪器的属性、功能、功效进行全面综合评估,确认其仅具有辅助医疗的功能,不具备广告中宣传的效果。三是登录淘宝、京东等网购平台,查明"百岁通激光治疗仪"在通过电视广告进行宣传的同时,还通过淘宝平台对外销售,网购记录已超100余条。四是查明行政主管机关履职情况,确认南通市市场监督管理局对南通广电传媒广告有限公司在南通电视台A频道投放广告未予认真审查,导致存在广告视频内容与审查文件中的内容不一致、以患者名义宣传产品具有"治疗"功能、以无法验证的语言宣传产品的安全性及疗效等违法情形。

三、诉前磋商

为提高办案效率,2022年8月29日,南通市检察院就南通电视台A频道播放的"百岁通激光治疗仪"广告存在虚假宣传、误导消费者情形,损害社会公共利益、主管机关怠于履行监管职责等事项进行行政公益诉讼诉前磋商,向南通市市场监督管理局制发《事实确认书》,要求其依法全面充分履职,并在两个月内书面回复。

2022年10月28日,南通市市场监督管理局书面回复检察机关,依法对南通广电传媒有限公司做出行政处罚决定,并责成该公司进行广告发布自查,立即停止发布涉嫌违法的广告,并积极配合市场监管部门做好案件调查处理工作等。南通广电传媒有限公司积极配合整改,其所辖的广播媒体自 2022 年 7 月 18 日、电视媒体自 2022 年 7 月 21 日全面停播被约谈指导的药品、保健品、医疗器械类"段子广告"。

四、跟进监督

2023 年 3 月 1 日,南通市检察院专案组在对市场监管部门履职和社会公共利益受到侵害情况跟进调查中发现,南通广电传媒有限公司还曾在 2021 年通过南通电视台 B、C 频道以及南通交通广播 E 频道、南通新闻广播 F 频道发布过药品、保健品、医疗器械广告。除发布百岁通激光治疗仪广告外,还发布了舒适隆足疗仪、国怡堂、老药仙乌鸡养血方、立志国医、龟蛇酒、明目二十五丸等产品的广告,均涉嫌虚假宣传、误导消费者。调查还发现,部分商家在其医疗器械产品广告已被电视台停播的情况下,仍通过淘宝等网购平台以电视同款名义面向全国销售。

2023 年 3 月 12 日,针对跟进调查中发现的发布药品、保健品、医疗器械类广告未依法履行审查义务,利用患者、卫生技术人员、医学教育科研机构及人员、其他社会团体或组织的名义和形象进行虚假宣传等问题,南通市检察院向南通广电传媒有限公司制发《社会治理检察建议书》,建议该公司树立正确的广告宣传导向意识,全面开展广告发布自查工作,建立全流程广告审查制度,对广告的真实性、合法性、合规性进行全方位监督,健全完善广告经营管理制度,及时依法惩处存在的违法、违规行为的广告主;发现广告主违法发布广告的情况时及时移送属地行政监管部门处理。当日,南通市检察院还启动人民监督员监督程序,邀请南通市人民监督员潘晴雯监督向南通广电传媒有限公司送达检察建议的办案活动。潘晴雯对检察机关依法能动履职、促进提升社会治理能力、维护广大中老年消费者合法权益予以肯定。

2023 年 4 月 7 日,南通广电传媒有限公司书面回复检察机关,采纳了检察建议全部内容,表示将认真自查整改,积极配合案件处理,树立正确导向,根除业内"顽疾",强化长效监管,确保广告经营质量。为此,该公司坚决摒弃了 3 000 多万元的"药品保健类广告"收入,建立长效机制,实现转型升级。

该份《社会治理检察建议书》入选"江苏省优秀社会治理检察建议书"。

【典型意义】

一、广告发布者违法发布医疗器械产品电视广告,行政机关怠于监管,侵害不特定消费者合法权益的,检察机关应当依法能动启动行政公益诉讼程序

据统计,南通市已步入深度老龄化社会。中老年群体尤为关注自身的身体健康,他(她)们出于对电视台的信任,对播放的养生食品、保健品、医疗器械产品广告缺乏足够的鉴别力,极易被违法广告所误导,既可能造成财产损失,也可能耽误治疗时机,影响身体康复。检察机关在履职中发现电视台播放虚假宣传的医疗器械广告的行政公益诉讼案件线索的,应当及时固定相关证据,并根据管辖规定向有管辖权的人民检察院移送。有管辖权的检察院收到线索后,应当认真进行评估、调查,如果认为社会公共利益受到侵害、可能存在违法行为的,应当立案调查。本案中,南通市崇川区检察院在发现南通电视台 A 频道播放虚假宣传、误导消费者的百岁通激光治疗仪广告的行政公益诉讼案件线索后,及时截取相关视频截图等证据材料,并根据管辖权限向南通市检察院报请移送。收到线索后,南通市检察院立即进行真实性、可查性等的评估,发现南通广电传媒有限公司在 A 频道播放的百岁通激光治疗仪广告涉嫌虚假宣传、误导消费者,南通市市场监督管理局怠于履行监管职责,侵害不特定中老年消费者合法权益,遂决定依法能动进行行政公益诉讼调查。

二、在诉前磋商程序中,检察机关可以通过向行政机关制发《事实确认书》,督促其依法全面充分履职

检察机关经深入调查发现,广告发布者违法播放虚假宣传、误导消费者的医疗器械产品广告,行政主管机关怠于履行监管职责,致使不特定的中老年人消费者的合法权益受到侵害的,应当决定立案,并可以通过向行政主管机关发送《事实确认书》方式,就其是否存在不作为、社会公共利益受到侵害的后果等事项进行磋商,督促其依法全面充分履行监管职责。本案中,南通市检察院基于在调查中发现的南通广电传媒广告有限公司违法播放虚假宣传、误导消费者的百岁通激光治疗仪广告、南通市市场监督管理局怠于履行监管职责、致使不特定中老年

消费者的合法权益受到侵害等事实,决定进行立案调查。在"双赢多赢共赢"理念的指引下,南通市检察院向该市市场监督管理局制发《事实确认书》,与其确认了南通 A 频道播放的"百岁通激光治疗仪"广告虚假宣传、误导消费者,违反《广告法》相关规定、该仪器仅具备辅助治疗功能,除进行电视广告宣传外,还通过淘宝平台对外销售,损害了社会公共利益等事实,同时要求及时书面回复。后南通市市场监督管理局书面回复检察机关,对包括"百岁通激光治疗仪"广告在内的316 件违法广告案进行查处,停播 16 类商品以及 179 个涉嫌违法的药品、保健品、医疗器械广告,并表示将进一步强化履职,确保广告违法案件规范、闭环处置,有效保障了消费者的合法权益。

三、在跟进调查行政机关履职和社会公共利益受侵害情况中发现广告发布者在其他电视、广播频道中发布的药品、保健品、医疗器械广告存在虚假宣传等问题的,应当向其提出改进工作的社会治理检察建议,促进诉源治理

行政机关在诉前磋商程序中依法履行监管职责,被处理对象也积极配合整改,社会公共利益受损状态得到有效恢复的,检察机关可以不再制发《行政公益诉讼诉前检察建议书》,但检察机关应当对行政机关履行职责的情况和社会公共利益受到侵害的情况跟进调查,收集相关证据材料。发现广告发布者在其他电视、广播频道播放的养生保健品、医疗器械产品广告存在虚假宣传、误导消费者等问题的,应当向其制发改进工作的社会治理检察建议,推动其统筹协调,健全制度机制,加强监管,提升治理能力。本案中,南通市检察院专案组在对该市市场监督管理局履职和广大中老年病患消费者合法权益受到侵害的情况跟进调查中发现,南通广电传媒有限公司在南通电视台 2 套、3 套以及南通交通广播FM92.9、南通新闻广播 FM97.0 频道发布过广告。除发布百岁通激光治疗仪广告外,还发布过舒适隆足疗仪、国怡堂、老药仙乌鸡养血方、立志国医、龟蛇酒、明目二十五丸等产品的广告,均涉嫌虚假宣传、误导消费者。部分商家在其医疗器械广告已被电视台停播的情况下,仍通过淘宝、京东等网购平台以电视同款名义面向全国销售,遂向南通广电传媒有限公司制发《社会治理检察建议书》,建议其树立正确的广告宣传导向意识,建立全流程广告审查制度,对广告的真实性、合法性、合规性进行全方位监督,健全完善广告经营管理制度,及时依法惩处存在违法违规行为的广告商。南通广电传媒有限公司书面回复检察机关,表示将认

真自查整改,配合案件处理,树立正确导向,根除业内"顽疾",强化长效监管,确保广告经营质量。

案件承办人:

黄凯东,南通市人民检察院党组成员、三级高级检察官

徐晋,南通市人民检察院第七检察部副主任

案例撰写人:

商银涛,南通市人民检察院法律政策研究室检察官助理

徐晋,南通市人民检察院第七检察部副主任

案例审核人:

恽爱民,南通市人民检察院党组书记、检察长

案例编审人:

张傲冬,南通市人民检察院法律政策研究室主任

邀请人大代表检查社会治理检察建议落实情况后合影

(2023 年 4 月 7 日由南通市人民检察院袁建拍摄)

夏某某诉泰兴市某镇政府不履行耕地
复垦职责行政争议实质性化解案^①

——以行政争议化解推动百亩耕地复垦，
保障粮食安全

【案例要旨】

人民检察院在办理涉耕地行政裁判监督案件中，既要对行政裁判进行审查，也要关注耕地保护。对法院裁判并无不当但耕地遭受破坏的，可通过府检联动、检察一体化办案等方式，开展行政争议实质性化解工作，促使耕地复垦，保障国家粮食安全。

【案情概要】

2017年9月，为配合355省道建设，泰兴市某镇政府以1 000元/亩/年租赁该镇夏徐村100余亩耕地，有偿提供给省道建设施工方用于工程取土，形成面积100余亩的坑塘，相关耕地无法继续耕种。该村十余个土地承包经营户持续向上级土地资源主管部门反映。2018年9月，泰兴市自然资源和规划局向该镇政府发出《通知书》，认定该镇政府未经有关部门批准，擅自占用夏徐村138.7亩土地用于355省道取土、挖塘行为，违反了《土地管理法》第42条的规定，责令该镇在收到《通知书》1年内，对被损毁土地进行复垦。某镇政府收到《通知书》后，始终未履行复垦义务，该耕地一直处于损毁状态。

2020年1月，夏某某以某镇政府未履行自然资源和规划部门《通知书》中确

① （2020）苏1291行初19号行政裁定书；泰检行非诉监〔2022〕8号。

定的复垦义务,导致其无法耕种所承包的土地为由提起行政诉讼。法院一审认为,《土地复垦条例》第3条规定,生产建设活动损毁的土地,按照"谁损毁,谁复垦"的原则,由生产建设单位或者个人(简称土地复垦义务人)负责复垦,本案涉及的土地属于能源、交通、水利等基础设施建设和其他生产建设活动临时占用、损毁的土地,应由土地复垦义务人负责复垦。《土地复垦条例》第18条第1款规定:"土地复垦义务人不复垦,或者复垦验收中经整改仍不合格的,应当缴纳土地复垦费,由相关国土资源主管部门代为组织复垦";第19条规定:"土地复垦义务人对在生产建设活动中损毁的由其他单位或者个人使用的国有土地或者农民集体所有的土地,除负责复垦外,还应当向遭受损失的单位或者个人支付损失补偿费;损失补偿费由土地复垦义务人与遭受损失的单位或者个人按照造成的实际损失协商确定;协商不成的,可以向土地所在地人民政府国土资源主管部门申请调解或者依法向人民法院提起民事诉讼。"

根据上述规定,某镇政府在355省道建设过程中毁损夏某某承包的集体土地,应为土地复垦义务人。泰兴市国土局作为国土资源主管部门,负有该行政区域土地复垦的监督管理工作,在接到夏某某举报后责令某镇政府限期履行土地复垦义务,在某镇政府既不履行义务又不缴纳土地复垦费用时,可以依据《土地复垦条例》第41条的规定对某镇政府做出行政处罚。此外,夏某某作为遭受损失的人,可以与某镇政府协商损失补偿费,协商不成的,可以依法向人民法院提起民事诉讼,但《土地复垦条例》并未赋予夏某某在土地复垦义务人拒不履行土地复垦义务时通过起诉义务人的行政诉讼进行权利救济的权利,而某镇政府根据《土地复垦条例》负有的土地复垦义务并不涉及行政管理职权的运用,故夏某某以某镇政府未履行法定职责为由提起的本案诉讼,不属于行政案件的受案范围,对夏某某的起诉应当不予受理,已经受理的驳回起诉。

夏某某不服一审裁定,向江苏省泰州市中级法院提起上诉。二审法院经审理认为,《中华人民共和国土地管理法》(2019年修正)第43条规定,因挖损、塌陷、压占等造成土地破坏,用地单位和个人应当按照国家有关规定负责复垦;没有条件复垦或者复垦不符合要求的,应当缴纳土地复垦费,专项用于土地复垦。复垦的土地应当优先用于农业。第76条规定,违反本法规定,拒不履行土地复垦义务的,由县级以上人民政府自然资源主管部门责令限期改正;逾期不改正的,责令缴纳复垦费,专项用于土地复垦,可以处以罚款。《土地复垦条例》第3条规定,生产建设活动损害的土地,按照"谁损害,谁复垦"的原则,由生产建设单位或者个人负责复垦。本案中,某镇政府在 355 省道建设过程中毁损包含夏某某承包使用的集体土地,应为土地复垦义务人。泰兴市自然资源局作为自然资源主管部门,在接到夏某某举报后已经责令某镇政府限期履行土地复垦义务,在某镇政府逾期不履行土地复垦义务时,可依据《中华人民共和国土地管理法》(2019 年修正)第 76 条的规定,责令缴纳复垦费,做出行政处罚。某镇政府作为土地复垦义务人所负有的土地复垦义务系按照"谁损毁,谁复垦"的原则,并不涉及其行政职权的行使,《最高人民法院关于适用〈中华人民共和国行政诉讼法〉的解释》第 93 条第 2 款的规定,人民法院经审理认为,原告所请求履行的法定职责或者给付义务明显不属于行政机关权限范围的,可以裁定驳回起诉。据此,二审法院裁定驳回夏某某的上诉,维持原裁定。

夏某某不服二审判决,向江苏省高级法院申请再审。江苏省高级法院认为:首先,案涉通知书是泰兴市自然资源和规划局向某镇政府发出的,某镇政府并不具有基于案涉通知书向夏某某直接履行责任的义务。其次,某镇政府作为土地复垦义务人所负有的土地复垦义务系基于"谁损毁,谁复垦"的原则,并不涉及其行政职权的行使。因此,一审法院裁定驳回夏某某的起诉并无不当。夏某某如果认为某镇政府的取土、挖塘的行为损害其合法权益,可直接针对该行为另案诉讼。该院裁定驳回夏某某的再审申请。

夏某某不服法院裁定,向江苏省泰州市人民检察院申请监督。

【履职情况】

江苏省泰州市检察院受理该案后,根据一体化办案工作要求,与泰兴市检察院共同推进该案行政争议实质性化解工作。为查清案件成因、土地现状和群众诉求,两级检察机关开展了以下调查核实工作:一是实地踏勘案涉土地,走访案涉土地承包经营户及该村村民委员会负责人,询问了解群众诉求。据查,该村长期居住人口中老年人较多,大多希望继续耕种土地,以增加收入、补贴家用。部分村民因无法耕种案涉土地,自 2018 年以来持续信访。二是约谈某镇政府负责人,走访泰州、泰兴市两级自然资源和规划部门,了解案件发生背景、成因,并调取被占土地遭受损毁的相关资料以及土地地籍资料,对土地实际损毁面积、程度、复垦可行性等进行初步评估。查明:2017 年某镇政府与村委会协商,以1 000 元/亩/年的价格占用该村 138.7 亩耕地用于省道工程取土,实际损毁耕地

100.4 亩,其中 13.6 亩为基本农田。通过对比卫星图片和资料,遭损毁的土地性质仍为耕地。100.4 亩土地目前大部分为坑塘,处于损毁状态。三是召开案件专题会。泰州、泰兴市两级检察机关召集泰州、泰兴市两级自然资源和规划部门以及某镇政府召开夏某某申请监督案件专题会,共同协商争议化解途径,达成了毁损土地应及时复垦的一致意见,并就复垦方案制作、复垦资金来源进行协商。

检察机关经审查认为,根据《中华人民共和国行政诉讼法》第 12 条、《土地复垦条例》第 19 条的规定,原审法院裁判并无不当。夏某某提起行政诉讼及部分村民组织集体信访的目的在于维护自身的土地权益,开展行政争议实质性化解,促使土地尽快复垦,才能有效保障村民合法利益和国家粮食安全。因某镇政府系案涉耕地的直接损毁主体且具有保护耕地的法定职责,泰兴市检察院于 2022 年 7 月 14 日向某镇政府发出《行政违法行为监督检察建议书》,督促其履行土地复垦义务,尽快将案涉耕地复垦到位,并交由相关村民耕种,以保障国家粮食安全。

发出检察建议后,泰州、泰兴市两级检察机关持续跟踪督促某镇政府的组织复垦工作。一是府检联动解决复垦资金难题。泰兴市检察院协同该市自然资源和规划局、某镇政府就复垦问题向泰兴市委市政府专题汇报,申请市政府拨付复垦费用,解决资金缺口。二是协助制定科学复垦方案。两级检察机关主动协助某镇政府联系农业专家,实地踏勘厘定修复区域、修复方式,编制土地复垦方案,报送泰兴市委、市政府审批。三是推动实质复垦化解争议。2022 年 8 月,泰兴市委、市政府按照复垦方案拨款 1 190 余万元。截至 2023 年年初,案涉 100 余亩耕地已全部复垦到位,夏某某代表村民向检察机关送来锦旗,并表示其与同村村民均息诉罢访。

【典型意义】

一、办理涉耕地行政裁判结果监督案件过程中,既要对行政裁判进行审查,也要对耕地现状进行实质性审查

粮食安全是国家安全的重要基础,耕地是粮食生产的命根子。检察机关在办理涉耕地的行政裁判结果监督案件中,不能就案办案,既要立足司法公正,审查法院裁判是否正确,还要着眼于耕地保护,对案涉耕地是否被破坏、有无修复

到位进行调查核实。在调查过程中,应强化亲历性办案,实地走访、踏勘了解土地现状和村民诉求,必要时调阅土地地籍资料,查清土地性质。本案中,两级检察机关根据一体化办案要求,对案涉耕地进行实地走访,了解土地现状、复垦困难所在,掌握群众诉求,为开展行政争议化解工作打下了基础。

二、对法院行政裁判并无不当但耕地遭受破坏的,应向职能部门发出检察建议,并跟踪督促

对于案涉耕地一直处于损毁状态的,检察机关应能动履职,发出检察建议,督促职能部门履职,推动相关责任主体履行复垦义务,确保耕地安全和粮食安全。发出建议后,应加强对建议的跟踪问效。对于复垦等专业问题,可协助职能部门寻求专家支持,形成科学合理的复垦方案,确保复垦地可耕种。本案中,检察机关根据耕地实际受损情况,建议土地复垦主体履行复垦义务,并主动与职能部门、镇政府进行协商沟通,跟进了解复垦中的困难,帮助出谋划策,推动问题妥善解决。

三、应当充分发挥一体化办案、领导包案等工作机制优势,强化府检联动,形成化解合力,确保复垦到位

检察机关可通过一体化办案、院领导包案等多种方式,统筹运用检察力量,推进行政争议实质性化解工作。必要时,检察机关可牵头召开案件专题会,与属地政府、自然资源和规划等部门弥合分歧,共同形成化解方案。在化解过程中,应通过专案报告、提出工作建议等形式,加强与政府及其职能部门的联动协作,发挥政府保护耕地的主体地位,推动政府统筹运用资金划拨、政策调整等手段,实质性推动复垦工作,保证土地保护到位,切实维护国家粮食安全。

案件承办人:

邹云翔,泰州市人民检察院副检察长

户恩波,泰州市人民检察院第五检察部副主任

陈军,泰兴市人民检察院第五检察部主任

案例撰写人:

户恩波,泰州市人民检察院第五检察部副主任

案例审核人:

陆小涛,泰州市人民检察院第五检察部主任

案例编审人:

丁建玮,泰州市人民检察院法律政策研究室主任

泰州市检察机关召集自然资源部门、某镇政府就夏某某
行政诉讼监督案涉及问题召开座谈会

(2022 年 6 月 23 日由季文生拍摄)

江苏省宿迁市人民检察院对某电竞酒店
向未成年人提供互联网上网服务
提起民事公益诉讼案①

——推动新业态走出监管盲区，
护航未成年人健康成长

【案例要旨】

电竞酒店针对不特定的服务对象以提供互联网服务为主要业务或者以提供上网服务为主要招揽手段,房间构造、电脑配置、服务体验等与网吧相当的,应认定为互联网上网服务营业场所,需禁止未成年人进入。新兴业态领域因法律规定不具体导致监管盲区、侵害不特定未成年人合法权益时,属于损害社会公共利益,检察机关可以适用最有利于未成年人原则,依法提起民事公益诉讼。

【案情概要】

2021年5月,江苏省宿迁市宿城区检察院开展法治宣讲,某职校老师向任该校法治副校长的检察官反映,班上有学生长期入住电竞酒店上网。检察机关收到线索后组建办案组,会同宿城区公安分局、文广旅局、市场监管局等开展走访调查,发现辖区内12家酒店3个月内接纳未成年人上网800余人次,其中宿迁市某享酒店管理有限公司(简称某电竞酒店)酒店达387人次。

2021年6月,宿城区检察院与宿城区文广旅局、市场监管局、公安分局等6家单位先后召开未成年人网络公益保护联席会议3次,会签《宿城区关于推进

---

① (2022)苏13民初342号。

未成年人网络保护工作实施意见》,开通对电竞酒店接纳未成年人上网行为专门线索受理渠道,在辖区内开展为期3个月的电竞酒店专项整治,对发现电竞酒店接纳未成年人的行为进行训诫。专项行动后,某电竞酒店仍存在接纳未成年人并提供上网服务的行为。

经调查,某电竞酒店在未取得互联网服务经营许可证的情况下,开展营销推广时均以能提供上网服务为卖点,吸引未成年人入住并提供上网服务。2021年3月以来,该酒店向300余名未成年人提供上网服务,部分未成年人因长期入住电竞酒店上网,沉迷网络,夜不归宿,成绩下降,且该酒店男女混住,未安装智慧网文系统,无法屏蔽相关不良信息,甚至存在发生违法犯罪行为。期间,该酒店还因采取入住不登记等手段规避检查被公安机关行政处罚两次。

2022年1月12日,宿城区检察院发布诉前公告。公告期满,没有适格主体提起民事公益诉讼。2022年3月2日,依据民事公益诉讼级别管辖的规定,该案移送宿迁市检察院起诉。3月22日,宿迁市检察院向宿迁市中级法院提起民事公益诉讼,请求判令:某电竞酒店不得向未成年人提供上网服务,并在国家级媒体向社会公众公开赔礼道歉。2022年5月12日,宿迁市中级法院公开开庭审理本案,并当庭作出判决,判令某电竞酒店禁止向未成年人提供互联网上网服务,并在判决生效之日起10日内在国家级媒体公开向社会公众书面赔礼道歉。检察机关结合办案中发现部分涉案未成年人到电竞酒店上网与家庭教育不当存在关系,联合宿迁市中级法院制发《责令接受家庭教育指导令》,并对涉案人员父母进行训诫。此外,还召集公安分局、文广旅局、市场监管局等9家单位召开新业态下未成年人保护座谈会,共商电竞酒店等新业态领域的监管与治理问题,进一步开展电竞酒店行业整顿。

【争议焦点】

该案系全国首例检察机关以电竞酒店为对象提起的民事公益诉讼案件,案件主要存在四个争议焦点。

第一,电竞酒店是否属于互联网上网服务营业场所?国务院于2002年制定颁布的《互联网上网服务营业场所管理条例》(简称《条例》),是对互联网上网服务营业活动场所进行规制的主要法律依据。该条例第2条规定:"本条例所称互联网上网服务营业场所,是指通过计算机等装置向公众提供互联网上网服务的网吧、电脑休闲室等营业性场所。"有观点认为,首先,《条例》对互联网上网服务经营场所进行了列举,其中并未提到电竞酒店;其次,电竞酒店主要提供住宿服务,提供上网服务只是其差别竞争的一种手段,与普通酒店的"电脑房"在本质上并无太大的差别,不应当作为上网服务经营场所进行管理。检察机关认为,列举既不能穷尽所有的业态,也不能实现全覆盖,只要符合《条例》所述的互联网上网服务营业场所的定义标准即可认定。某电竞酒店的名称虽然是酒店,但其与普通的提供住宿和餐饮服务为目的的酒店存在明显的不同。首先,从配备的设施看,普通的酒店提供的是以餐饮和住宿为主要服务内容,其房间内的设施也具有相应性;而某电竞酒店共 20 个房间,全部为电竞房间。每个房间均配备电脑,电脑的软硬件配置和功能与网吧基本相同,可以供消费者玩电竞游戏以及上网,同时房间内提供多台电脑,不仅能供单人上网,而且可供多人同时上网玩游戏,符合网吧的特征。其次,从消费模式看,普通酒店主要依靠酒店住宿环境和条件吸引消费者入住;而某电竞酒店虽然提供住宿服务,但其主要以提供互联网上网服务为消费点。从某电竞酒店的实际消费群体及其消费目的来看,入住主要是为了上网。最后,从收费模式看,普通酒店主要根据房间本身设施标准收取相应的住宿费用,而某电竞酒店系根据房间内电脑数量和软硬件配置高低设置收费标准。因此,从某电竞酒店的消费属性和实用功能来看,兼具提供互联网上网服务和住宿的功能,但实质上以提供互联网上网服务作为主要消费方式,其本质上属于互联网上网服务营业场所。

第二,电竞酒店接纳未成年人入住并提供上网服务行为是否违反了相关法律规定? 有观点认为,法律并未明确禁止未成年人进入电竞酒店等场所,经营者开设电竞酒店需要办理营业执照、特种行业许可证、卫生许可证,而无需办理网络经营许可证。根据"法无禁止即可为"的原则,电竞酒店经营者接纳未成年人入住并提供上网服务并不是违法行为。检察机关认为,根据《未成年人保护法》,保护未成年人应当坚持有利于未成年人的原则,电竞酒店的经营模式实际上符合互联网上网服务经营场所的模式。本案中某电竞酒店为未成年人提供互联网上网服务,且未安装过滤黄赌毒的智慧网文,侵害了未成年人身心健康,属于侵权行为。

第三,电竞酒店接纳未成年人上网是否有损未成年人身心健康? 有观点认为,未成年人的成长发展与多个因素相关,电竞酒店向未成年人提供上网服务并未直接对未成年人的身心健康产生实害后果。检察机关认为,未成年人入住电竞酒店沉迷网络会影响正常学习,甚至产生厌学情绪。未成年人心智尚不成熟,辨别能力和控制能力较弱,容易受不良信息侵蚀,对其世界观、人生观和价值观均容易产生负面影响,甚至因此走上违法犯罪道路,损害了未成年人的健康权、发展权和受教育权。

第四,电竞酒店向未成年人提供上网服务是否侵害了社会公共利益?有观点认为,未成年人属于相对不特定多数人,向未成年人提供上网服务不应扩张为侵犯社会公共利益。检察机关认为,电竞酒店向不特定的未成年人提供互联网上网服务,其损害的不仅是个体未成年人的身心健康,而且是不特定未成年人群体的健康成长。未成年人的发展与民族和国家命运紧密关联,损害未成年人的合法权益就是损害国家利益和社会公共利益。

【评析意见】

一、以提供互联网上网服务为主要招揽手段的综合性上网服务场所,应当认定为互联网上网服务营业场所

《条例》通过概括式和列举式的立法模式对互联网上网服务营业活动场所进行定义。列举无法穷举所有的行业业态,符合概括式定义的也应当属于互联网上网服务营业场所。根据定义,互联网上网服务营业场所应当满足三个要件:服务对象的不特定性、营利性和提供互联网上网服务。如果电竞酒店对外以提供上网服务为卖点招揽顾客,电竞房间的电脑台数超过床位数、电脑配置达到电竞级别、服务体验与网吧一致时,不管是以独立的上网服务形式还是以其他形式混合经营,都应当认定为提供互联网上网服务,并适用相关法律规定,应禁止接纳未成年人进入并提供上网服务。

二、电竞酒店接纳未成年人入住并提供上网服务行为属于违法行为,侵害了未成年人合法权益

《儿童权利公约》和我国《未成年人保护法》第4条都规定了保护未成年人应当坚持最有利于未成年人的原则,处理涉及未成年人的事项,应当给予未成年人特殊、优先的保护,应当适应未成年人身心健康发展的规律和特点。《未成年人保护法》第58条规定:"学校、幼儿园周边不得设置营业性娱乐场所、酒吧、互联

网上网服务营业场所等不适宜未成年人活动的场所。营业性歌舞娱乐场所、酒吧、互联网上网服务营业场所等不适宜未成年人活动场所的经营者,不得允许未成年人进入;游艺娱乐场所设置的电子游戏设备,除国家法定节假日外,不得向未成年人提供。经营者应当在显著位置设置未成年人禁入、限入标志。"根据上述法律,互联网上网服务场所经营者不得允许未成年人进入场所消费,并有义务核实其是否未成年人。

互联网由于其信息量大、内容丰富生动、影响力传播力强等特点,具有较强的吸引力,尤其是对于未成年人。而未成年人长期久坐、通宵上网必然会损害未成年人的身体健康。长期沉迷网络必然挤占未成年人正常的学习时间和精力,影响其正常学习,甚至产生厌学情绪。网络世界信息量大、内容复杂,既有正面信息,也有大量的负面信息,未成年人由于心智尚不成熟,辨别能力和控制能力较弱,容易受不良信息侵蚀,对其世界观、人生观和价值观均容易产生负面影响,甚至因此走上违法犯罪道路。此外,沉迷于互联网也会给未成年人自身带来风险。所以,上述行为实际上对未成年人健康权和发展权等权益均造成了伤害。

三、新业态领域法律规定滞后带来监管盲区时,检察机关可以发挥民事公益诉讼检察职责,以堵塞漏洞

随着经济的发展,电竞酒店、私人影院等新兴服务业态开始出现并蓬勃发展,在满足消费者不同的体验需求时,也会侵犯消费者权益,特别是未成年人的合法权益,由于法律法规的制定和完善存在一定的滞后性,故存在监管盲区。实践中,网吧和酒店的行政规制模式存在巨大差异,对于电竞酒店这一融合了住宿和上网服务的新兴行业,应当纳入何种监管轨道在实践中一直存在争议。由于产生了模糊地带,故威胁着不特定未成年人的合法权益。而未成年人的发展与民族和国家命运紧密关联,损害未成年人的合法权益就是损害国家利益和社会公共利益。检察机关可以提起民事公益诉讼,通过个案的示范引领,推动社会全面参与社会综合治理,解决因行政监管有限性和社会事物复杂性造成的监管盲区,保护未成年人合法权益。

案件承办人:

刘兆东,宿迁市人民检察院党组成员、副检察长

王绪,宿迁市宿城区人民检察院副检察长、公益诉讼检察室主任

石雅洁,宿迁市人民检察院检察官助理

刘冰心,宿迁市宿城区人民检察院公益诉讼检察室副主任

案例撰写人:

刘冰心,宿迁市宿城区人民检察院公益诉讼检察室副主任

案例审核人:

罗璇,宿迁市宿城区人民检察院检察官助理

案例编审人:

赵庆,宿迁市人民检察院法律政策研究室副主任

刘颖,宿迁市人民检察院检察官助理

宿迁市人民检察院公益诉讼检察官在庭审中依法发表出庭意见

(2022 年 5 月 12 日由徐丞佑拍摄)

仲某某等人生产、销售假药案[①]

——利用"黑作坊"将中药与西药混合冒充"纯中药"
进行销售的行为,应当认定为生产、销售假药罪

【案例要旨】

在未取得医疗机构制剂许可等资质的情况下,行为人利用车库、民房等作为药品生产的"黑作坊",将中药与西药进行混合后冒充"纯中药"进行销售的行为,属于以他种药品的主治功效冒充此种药品的主治功效,系《中华人民共和国药品管理法》(简称《药品管理法》)第98条"以他种药品冒充此种药品"的情形,应当认定该行为构成生产、销售假药罪。在办理食药犯罪案件中,检察机关应当能动履职,运用"两法衔接"机制,形成打击危害食药安全违法犯罪的工作合力,共同守护中医药文化的健康发展。

【案情概要】

2016年1月—2022年3月,仲某某经营扬州市蜀冈—瘦西湖风景名胜区某中医门诊所,在未取得医疗机构制剂许可等资质的情况下,仲某某、姚某某利用小区民房、车库等隐蔽地点,将从邵某等人处购进的"吲哚美辛""倍他米松""呋塞米"三种西药与大黄、当归、佛手等低价中药粉剂、食品添加剂混合研磨,以"中药冲剂"名义包装,宣称专治风湿、类风湿性关节炎、腰椎间盘突出等疾病,具有疗效高、无痛苦、花钱少等优点,以每疗程200—300元的价格,组织金某某等人通过门店直销、远程邮寄等方式,面向全国各地中老年患者销售,销售金额共计11 663 670元。

[①] 扬广检刑诉〔2022〕247号;(2022)苏1002刑初288号。

案发后,扬州市食品药品检验检测中心对公安机关从仲某某、姚某某等人的生产点、销售点、邮寄点搜查并扣押的"中药冲剂"及半成品药粉,均检验出"吲哚美辛""倍他米松""呋塞米"西药成分。经扬州市市场监督管理局认定,上述涉案"中药冲剂"符合以非药品冒充药品或者以他种药品冒充此种药品的情形,系假药。

针对本案仲某某等人的行为定性,形成了三种观点:一是认为仲某某等人构成妨害药品管理罪;二是认为仲某某等人构成生产、销售假药罪;三是认为仲某某等人构成非法经营罪。

2023年3月1日,扬州市广陵区法院依法判决仲某某犯生产、销售假药罪,决定执行有期徒刑13年6个月,并处罚金人民币1 804万元;判决姚某某犯生产、销售假药罪,判处有期徒刑10年6个月,并处罚金人民币600万元;判决邵某等人犯生产假药罪,判处有期徒刑3年,缓刑3—5年,并处罚金人民币3万—10万元;判决金某某等人犯销售假药罪,判处有期徒刑6个月—3年,缓刑1—5年,并处罚金人民币8 000—15 000元。

在办理该案期间,扬州市广陵区检察院认为应采取有效措施维护地区中医药文化健康发展,严厉打击侵害老年人权益的违法犯罪活动,于2022年5月23日依法向扬州市蜀冈—瘦西湖风景名胜区市场监督管理局等相关单位制发《检察建议书》,督促行政执法机关采取有效措施加强"两法衔接"平台创设、完善食药市场溯源机制等行政监管体系。

【争议焦点】

本案案件事实清楚,但是针对仲某某等人的行为定性及法律适用问题存在不同意见,尤其是在《刑法修正案(十一)》第5条删除了"假药"认定依据内容的背景下,司法机关对于刑法意义上"假药"的认定和行为定性存在诸多争议,本案主要存在以下三种意见。

一是认为,仲某某等人未取得药品相关批准证明文件的情况下生产、销售"中药冲剂",其行为构成妨害药品管理罪。首先,在药品"生产—运输—销售"过程中,仲某某等人作为药品的生产者、经营者,始终未获得相关医疗机构制剂许可等资质,其行为严重违反了药品监督管理秩序,主要表现在以下三个方面:一是从药品的生产场所来看,仲某某将租用的小区民房、车库等地点作为"中药冲剂"生产、制作地点,依据侦查机关的现场勘验笔录及照片,相关地点卫生环境脏乱不堪,既不符合基本的药品生产研发的环境卫生标准,也不符合《药品管理法》第42条规定的药品生产条件。二是从药品生产、经营者的职业背景、医药技术水平来看,仲某某、姚某某既无相关医疗人员执业资格,也无从事医疗卫生行业的职业背景、专业知识。三是从药品的生产工艺和制作过程来看,仲某某、姚某某将"吲哚美辛""倍他米松""呋塞米"三种西药按比例进行配制,然后与当归、大黄等廉价中药进行混合,隐瞒药品中含有西药成分,对外宣称是"纯中药制剂",实际上是利用西药中的止痛成分来迷惑患者具有治疗关节炎、类风湿等疾病的功效。其药品也未经严格的临床试验,既没有严格按照《药品生产质量管理规范》进行生产,也没有按照《药品经营质量管理规范》进行经营。此外,"吲哚美辛""倍他米松""呋塞米"三种西药长期联合使用会增强毒性作用,尤其是会使消化道溃疡、低钾血症和高血糖风险明显增加,以"纯中药"名义进行销售,使患者在不知其服药可能存在风险而无法预防,长期使用会产生毒性反应,危害健康,消化道溃疡严重的还会引起大出血、穿孔甚至死亡的严重后果。依据众多患者的证言来看,绝大多数患者在服用"中药冲剂"后,均出现了不同程度的胃疼、胃溃疡等不良反应。据此,仲某某等人生产、销售的"中药冲剂"对于广大患者来说,达到了"足以严重危害人体健康"的程度。

二是认为,仲某某等人将中药与西药进行混合后,冒充"纯中药"进行销售,属于"以他种药品冒充此种药品"的情形,其行为构成生产、销售假药罪。从客观行为来看,仲某某等人利用小区车库等"黑作坊",通过向中药添加西药成分制成"中药冲剂",隐瞒添加西药成分的事实,以"纯中药"名义向患者进行销售,属于以西药冒充未经审批的中药进行生产、销售。依据《药品管理法》第98条的规定,经医药监管部门鉴定,属于"以他种药品冒充此种药品"的药品,系假药。从主观目的来看,仲某某、姚某某等人利用社会公众尤其是老年人患者对中药的信任,打着"纯中药制剂""祖传秘方"的幌子,私自向中药添加西药止痛成分,冒充纯中药进行销售,非法获取巨额利润,其主观上具有明显的逐利性、欺骗性的动机。从客观危害后果来看,仲某某、姚某某等人私自在中药中添加西药成分,冒充纯中药进行销售,不仅对于患者的疾病没有实质的治疗效果,而且会误导患者延误治疗时机、加重病情,给广大患者尤其是老年人群体的用药安全和身体健康造成严重威胁。

三是认为,仲某某等人通过经营门诊部的方式,将生产的"中药冲剂"进行销售的行为,应当认定其构成非法经营罪。最高法院、最高检察院《关于办理危害药品安全刑事案件适用法律若干问题的解释》(法释〔2014〕14号)第7条规定:违反国家药品管理法律法规,未取得或者使用伪造、变造的药品经营许可证,非法经营药品,情节严重的,依照《刑法》第225条的规定,以非法经营罪定罪处罚。

承办检察官认为,由于2019年《药品管理法》的调整,对于刑法意义上"假药"的认定,应当通过药品的适应证或者功能主治进行实质性违法评价,在分析本案仲某某等人生产、销售假药行为的基本特征之后,认为仲某某等人的行为构成生产、销售假药罪。

【评析意见】

一、药品的适应证或者功能主治是认定假药犯罪行为的实质性核心要件

2019年修订后的《药品管理法》第98条第2款第(二)项规定,以非药品冒充药品或者以他种药品冒充此种药品的为假药。不同药品之间、药品与非药品之间的核心区别就是药品的适应证或者功能主治不同。行为人以非药品冒充药品或者以他种药品的主治功能冒充此种药品的主治功能,其行为本质上意味着其所生产、销售的药品不能达到真实药品特定的主治功效,行为具备欺骗性。

本案仲某某等人利用"黑作坊",将中药与西药进行混合生产制作,后以"纯中药制剂"名义进行销售,实际上是利用"吲哚美辛"等西药止痛成分迷惑患者产生认识错误,认为从仲某某处购买的"中药冲剂"里的中药配方成分具有治疗关节炎、风湿病等疾病的功效。实际上,该"中药冲剂"对患者疾病并不能产生实质性治疗效果,只是依靠"吲哚美辛"等西药起到缓解疼痛的效果,因此,其中的中药成分并不具有治疗风湿、关节炎等疾病的主治功效,而是依靠西药的止痛功效,属于以他种药品的主治功能冒充此种药品的主治功能,属于"以他种药品冒充此种药品"的情形。与此同时,这种生产、销售假药行为具有明显的欺骗性,在医药领域和患者群体中形成"广告效应",通过进一步扩大经营范围,不仅危害了广大患者的身体健康,而且严重破坏了医药监管秩序和中医药文化形象。据此,仲某某等人生产、销售假药的犯罪行为侵犯的是一个复杂客体,既包含患者的生命健康权益,也包括医药健康管理秩序。

二、2019 年《药品管理法》调整之后,对于刑法意义上"假药"的认定应当结合药品生产环境、生产设备、技术人员、规章制度等客观要素,进行实质性违法评价

2019 年的《药品管理法》对假药的认定进行了调整,缩小了假药的定义范围,删除了按照假药论处的情形。为了使《药品管理法》做到行刑两法衔接,同时考虑到法律法规修改对于刑法定罪量刑的影响,2020 年《刑法修正案(十一)》对《刑法》第 141 条做了修改,删除原第 2 款:"本条所称假药,是指按照《药品管理法》的规定属于假药和按假药处理的药品、非药品"的规定。考虑到对于"假药"的认定仍属于医药卫生领域的专业技术判断,司法实践中对于适用《刑法》第 141 条生产、销售假药罪的"假药"认定,一般仍参照适用《药品管理法》中关于"假药"的定义。

除此之外,依据调整后的《药品管理法》第 2 条、《药品管理法实施条例》第 42 条等相关规定,药品是指用于预防、治疗、诊断人的疾病,有目的地调节人的生理机能并规定有适应证或者功能主治、用法和用量的物质。因此,法律意义上的"药品"除了具备包装、标签、医药准字号等形式要件外,还要具备预防、治疗、诊断人的疾病或调解生理功能的功效特征以及适应证、功能主治、用法等实质要件。药品的生产管理应当建立在科学、严格的监督管理制度上,保障药品的安全、有效及产品质量。据此,与药品的功效特征、形式特征相对应的规范要件,是药品生产经营者在生产、销售等环节中要遵循药品技术人员、厂房卫生环境、仪器设备、管理制度等基本规范要素,严格按照《药品管理法》《药品管理法实施条例》等开展药品的研发、生产、经营等活动。司法机关在认定生产、销售假药罪的过程中,除了药品的认定符合《药品管理法》第 98 条第 2 款关于"假药"的基本情形外,还要对药品的生产环境、技术设备、技术人员等实质性违法要件进行分析,综合认定其假药犯罪行为对医药管理秩序的危害性。

三、妨害药品管理罪或非法经营罪无法全面涵盖生产、销售假药行为侵害法益的基本特征

妨害药品管理罪是《刑法修正案(十一)》的新增罪名,《刑法》中该罪第 2 项规定:"未取得药品相关批准证明文件生产、进口药品或者明知是上述药品而销售的。"成立该罪名的前置条件是"未取得药品相关批准证明文件"。正如前文所述,在药品犯罪领域成立非法经营罪的前置条件是未取得药品经营许可证。然

而,依据《药品管理法》第 116 条的相关规定,药品批准证明文件反映的是对药品本身的管理,药品经营许可证则是侧重于对医药市场经营主体的管理。前者对应妨害药品管理罪,体现行为人在未取得批准证明文件的情况下生产、进口药品及销售上述药品的行为,其危害性是不能保证药品具有治疗、预防疾病等功效,侵犯的法益是药品质量;后者对应非法经营罪,反映行为人在无经营许可证的情况下经营药品,其侵犯的法益主要是药品市场经营管理秩序。

结合 2019 年修订后的《药品管理法》对"假药"的重新认定内容,《刑法修正案(十一)》对生产、销售假药罪进行了体系性重构,对于该罪名中"假药"的认定,更是以药品的适应证或者功能主治作为认定"假药"的核心要件,进一步厘清了假药认定的标准与界定范围。从药品犯罪体系解释的角度来看,对生产、销售、提供假药罪进行了重新建构,但是该罪名保护的法益仍然是传统的"药品管理秩序+生命健康法益"。具体来说,就是以公众生命健康作为主要的保护法益,同时将相关的医药监督管理秩序作为表征法益,所保护的是一个复杂客体。反观本案仲某某等人生产、销售假药的行为,一方面,作为一般主体,其参与医药市场的经营活动,生产、销售假药金额超过 1 000 万元,情节特别严重,严重破坏了医药监督管理秩序;另一方面,其通过隐瞒"中药冲剂"中的西药止痛成分误导患者中药配方具有治疗效果,易增加患者胃溃疡、高血糖等疾病风险,会进一步恶化患者病情,危害患者生命健康。因此,认定仲某某等人的行为构成生产、销售假药罪,能够充分反映其犯罪行为侵害法益的基本特征,符合《刑法修正案(十一)》调整后假药犯罪体系的重构特点,体现了罪刑法定的基本原则。

四、在办理涉及中医药领域犯罪案件过程中,检察机关应通过推动构建和完善"两法衔接"机制,能动履职,依法促进中医药文化健康发展

中医文化是中华民族的文化遗产。检察机关在办理涉及中医药领域犯罪案件过程中,针对行政监管漏洞问题,应及时通过《检察建议书》等形式向市场监管部门发出检察意见,推动构建"两法"案件信息共享机制、食药市场溯源机制等,督促行政执法机关完善行政执法体系,保证食药市场经营主体从食药材料的进货、生产、销售等环节公开、透明,调动社会公众参与市场监督的积极性,形成立体化的监督管理格局。同时,对曾因危害食药安全等违法行为被行政处罚或刑事处罚的经营主体,应建立完善的跟踪监管信息库等,由市场监督管理部门等对涉及民生重点领域的经营主体开展全方位、常态化跟踪监管。检察机关通过提出"多元化"行政执法建议,可以进一步提升"两法衔接"机制的运行广度,打击中医药领域的违法行为,共同守护中医药文化的良性传播与健康发展。

案件承办人:

郭凯民,扬州市广陵区人民检察院第二检察部二级检察官

王润田,扬州市广陵区人民检察院第二检察部四级检察官助理

案例撰写人:

王润田,扬州市广陵区人民检察院第二检察部四级检察官助理

案例审核人:

陈雪玮,扬州市广陵区人民检察院第六检察部检察官助理

许伟华,扬州市广陵区人民检察院第六检察部主任

案例编审人:

任晓,扬州市人民检察院法律政策研究室主任

扬州市广陵区人民检察院案件承办检察官讯问犯罪嫌疑人

(2022 年 6 月 29 日由扬州市广陵区人民检察院工作人员拍摄)

大圣村基本农田保护行政争议化解案[①]

——在落实最严格的耕地保护制度的基础上,引导永久基本农田上特色农产品生产活动有序开展

【案例要旨】

基本农田划定范围内土地应当按照尊重历史、因地制宜、农民受益、社会稳定、生态改善的原则,重点保护当地特色农产品,引导农民从事农业生产。检察机关依托"政法网格员＋片区检察官"机制,在走访基层过程中发现行政机关存在不作为引发信访矛盾的,可以通过公开听证、专家论证等方式推动行政机关完善具体行政行为,在保障国家粮食安全的基础上,充分调动农民生产积极性,保护农业特色品牌,助力农民增收和农业农村现代化。

【案情概要】

"大圣水芹"是南京市地方特色蔬菜品种,产于南京市六合区马鞍街道大圣村,已有100多年的种植历史,先后被评为"中国具有影响力的合作社产品品牌""全国百佳农产品品牌"等,并成功注册"大圣水芹"地理标志集体商标,成为当地优势特色产业,能够给当地村民带来较高经济收益。2005年7月,7户水芹种植大户成立大圣水芹合作社,经过多年的发展,合作规模不断壮大,现有个人社员131人,团体社员2家,并有加工厂,年加工净菜20万千克以上,先后获得"江苏省百强农民合作社""全国农民专业合作社示范社"等称号。该合作社在杨营水库下游区域,原有100亩水芹种植地,性质属于耕地。2020年,大圣村开展水库

---

① 六发改投〔2023〕107号。

清淤工作,租用该处土地用于堆放水库淤泥,2021年清淤工作完成,该村准备复垦该处土地重新用于种植水芹。但该处土地已在第三次全国土地调查中被调入基本农田,只能用于粮食生产。由于大圣水芹为当地特色品牌,种植利润高,当地村民希望继续种植水芹,大圣社区负责人曾就该处土地使用问题多次与规划与自然资源部门询问沟通,街道国土所及六合区规划与自然资源部门仅答复基本农田应种植粮食作物,对于是否能够继续种植水芹,一直未予明确答复,当地村民对此不满,时有信访,同时由于不敢擅自种植水芹,土地处于抛荒状态。南京市六合区检察院通过开展行政争议实质性化解工作,推动大圣村在基本农田上开展稻芹轮作项目,在不违反耕地保护相关规定的基础上引导永久基本农田水芹种植活动有序开展,行政争议得以实质性化解,大圣村21户村民的生计问题得到妥善解决,保障了特色农产品种植规模和供给,维护了"大圣水芹"品牌的影响力。

【履职情况】

2022年,六合区检察院结合政法网格员工作要求,将全院93名检察人员编入9个片区检察官团队,联系全区9个街镇、105个社区、873个综合网格,深入基层开展源头治理、帮助解决各类涉法涉诉问题。同年7月,片区检察官在走访马鞍街道大圣社区时,社区负责人反映该村长期种植水芹,但在2021年该村清淤工作结束后,土地被转为基本农田。土地性质转变后,当地国土所及区规划与自然资源部门未明确是否可以继续种植水芹,导致村民极为不满,多次信访,希望检察机关能够给予帮助。了解到上述情况后,片区检察官将该线索移送至行政检察部门。

收到线索后,承办检察官开展了大量的走访调查工作,查明该地块原属于耕地,在第三次全国土地调查后被调入入基本农田,不得改变土地用途,但该村村民由于长期种植水芹,希望能够继续种植水芹意愿强烈,对种植粮食作物的意愿不足,导致该处土地长期处于抛荒状态,而对于基本农田是否可以种植水芹,检察机关向相关部门咨询后,相关部门未予以明确答复。

承办检察官经检索法律法规和相关资料得知,"永久基本农田"概念于党的十七届三中全会上提出,是指在任何情况下都不能改变其性质、不得以任何方式改变其用途的基本土地。永久基本农田提出的根本目标在于牢固树立耕地红线、保证粮食安全稳定。《土地管理法》规定,永久基本农田包括粮、棉、油、糖等重要农产品生产基地内的耕地、高标准农田、蔬菜生产基地等。永久基本农田划定后,任何单位和个人不得擅自占用和改变其用途。我国自然资源部、农业农村部、国家林业和草原局《关于严格耕地用途管制有关问题的通知》规定,永久基本农田种植粮食作物的,继续保持不变;按照《土地管理法》第 33 条明确的永久基本农田划定范围,种植棉、油、糖、蔬菜等非粮食作物的既可以维持不变,也可以结合国家和地方种粮补贴有关政策引导向种植粮食作物调整。种植粮食作物的情形包括在耕地上每年至少种植一季粮食作物和符合国土调查的耕地认定标准,采取粮食和非粮食作物间作、轮作、套种的土地利用方式。自然资源部、农业农村部《关于加强和改进永久基本农田保护工作的通知》第(六)条规定,严格规范永久基本农田上农业生产活动。按照"尊重历史、因地制宜、农民受益、社会稳定、生态改善"的原则,在确保谷物基本自给和口粮绝对安全、确保粮食种植规模基本稳定、确保耕地耕作层不破坏的前提下,对永久基本农田上农业生产活动有序规范引导。承办检察官认为,案涉土地原来用于水芹养殖,划入基本农田后,按照相关规定应在尊重历史、因地制宜、农民受益的原则下引导农民从事农业生产,如何在保障耕地红线和保障农民利益及特色农产品生产之间取得平衡,可以进一步研讨。

为广泛听取意见,加强论证,2022 年 12 月 15 日,六合区检察院邀请区规划与自然资源局、大圣村主要负责人及基层农业专家召开现场听证会,围绕土地管理与规划、基本农田用途、经济补偿等问题听取各方意见。基层农业专家在充分了解法律政策及村民诉求后,在听证会上提出了水芹与水稻轮种的建议方案。该方案是利用大圣村争议地块有序地在季节间轮换种植水芹与水稻,一年内先种植一季水稻,成熟收割后在同一地块再种植水芹。考虑到相关法律规范与当地实际情况,该方案利用水稻和水芹对土地的要求相近、熟制契合等有利因素,挑选合适水稻品种,让水稻和水芹同地块、分时期种植,同时满足耕地保护与收入保障、特色农产品品牌保护等多重需求。参会的听证员及六合区规划与自然资源局对该方案的可行性予以认同,形成了推动水芹与水稻轮种的初步共识。

为进一步论证并细化水芹与水稻轮种方案,六合区检察院于 2023 年 3 月 2日召开"大圣水芹"行政争议化解推进会,分管农业的区领导、农业局、规划与自然资源局、马鞍街道及大圣村主要领导参加会议。会上,各方就"水稻水芹轮作"项目的编制和立项审批工作、资金与技术支持工作、监督工作等方面进行深入研讨,确定最终方案,切实帮助当地村民解决种植的头等大事。

2023年2月,案涉土地稻芹轮作种植基地建设项目经委托某农业工程设计研究院进行初步设计。同年4月,六合区发展和改革委员会批复马鞍街道办事处,同意六合区马鞍街道大圣村稻芹轮作种植基地建设项目。7月上旬,该基地建设项目已经完成招投标工作,9月完成耕作层施工工作,并于2023年年底进行项目试运行及竣工验收。项目建成达产后,将建成稻芹轮作种植基地共计80亩,预计水芹年产量400吨,稻芹轮作种植合计年利润达120余万元,并能带来良好的社会效益、生态效益。项目将建成集水芹种植、水稻种植、农资供应、技术服务、产品销售等功能于一体的基地,带动周边地区的水芹种植农户,起到良好的示范带头作用。

【典型意义】

一、耕地红线保护,既要遵守法律规定,也要尊重历史与现实

检察机关在办理涉及基本农田资源类案件时,在遵守法律规定的前提下,综合考虑当地种植历史、社会稳定等因素,因地制宜,注重民生保障与特色农产品品牌保护,合理引导农民从事农业生产活动。珍惜、合理利用土地和切实保护耕地是我国的基本国策。基本农田保护实行全面规划、合理利用、用养结合、严格保护的方针。基本农田的保护关系国家粮食安全、事关经济社会可持续发展、社会和谐稳定和国家长治久安。涉及土地农耕的行政争议关系一方百姓的生存根本与当地民生福祉,遵守法律法规、不碰耕地红线是检察机关办理涉及基本农田土地资源类行政案件的基本前提,同时保障人民群众合法利益、维护民生福祉与经济发展也是办理好该类案件,使行政争议得以实质性化解的必然要求。检察机关在办理涉及基本农田土地资源类案件时,应当注重法律规定与现实情况的有机结合,综合考虑当地种植历史、种植习惯、土壤性质、社会稳定、特色品牌保护等因素,充分调查土地属性与政策调整过程,注重灵活变通,在遵守法律规定的同时亦不可顾此失彼、忽视现实情况,否则容易激化矛盾,造成群众不满。大圣水芹案涉地块由于存在土地性质变更、种植历史等多方面因素,情况较为复杂,该地块既需要满足耕地保护的要求,又要满足当地村民发展特色农业经济、提高收入的需求。检察机关在办理该案时遵循"尊重历史、因地制宜、农民受益、

社会稳定、生态改善"的原则,在确保谷物基本自给和口粮绝对安全、确保粮食种植规模基本稳定、确保耕地耕作层不破坏的前提下,对永久基本农田上农业生产活动有序规范引导。在争议土地被划为基本农田的情况下,如何既不违反基本农田保护的规定,又能保护特色品牌及种植户的利益,检察机关充分发挥检察职能,从水芹种植的特点、区域农业发展特色、维护种植户合法权益等方面认真梳理分析,找准争议焦点,依法能动履职,破解争议难题。

二、行政机关存在不作为引发信访矛盾的,检察机关可以进行行政争议实质性化解

本案检察机关通过公开听证、专家论证等方式推动行政机关完善具体行政行为,开展社会治理,源头化解矛盾,助力农民增收和特色农业发展。当地村民虽然未提起行政诉讼,但耕地因使用矛盾长时间荒废,且行政机关长期未予以明确答复,其不作为的行为造成矛盾久拖不决的情况,对当地村民生产生活已造成实质性影响,存在矛盾激化的风险,并出现多次信访情况,极易引发行政处罚与行政诉讼。针对此种情形,检察机关可以介入争议化解、灵活参与方式,主动融入多元化纠纷解决机制,整合争议化解资源,推动行政争议诉源治理,实现多元化解。在化解方式的选择上,因不同方式各具优势和特点,根据案件情况,可以一种方式为主,也可综合运用多种方式,注重化解效果和效率,考虑当事人的感受,并兼顾整体社会效果。检察机关在破解争议问题时,可与相关行政机关、专业部门、相关专家进行深入沟通交流,在争议解决中充分履职,发挥主导和协调作用。一方面,可以从行政检察的角度,督促行政机关依法履职;另一方面,可以与相关专家联系,因地制宜地从专业角度提出方案,破解问题难点。可以通过召开公开听证会的方式,邀请人大代表、人民监督员、听证员等,借助社会力量合力化解争议。大圣水芹一案由于涉及人数众多、牵涉利益范围广泛、时间跨度长等特点,检察机关在履职时及时与相关部门进行联系沟通,共同研究在保护基本农田、不破坏耕作层、不违反耕地保护红线的前提下,解决问题的法律可能性。在争议化解过程中,综合运用了沟通协调、释法说理、公开听证等多种方式:与相关农业种植专家联系,从农作物种植的角度,探讨水芹和水稻是否可以轮作,从专业的角度论证可行性;与村民代表进行沟通,耐心进行释法说理,做通群众的工作,可行性方案取得群众认同;及时召开听证会,邀请人大代表、听证员、农业专家等进行公开听证论证,经过广泛讨论和研究,最终采取轮作的方式解决了种

植户面临的难题,化解了矛盾,维护了群众的利益,切实解决人民群众的急难愁盼,为当地特色农产品发展与农业产业现代化提供了司法保障。

案件承办人:
　　孟祥凤,南京市六合区人民检察院第五检察部主任、员额检察官
　　王理想,南京市六合区人民检察院第五检察部副主任、员额检察官
案例撰写人:
　　陈浩,南京市人民检察院第六检察部检察官助理
　　罗好雨,南京市六合区人民检察院第五检察部检察官助理
案例审核人、编审人
　　李勇,南京市人民检察院法律政策研究室主任、员额检察官
　　王红庆,南京市人民检察院法律政策研究室副主任、员额检察官

南京市六合区人民检察院组织开展"大圣水芹"行政争议化解推进会

(2023 年 3 月 2 日由郭超拍摄)

江苏省张家港市人民检察院督促整治
高速公路桥下空间安全隐患案^①

——推动全省检察机关开展专项
监督活动推进系统治理

【案例要旨】

行政机关不全面履行高速公路桥下空间安全管理职责、损害公共利益的,检察机关可以履行公益诉讼职能督促整治。办理高速公路桥下空间公共利益受损案件,可以根据最大限度地保护公共利益的原则,经上级检察机关指定,由属地基层检察机关管辖。上级检察机关可以根据个案办理情况,开展辖区内专项执法监督活动,通过上下一体协同,系统推动桥下空间治理。在保护受损公益的同时,推动有关行政机关和相关地方政府厘清权责,统一监管执法,促进诉源治理。

【案情概要】

张家港疏港高速是江苏省省级高速公路、苏州市第二条港口高速公路,途径张家港市主城区、保税区,全程 19.57 公里,是连接主城区与副城区的大动脉。在疏港高速张家港市臻缘路至泗杨桥路附近区域,有长达 3.4 公里的高架桥桥下空间长期疏于监管,被违法占用。该路段主要存在以下违法问题:部分企业在此堆放建筑材料,生产水泥预制品,非法倾倒建筑垃圾;部分企业将生产设备固定于高架桥梁,危及桥梁结构安全,桥梁排水管道遭到破坏;部分企业在高速桥梁附近施工作业,现场堆放危化品、有机油桶;周边企业或居民搭建临时住房

---

① 张检行公终〔2022〕47 号;张检行公终查〔2022〕48 号。

直排生活污水,侵蚀桥梁柱体。以上路段高速桥下空间长期被非法占用,危害高速公路桥梁安全,存在重大隐患。

【履职情况】

一、线索来源

2022年3月,江苏省张家港市检察院根据12345便民服务平台群众投诉线索,发现疏港高速桥下空间存在管理混乱的问题。因高速公路桥下空间的行政执法监管由江苏省交通运输综合行政执法监督局负责,但桥下空间的区域位于属地政府辖区,一般较为隐蔽,桥下空间治理涉及与属地政府执法监管的协作配合等问题。针对该案管辖问题,张家港市检察院逐级请示至江苏省人民检察院。2022年5月20日,江苏省检察院指定该案由张家港市检察院办理,并全程跟进指导案件办理。

二、调查核实

张家港市检察院核实了物流中转站、体育场所、户外拓展训练基地、建筑材料堆场、预制品生产加工场所等占用场地的依据,了解沿江高速公司对场地的管理情况,同时对交通运输执法部门监管情况进行了调查。经查证,物流中转站、户外拓展训练基地、建筑材料堆场均为非法占用,体育场所、预制品生产加工场所的场地租赁协议已到期,沿江高速公司未依法清理相关场地,交通运输执法部门未依法开展行政监管,非法占用单位均未办理相关用水、用电许可。

2022年6月15日,张家港市检察院作出立案决定,同年6月16日,张家港市检察院向江苏省交通运输综合行政执法监督局送达《立案决定书》。因高速公路桥下空间涉及江苏省交通运输执法部门与地方政府的联动执法,2022年6月29日,张家港市检察院对张家港市杨舍镇人民政府立案调查。

三、诉前磋商

立案后,江苏省检察院和苏州市检察院对张家港市检察院给予针对性指导,重点解决高速桥下空间倾倒不明建筑垃圾代位履行法律适用等疑难问题。经江苏省检察院统筹协调,张家港市检察院与江苏省交通运输综合行政执法监督局多次对接沟通,双方争取理解支持,为案件开展调查核实及推进诉前磋商工作创造了有利条件。

张家港市检察院经审查认为,从权责主体来看,高速公路桥下空间属于国家所有,由高速公路经营管理单位负责日常管理,江苏省高速公路管理机构负责行政监管,沿线地方人民政府给予支持与协助。随着高速公路里程大幅增长,穿行城市的桥下空间面积越来越大,高速公路经营管理单位日常巡查与维护成本高、难度大,缺乏主动管理的积极性,对桥下空间的环境维护标准不高。江苏省高速管理机构负责监管区域广,执法力量有限,存在滞后性和监管盲区。沿线地方人民政府有利用桥下空间的实际需求,但受公益性项目限制,与相关机构协调存在障碍。

从监管成效来看,因地方经济发展土地需求量增加,大量高速公路桥下空间处于闲置状态,一些经营者想方设法地与地方交通部门、高速公路经营管理单位、江苏省高速公路管理机构签订无偿公益性使用协议。相关部门在签订协议后不加强跟踪管理、不及时解除违反禁止事项的协议、不清除到期后仍非法占用的合同主体,导致桥下空间各种利益交织,民事纠纷错综复杂。同时,因疫情造成日常巡查间断,有部分桥下空间被倾倒大量建筑垃圾,查证困难,执法部门无法找到倾倒主体,高速公路经营管理单位也不愿清除。针对这些问题,法律法规规定得较为笼统,造成执行困难。

从协同执法层面看,高速公路经营管理单位与高速公路管理机构为省级单位,办公地点不在高速公路桥下空间所在区域,日常管理与执法权限均由省级单位直接行使,需要沿线地方人民政府予以配合。沿线地方人民政府相关部门配合主动性不足,未建立有效操作的协作配合机制,缺少联席通报制度,导致产生问题后,责任相互推诿。高速公路管理机构对高速公路经营管理单位缺少监管手段,在高速公路经营管理单位不主动上报问题、不解决问题的情况下,高速公路管理机构缺少抓手。地方基层组织缺少配合管理的积极性,考虑集体经济组织利益多,兼顾桥下空间管理少。

张家港市检察院将案件情况向张家港市人民政府书面报告,市政府主要领导作出批示。后由张家港市人民政府牵头,会同江苏省交通运输综合行政执法监督局、沿江高速公司、张家港市检察院及地方行政执法部门等,针对疏港高速桥下空间管理混乱等问题召开了3次协调会。后张家港市检察院在江苏省检察院的支持下,多次会同江苏省交通运输综合行政执法监督局与张家港市交运局、城管局、杨舍镇政府开展诉前磋商,研究桥下空间的垃圾倾倒、非法占用等问题的治理与预防。

四、整改情况

在江苏省检察院统筹支持下,各单位经磋商,明确了疏港高速桥下空间的监管职责:沿江高速公司依法履行日常维护的主体责任;江苏省交通运输综合行政执法监督局与张家港市城管局、杨舍镇政府联合执法共同查处非法倾倒垃圾的行为;张家港市城管局加强对渣土车运输的行政监管。三方建立起执法联动机制,形成打击非法倾倒建筑垃圾的工作合力。

江苏省交通运输综合行政执法监督局向相关责任主体发出《限期自行清理告知书》,并针对其中一家单位移动公路附属设施的行为做出行政处罚。经督促清理,疏港高速桥下 5 处长期占用的业主主动搬离,并清理各类堆积物及设施 50 余立方米、废弃物 15 立方米、违法圈占围网约 800 米。相关行政主管部门对桥下空间实施彩钢瓦围挡处理和环境美化,对破损的隔离网进行维修加固,共计围网 1 300 米,消除了危害桥梁安全的危险源。经多方努力,疏港高速桥下空间安全隐患问题得以消除。

五、延伸治理

案件办结后,张家港市检察院针对高速公路桥下存在的空间管理薄弱、立法滞后、权责利不统一、缺乏监管机制等问题,在办案过程中主动向张家港市委市政府专题汇报,多次参加市政府召集的磋商会。由于办案效果好,工作推进力度大,注重经验总结,敏感发现桥下空间在行政监管体制上的问题,张家港市检察院撰写的情况反映分别被苏州市委书记曹路宝、江苏省检察院副检察长陶国中批示。江苏省人大代表密切关注该问题,并转化为人大代表建议。苏州交通、住建、应急、公安等多部门会商,对全市桥下空间问题进行联合执法和综合治理。

2023 年 2 月,江苏省检察院以该案为范本,在全省组织开展检察机关高速公路桥下空间执法专项监督活动,取得良好成效。

【典型意义】

一、行政机关不全面履行高速公路桥下空间治理职责,损害公共利益的,检察机关应当履行公益诉讼职责督促整改

高速公路桥下空间是指高速公路桥梁垂直投影范围内的空间以及桥梁规划

红线内的陆域用地,其空间利用事关高速公路交通安全、群众生产生活安全。相关单位或个人违反法律法规,在高速公路桥下空间的垃圾倾倒、非法占用、施工作业等易造成桥梁结构受损,对高速公路安全畅通造成极大隐患,严重威胁出行群众的生命和财产安全。因高速公路桥下空间治理涉及多层级多部门,监管责任不清,相关利益主体多元,导致行政机关履职缺失或不全面履职,公益损害事实持续发生。检察机关应及时履行公益诉讼检察职责,督促加强高速公路桥下空间综合治理,确保桥下空间合法利用、高速公路桥梁安全运行。

二、高速公路桥下空间公共利益受损案件,可以根据最大限度保护公共利益的原则,由属地基层检察机关管辖

高速公路桥下空间的治理缺失源于高速公路执法存在的制度供给不足,导致政出多家、职能交叉、权责不清等问题。同时,桥下空间治理与区域经济发展、社会治理紧密相关,属地行政机关在监管执法、协同管理等方面发挥作用更大。高速公路桥下空间公共利益受损的,可以根据最大限度保护公共利益的原则,经上级人民检察院指定,由属地基层检察机关立案管辖。属地检察机关可以充分发挥属地优势开展调查核实、诉前磋商等工作,推动受损公益及时修复。上级检察机关可以根据个案办理情况,开展相关专项执法监督活动,系统推动高速公路桥下空间治理。

三、在保护受损公益的同时,推动有关行政机关和相关地方政府统一监管执法,厘清权责,促进诉源治理

因跨行政区划、跨部门管理、跨多层级等因素,导致高速公路桥下空间治理等领域存在制度供给不足、协同治理不够等根源性问题,检察机关可以结合公益诉讼履职,聚焦桥下空间治理的难点问题、根源问题,将履职发现的问题与推动整改的可行举措积极转化为人大代表建议、政协提案。针对制度供给不足的情况,可以提出亟须完善相关立法的情况反映,促进建章立制,推动有关行政机关和相关地方政府统一监管执法,协同强化经济社会管理,推进诉源治理。

案件承办人:

闫振东,张家港市人民检察院第四检察部副主任

蒋洲,张家港市人民检察院第四检察部检察官助理

案例撰写人:

闫振东,张家港市人民检察院第四检察部主任

王硕,张家港市人民检察院第六检察部副主任

案例审核人:

韩广强,张家港市人民检察院党组成员、副检察长

案例编审人:

魏国巍,苏州市人民检察院法律政策研究室主任

召开 S23 靖张高速公路桥下空间长效管理机制协调会

(2022 年 11 月 3 日由金心泱拍摄)

督促国家税务总局徐州市税务局
稽查局履行税务稽查职责案[①]
——公益诉讼督促整治"网红"直播带货偷漏税费

【案例要旨】

针对网络"直播带货"新业态经营者偷漏税费问题,检察机关应当积极发挥国有财产保护公益诉讼监督职能,充分运用"四大检察"内部融合机制,能动履职。在提前介入案件过程中,挖掘案件线索,综合运用多种调查手段,充分借助公安机关办案优势及侦查手段,全面调查案件事实。检察建议发出后,要加强检税合作,持续跟进检察建议落实情况,深化综合治理。

【案情概要】

江苏省徐州市鼓楼区人民检察院(简称鼓楼区检察院)在履职中发现,2018年以来,曹某某及其妻李某(现已离异)在某直播平台开通小店1和小店2,以直播带货和直播卖货两种方式对外销售服饰、日用百货等商品,粉丝量达2 000余万人,系某直播平台的大主播,年销售额均在亿元以上。

经查,上述两个小店注册登记的营业执照均为徐州经济技术开发区某百货经营部,两人经营的徐州某公司获得直播平台注册账号的蓝V认证(企业的商家号认证)。2019年7月—2021年12月,上述两账号在某直播平台结算提现额为9.6亿余元,但徐州某公司自成立以来主动申报缴纳的税款仅为4.5万余元,徐州经济技术开发区某百货经营部无缴纳税款记录,曹某某及李某亦无以个人

[①] 徐鼓检行公建〔2022〕5号;徐税稽处〔2023〕26号。

名义收取销售收入纳税申报记录,上述纳税情况与其经营规模明显不匹配,存在偷漏国家税费、侵害国家利益的可能。

2022年3月24日,鼓楼区检察院依法启动国有财产保护公益诉讼程序,2022年4月12日,该院依法向国家税务总局徐州市税务稽查局(简称税务稽查局)制发行政公益诉讼《诉前检察建议书》,建议该局对曹某某、李某及其带领的团队偷漏税费的行为进行查处。加强对网络直播新业态的税收监管,强化与银行等金融机构的合作,及时获取涉税数据,对网络主播的税收缴纳情况进行有效监管。

税务部门收到检察建议后高度重视,成立专案组启动稽查程序。经稽查,曹某某及李某涉嫌偷漏税费共计4 715.11万元,税务部门已分别对曹某某、李某下达《税务处理决定书》。目前已成功追缴部分涉案税款并挽回国有财产损失1 347万余元,涉案人员李某已全部缴纳完毕。此外,税务部门以点带面,开展网络直播行业专项税务稽查活动,另对4户企业、2户个人主播及从业人员开展税收风险应对和税务稽查,查补税款滞纳金共计3 170万余元。因涉案人员曹某某仅补缴部分税款,拒不缴纳余款,2023年6月26日,税务稽查局已依法将该刑事犯罪线索移交公安机关处理,并于同年9月15日对涉案人员做出行政处罚。

【履职情况】

一、充分发挥"四大检察"融合发展机制,精准发现监督线索

《人民检察院公益诉讼办案规则》第24条列举了五类公益诉讼线索来源,而"其他在履行职责中发现"作为兜底条款,明确了检察机关在"履行检察职责"过程中发现的损害国家利益或社会公共利益的问题可以作为公益诉讼线索立案。为了更好挖掘内部公益诉讼案件线索,鼓楼区检察院先后出台《民事行政检察和公益诉讼领域案件信息共享实施意见》《刑事、公益检察办案团队工作办法》《"四大检察"互涉案件线索移送协处办法》,明确检察机关在内部办案中发现的公益诉讼案件线索,应当及时移送公益诉讼检察部门办理。本案系鼓楼区检察院刑事检察部门在提前介入李某1涉嫌非国家工作人员受贿一案时发现,行贿人曹某某为解决直播带货中存在的问题,先后三次向李某1行贿,数额较大。鉴于同

期"薇娅""雪梨"等头部主播相继以"直播带货"偷逃税款被曝光,并分别被做出行政处罚,该院敏锐地捕捉到"税款"这一关键信息。经公益诉讼检察部门研判,曹某某及其团队可能存在偷漏税费情形,国家利益可能受到侵害,故以行政公益诉讼立案,并开展调查核实工作。

二、依托特邀检察官助理制度,充分发挥检察一体化优势,为案件"量身定做"调查方案

直播带货涉税案件涉及税种多、计算复杂、政策较多,专业性较强等特点,鼓楼区检察院充分借助"外脑",聘请税务领域检察官专业助理参与办案过程,就网络直播带货领域偷逃税款的调查取证给予专业意见。同时鼓楼区检察院向徐州市检察院第七检察部汇报,召开涉税案件线索调查专题研讨会,积极争取公益诉讼指挥中心的支持。综合上述意见和建议,鼓楼区检察院围绕"经营者注册、变更信息""带货模式""平台结算数额""涉案主体缴税现状"等问题有针对性地制定调查方案,为下一步成功取证奠定了坚实的基础。

三、充分运用调查核实权,同步参与提前介入活动,依法、全面调查案件事实

《人民检察院公益诉讼办案规则》第35条规定,人民检察院办理公益诉讼案件,可以采取查阅、调取、复制有关执法和诉讼卷宗材料,询问相关人员,向有关单位和个人收集书证、物证、视听资料、电子数据等证据的手段开展调查和收集证据。鉴于本案正处于刑事案件的侦查阶段,鼓楼区检察院公益诉讼检察部门同步介入,充分借助公安机关办案优势及侦查手段,围绕网络营销模式、实际经营主体以及应税销售收入等方面全面开展调查工作。为查清网络直播带货经营模式,鼓楼区检察院向某直播平台调取了小店经营规则以及涉案两个账号的注册、变更信息,询问了关键证人李某1,查明曹某某和李某存在直播带货和直播卖货两种营销方式。此外,借助公安机关侦查"东风",鼓楼区检察院顺利从某直播平台调取到多达3GB的涉案两个注册账号的平台后台数据,以及分别从微信、支付宝调取到资金结算记录,争取了宝贵的办案时间。

调查查明,涉案直播账号的蓝 V 认定是徐州某公司,但是登记的经营主体为个体工商户,且平台结算款项均进入个人账户,实际经营者应为曹某某、李某及其带领的团队。同时查明小店1 2019 年 7 月—2021 年 12 月,平台结算提现

额为 9.077 815 16 亿元,小店 2 2019 年 7 月—2022 年 2 月,平台结算提现额为 5 472.173 4 万元。上述证据足以证明,曹某某、李某及其团队的经营额与其缴纳的税款严重不符,造成国家大量税收流失,损害了国家利益。

四、主动融入地方治理大局,加强行刑衔接,深化溯源治理

鼓楼区检察院向税务稽查局发送检察建议后,并未一发了之,而是持续跟进检察建议落实情况,与税务部门建立了联席会议制度,相互配合,推动税务稽查和税款追缴工作,挽回国有财产损失。直播带货行为涉及的主要税种为增值税、企业所得税和个人所得税,但直播带货经营模式和主播收入方式多种多样,税务认定非常复杂。鼓楼区检察院主动与公安、法院、税务等部门建立联席会议制度,充分发挥司法办案优势,协助税务部门开展稽查活动,查清关键细节,对主播涉及的佣金收入、坑位费收入、带货收入、卖货收入等不同收入类型征税类别做出精准认定。同时推动税务部门通过个案办理以点带面,对区域内同类问题开展专项集中整治。

此外,鼓楼区检察院以办理此案为契机,推动江苏省徐州市人民检察院、国家税务总局徐州市税务局联合签署《关于在税务领域加强行政执法与检察司法协作配合的意见》,在信息共享、线索移送、两法衔接、智力互助等方面达成了共识,构建了新型检税合作联动格局,有效提升了税务领域社会治理体系和治理能力的现代化水平,为经济社会高质量发展提供了有力的法治保障和税收支撑。

【典型意义】

一、"直播带货"是互联网经济下的经营新业态,对该领域存在的偷逃税款行为,检察机关应充分发挥公益诉讼检察职能,督促主管部门加强征管,依法保护国有财产安全

税收是国家财产的重要来源和组成部分,依法纳税是每个公民和企业的法定义务。近年来,"直播带货"销售模式异军突起,其主要特点是借助主播的人气,通过网络平台进行宣传、交易,与传统经营模式并无本质不同。随着互联网经济、数字经济的深入发展,"直播带货"的销售规模越来越大,在经济活动中的占比越来越高,《中华人民共和国电子商务法》第 11 条规定,电子商务经营者应

当依法履行纳税义务。但是,由于传统税收监管机制的相对滞后,对该领域的监管力度明显不足,造成国家财产流失。检察机关在履职中发现"直播带货"存在偷税漏税行为的,应通过内部线索移送公益诉讼检察部门启动监督程序,依法督促税务主管部门加强征管,维护国家利益。

二、"直播带货"新类型案件涉及网络技术、税务法规等多个专业领域,检察机关多措并举,突破专业壁垒,综合运用多种调查手段,充分借助公安机关办案优势及侦查手段,融合办案、同步取证,全面调查核实案件情况

"直播带货"销售活动通过互联网进行,交易记录记载为电子数据,且涉及税种多、税收政策复杂、税收计算难度大、专业性较强,检察机关充分借助"外脑",聘请税务专家参与案件调查取证,综合运用询问证人、向有关单位调取书证、电子证据等方式开展调查取证工作。与刑事检察密切配合,同步介入案件,充分利用刑事案件"引导侦查",借助公安机关办案优势,查明当事人网络营销模式、实际经营主体、应税销售收入以及偷漏税费的事实,同步固定公益监督证据。

三、检察机关积极跟进监督,发挥司法办案优势,协助税务部门挽回税收损失,获得区委区政府的高度评价

检察机关与税务部门始终保持密切联系和配合,先后通过共同现场调查、约谈当事人、召开联席会议等形式研究稽查方向、询问方案以及税款执行等若干问题,同时充分发挥桥梁纽带作用,召集税务、公安、法院等部门共同研究案件定性及税收征缴举措,最终促使税务部门成功追缴本案税款 1 347 万余元,税务部门同时"以点带面"开展网络直播行业专项税务稽查活动,另对 4 户企业、2 户个人主播及从业人员开展税收风险应对和税务稽查,查补税款滞纳金共计 3 170 余万元。对于拒不缴纳剩余税款的曹某某,税务机关经依法研判,将案件移送公安机关处理,对其他"网红"涉税人员具有一定震慑效果,该案的成功办理获得了区委区政府的高度评价。

案件承办人:

徐智平,徐州市鼓楼区人民检察院党组书记、检察长

邱军,徐州市鼓楼区人民检察院第五检察部主任

案例撰写人：

王敏,徐州市鼓楼区人民检察院检察官助理

案例审核人：

邱军,徐州市鼓楼区人民检察院第五检察部主任

案例编审人：

赵卿,徐州市人民检察院法律政策研究室主任

徐晴晴,徐州市人民检察院检察官助理

会同税务部门开展案件研讨

(2022年4月22日由李淑雅拍摄)

海洋工程装备企业非法经营案[①]

——探索小微企业简式合规，以个案办理推动行业整治

【案例要旨】

针对同一行业多家小微企业涉嫌生产经营性犯罪，检察机关应全面评估司法办案对企业和行业发展的影响，符合企业合规适用条件的"应用尽用"。在具体合规整改工作中，可采用简式合规简化办案程序、缩短考察期限等措施，在检察机关主导下推动合规进程确保整改效果。在个案开展合规建设过程中，对办案中发现的行业性普遍性问题，可通过制发检察建议、开展联合摸排等方式推动行业整改，促进诉源治理。

【案情概要】

江苏 A 环保设备科技有限公司、东台市 B 救生设备有限公司、东台市 C 救生设备厂、东台市 D 船舶设备厂等 4 家涉案企业均为小微企业，注册资本 60 万—1 000 万元，以生产、销售船用救生设备产业为主，上述涉案企业的住所地均在东台市某镇。梅某、季某、穆某、缪某等 4 人分别为上述四家企业的法定代表人。

2016—2021 年，江苏 A 环保设备科技有限公司等四家企业在未取得《民用爆炸物品销售许可证》，且公司营业执照不具备民用爆炸物品销售资格的情况下，在销售其他海洋工程产品的同时，应客户需求违规搭售海上救生烟火信号产品（属于民用爆炸物品），先后销售给多家企业及单位，销售金额 57 万—97 万元。

[①] 东检刑检刑不诉〔2022〕Z77 号；东检刑检刑不诉〔2022〕Z78 号。

2020年11月,东台市公安局陆续以非法买卖爆炸物罪对江苏A环保设备科技有限公司等13家海洋工程装备企业进行立案侦查。侦查终结后,2021年5月,东台市公安局先后将江苏A环保设备科技有限公司非法经营案等4个案件移送东台市检察院审查起诉。案发后,4家涉案企业相继主动退出违法所得,梅某等相关责任人也主动投案、认罪认罚,并提出合规申请。经层报江苏省人民检察院审批同意后,东台市检察院对江苏A环保设备科技有限公司等4家企业分2批启动合规工作,牵头应急管理、市场监管、某镇政府等组建监督评估小组,具体负责对4家涉案企业进行合规监管。经评估考察验收合格后,东台市检察院先后于2021年12月、2022年5月依法分别对4家涉案企业及4名责任人员作出不起诉决定。

【履职情况】

一是介入侦查,准确把握类案定性。东台市检察院应邀提前介入该系列案件,经审查,针对公安机关以非法买卖爆炸物罪进行立案侦查的情况,检察机关深入研究后认为,不能简单地将含有火药成分的海上烟火信号认定为刑法上的爆炸物。涉案企业并未直接生产、运输、储存海上救生烟火产品,而是由海上救生烟火产品的生产方直接供货给与涉案企业签订销售合同的收货方,该类业务规模小,未发生安全问题,且涉案企业搭售海上救生烟火信号系满足经营需求,并无买卖爆炸物的主观故意。另海上救生烟火信号属于限制买卖物品,遂建议公安机关改变侦查方向为非法经营。同时,检察机关在介入时发现,某镇共有100余家企业和个人涉及该类行为,且公安机关已对其中13家企业进行立案侦查,因此建议公安机关在进一步查明案件事实、发案原因背景的基础上,从保障海洋工程装备产业发展的角度出发,对未达入罪标准的相关企业撤销案件。东台市公安局采纳了检察机关的意见,对9家企业撤案或终止侦查。

二是充分调研,明确合规工作思路。案件移送审查起诉后,东台市检察院赴某镇开展办案影响评估,通过听取某镇党委政府主要领导的详细介绍、走访海洋工程装备产业园、与4家涉案企业的负责人和部分工人进行谈话等方式,充分了解掌握某镇海洋工程装备行业的发展态势,涉案4家企业虽为小微企业,但资质良好,其中江苏A环保设备科技有限公司先后获得中央军委装备承制单位资格证书、武器装备质量管理体系证书、江苏省"双创人才"企业、国家高新技术企业、中国船级社质量管理体系证书等资质和荣誉。此外,涉案企业所属的海洋工程装备产业系某镇的支柱产业,生产的海上专用工作救生衣、救生圈等产品的全国市场占有率达 70% 以上,从业人员超 3 000 人,年销售额超 10 亿元,纳税超 6 000 万元,外贸出口超 3 000 万美元,"海洋蓝"已成为某镇的一张特色名片。因购买方有提供全套海上救生装备产品服务的需求,该行业内违规搭售海上救生烟火信号产品的情况较为普遍,如果简单地对该类案件提起公诉,会对当地海洋工程装备产业造成严重冲击,但如果直接对涉案企业作不起诉决定,则不利于企业乃至行业的长远发展。东台市检察院护航民企工作领导小组统一了认识,认为 4 家涉案企业具有合规整改的主动性、可能性,虽为小微民营企业,但开展合规建设有利于警示和推动行业整治。经护航民企专班工作会议讨论研究后,确立了以涉案企业合规整改为基础,辐射推动行业整治的工作思路。

三是点面结合,确保真整改、真合规。办案时值涉案企业合规改革在盐城刚试点,所涉四家企业均为小微企业,东台市检察院向盐城市人民检察院汇报了拟开展合规建设的想法,得到盐城市人民检察院的支持。经报江苏省人民检察院同意后,东台市检察院决定首批对江苏 A 环保设备科技有限公司、东台市 D 船舶设备厂等 2 家涉案企业开展合规建设。一方面,结合小微企业实际,对涉案企业适用简式合规模式,设定 3 个月的合规考察期,确保涉案企业集中时间和精力专职合规整改;围绕涉案企业生产经营风险点,制发专项合规检察建议,帮助明确合规计划和方向,降低企业合规成本。另一方面,依法向某镇政府制发社会治理类检察建议,督促镇政府对海工装备行业进行合法合规引导;牵头应急管理、市场监管、某镇政府等组建监督评估小组,具体负责合规监管考察。整改期间,监督评估小组每周赴涉案企业开展监督考察,通过实地查看销售及制度台账、盘点产品库存,电话联系客户、开展员工问卷调查等方式掌握合规整改情况;联合某镇政府,组织海洋工程装备产业园区所有企业召开警示教育大会,以案释法促进海洋工程装备企业增强合规经营意识;会同某镇政府、公安等部门开展全面摸排,督促某镇 56 家生产型企业和 60 家贸易型企业全面停止销售海上救生烟火信号类产品。2021 年 12 月 28 日,首批 2 家企业涉案企业合规考察期限届满,监督评估小组评估认为涉案企业均严格落实合规计划,建立健全制度规范、推动产品转型升级,经组织公开听证和检察委员会研究讨论,东台市检察院依法对 2 家企业和 2 名责任人员作出不起诉决定。2022 年 5 月,东台市检察院对合规整改合规的东台市 B 救生设备有限公司、东台市 C 救生设备厂以及 2 名责任人员作出不起诉决定。

四是巩固合规成果,推动行业综合整治。经合规整改,违规搭售行为已得到全面整改,但海上烟火救生信号类产品购销的现实需求问题仍未解决。为此,东台市检察院与某镇政府主动对接该类产品的经营审批流程要求,结合装备产业园区现状,形成专项调研报告,积极争取政策支持,同时积极引导涉案企业通过科技赋能实现产品升级,弥补传统海上救生烟火信号类产品的相关不足,增强海洋工程装备产业的区域竞争力。2022 年 3 月,江苏省海事局、工信厅、交通运输厅联合出台《江苏省船舶检测服务机构海上烟火信号管理工作指引》,明确具备相关资质的企业可以向船舶修造、航运企业和救生艇筏生产企业及为上述企业提供检测服务的机构出售海上烟火救生信号。经回访了解,目前某镇已有 1 家企业获得销售资质,江苏 A 环保设备科技有限公司与哈尔滨工程大学合作研发以电子脉冲信号代替传统烟火救生信号的替代方案已取得初步成效。某镇海工装备产业实现稳步发展,园区新增实体企业 4 家,海洋工程装备特色产业链得到进一步完善。至 2022 年 10 月中旬,已经完成产值 10.58 亿元,与 2021 年同期相比上涨 10%,新增 100 多名人员就业,为某镇经济社会高质量发展做出了突出贡献。

【典型意义】

一、结合地方经济特色和小微企业特点探索涉案企业合规方法

小微企业是我国社会主义市场经济不可或缺的组成部分,对拉动经济增长、增加就业机会等具有十分重要的积极作用。但是相较于与大中型企业而言,小微企业在治理模式、业务规模、员工数量、资金能力、风险防范等方面具有明显的不足,如何对小微企业与大中型企业探索差异化合规模式,是江苏省涉案企业合规改革试点步入"深水区"后亟待解决的一项重要课题。东台市检察院在办理该案时,遇到了要不要启动企业合规、怎么样开展合规监管、能不能推动行业合规等一系列问题,在江苏省、盐城市两级检察院的大力支持和精心指导下,东台市检察院攻坚探索、依法规范推进,通过办理海工装备行业小微企业非法经营合规建设系列案件,试出了一条顺应地方经济发展、契合检察工作实际的小微企业合规特色道路。

二、通过充分调查评估，准确把握是否具备开展涉案企业合规的条件

针对海工装备行业多家小微企业涉嫌非法经营海上烟火救生信号类产品犯罪，检察机关充分考量犯罪事实和情节、案发缘由、对当地经济社会的影响等因素，准确把握法律政策界限和适用企业合规政策的范围条件，全面评估司法办案对企业生存、员工就业、行业发展的影响。虽然涉案的 4 家企业系小微企业，但是这些企业对当地经济社会和海工装备行业的健康发展具有重要作用，检察机关落实平等保护原则，通过召开护航民企领导小组会议统一了认识，在认真研究的基础上，积极主动向上汇报，得到了江苏省、盐城市两级检察院的指导和支持，依法启动了合规程序。

三、发挥主导作用，结合经营实际探索适用简式合规监管模式

在推进企业合规整改的过程中，检察机关积极发挥主导作用，综合考虑小微企业经营实际以及案件暴露出的主要问题等情况，依法准确适用简式合规监管模式，在减少涉案企业合规成本的同时，坚持"简程序不降标准"：一方面，通过制发检察建议帮助涉案企业找准存在问题，明确合规方向，围绕涉罪领域督促建立专项合规计划，设定了符合小微企业实际的考察期限；另一方面，牵头相关主管部门组建了合规整改监督评估小组，在不影响涉案企业正常生产经营秩序的前提下，采取实地考察、查阅台账、调查问卷、电话问询等方式，定期跟踪推动合规进程，提升合规有效性。

四、坚持诉源治理，以个案办理推动行业治理、行业合规

开展企业合规工作是检察机关发挥职能作用、推动诉源治理的重要体现，检察机关没有止步于办好个案合规，而是通过以点带面，紧盯整个海工装备行业普遍存在的违法搭售海上救生烟火信号类产品这个共性问题，以能动履职融入社会治理大格局，积极主动加强与地方政府、相关行政主管部门的沟通协作，检府联动，通过个案办理推动行业治理、个案合规促进行业合规，有效解决了制约海工装备行业健康发展的深层次问题，进一步增强了行业合规建设的整体意识，助力行业转型升级、创新发展，实现了"办理一类案件、规范一个行业、促进一域发展"的良好效果。

案件承办人：

李雪雷，东台市人民检察院人民检察院党组成员、副检察长

许春梅，东台市人民检察院第二检察部副主任

曹鹏飞，东台市人民检察院经济开发区检察室副主任

案例撰写人：

葛海亮，东台市人民检察院办公室副主任

曹鹏飞，东台市人民检察院经济开发区检察室副主任

案例审核人：

李雪雷，东台市人民检察院党组成员、副检察长

案例编审人：

林海，东台市人民检察院党组成员、政治部主任

东台市人民检察院就两家涉案企业合规不起诉举行公开听证会

（2021 年 12 月 27 日由曹鹏飞拍摄）

常州市钟楼区检察院大运河环境污染公益诉讼案^①

——能动调查综合履职推动大运河保护协同治理

【案例要旨】

检察机关办理污染环境公益诉讼案件,可以综合运用群众举报、司法执法衔接等快速反应机制及时发现线索、固定证据;对调查取证存在客观障碍或不具备取证手段的,可以通过制发协助调查函、拟定调查提纲等方式,督促行政机关收集、提供证据;对损害社会公益事实清楚,需要及时制止侵害、消除危险的,检察机关可以制发诉前检察建议、提起民事公益诉讼,督促职能部门依法履职,推动实现综合治理,实现对公共利益优先保护。

【案情概要】

侵权人江苏某电力公司(简称某电力公司),住所地常州市运河路,主营输变电铁塔、构架、电站及工业管道、支吊架等电力装备的设计和制造。大运河常州段是连通长江和太湖两大水系的唯一河段,是长江重要支流。2019年12月—2020年3月,某电力公司排放的生产性废水中含有锌、铬、镍等重金属及油类污染物,因管道年久失修导致废水渗漏到该公司一条废弃的雨污管道,造成污染物沉积于箱涵,并有部分废水流入大运河中。经检测,某电力公司渗漏生产废水的行为对大运河水体环境及流经的土壤等环境介质产生了较严重的环境污染。同时,由于京杭运河常州段直接与长江相连,运河水体污染直接对长江环境造成威胁。

---

① 钟检民行民公诉〔2020〕3 号;钟检行公〔2019〕32040400041 号。

【履职情况】

一是线索发现。2019 年 12 月,常州市钟楼区检察院在环境公益保护专项行动中发现,大运河新闸段有不定期、间歇性大量红褐色污水涌入,持续数分钟后停止排放,怀疑存在污染物排放。由于污水排放"不定时、不定量",水体流动性较大,扩散性较强,证据收集固定较为困难,检察机关发动周围群众作为观察联络员,及时发现、举报排放污水行为。2020 年 2 月 26 日,接到一名观察联络员举报后,检察机关与行政执法部门按照快速反应机制及时赶赴现场,进行检测采样、证据固定和现场处置。经采样并由专业机构初步检测发现,河水中重金属锌含量严重超标,但无法发现污染源头。

二是调查核实。污染现场环境复杂,水体附近没有发现直接排污口,为查明污染物来源,检察机关发动当地群众协助,多次进行现场踏勘,初步判定排污口隐藏于大运河出口端运河路下方箱涵内,但附近多家企业均存在排污嫌疑,污染源无法准确查明。由于调查技术手段有限、危险废物应急处置需要行政监管部门配合,2020 年 3 月,钟楼区检察院依法向钟楼区生态环境局制发协助调查函,并召开圆桌会议,对前期调查情况进行沟通,督促开展污染物溯源等工作。环保部门依法组织查勘检测,在运河码头箱涵内发现直径约 1.2 米的暗管,暗管内存有大量含有重金属的沉积淤泥,并及时开展应急处置,清理出泥水混合物 250吨。为防止次生污染,上述泥水混合物被封存于专用存储池内(池体已作防渗处理)。但调查中发现暗管中段被封堵,一时无法确定污染主体。

2020 年 6 月,钟楼区检察院与钟楼区生态环境局召开大运河污染案专题会议,研究确定调查方案,明确由检察机关开展公益调查,环保部门予以配合,具体开展了以下调查工作:① 检察机关拟定调查提纲,引导环保部门摸排嫌疑企业,查明非法污染主体。② 走访、咨询市政管道部门,了解涉案地区地下管网铺设情况,判断暗管走向,最终发现该管通往某电力公司厂区方向,据此确定污染源指向该公司。③ 督促环保部门对某电力公司厂区管网走向及布局进行了解,对雨水井积存水进行采样检测,调查是否存在生产废水非法排放或渗漏问题。④ 在污染主体确定及相关事实基本查清的基础上,检察机关对案件关键证据开展自行调查核实,进一步了解排污原因,并委托专家查看现场,对污染行为造成的环境影响进行评估。

经查：① 某电力公司存在污染环境违法行为。该公司热镀锌工艺生产中产生的废水含有锌、铬、镍等重金属及油类污染物,均属于有毒物质。2008 年,该公司进行雨污分流改造,因未对废弃的管道进行清理,导致废水渗漏到雨污管道,造成污染物长期沉积,部分废水流入大运河中。② 污染环境的行为与损害后果之间具有因果关系。该公司的生产废水与受污染的环境介质具有相同污染成分,污染物迁移路径明确合理,足以排除其他污染来源。

三是督促履职。2019 年 12 月,检察机关针对大运河新闸段经常不定时有大量红褐色液体、黑色液体、油污被排入,并在对应方位的河道内发现通往大运河私设的暗管,破坏了生态环境和资源保护的情形,向职能部门钟楼区生态环境局、属地政府新闸街道制发了检察建议;针对某电力公司擅自抽取河水、地下水作为工业用水、工业冷却水直排大运河,破坏了生态环境和资源保护的情形,向职能部门钟楼区农业农村局制发了检察建议;针对该公司高温作业无防护措施、酸洗池、等危废水池无安全防范措施、高温熔炼工段放置液化气罐等安全隐患,向职能部门钟楼区应急管理局制发了检察建议。

检察机关通过制发检察建议、督促相关职能部门查处大运河水污染违法情形,并及时制止了侵害大运河水环境的违法行为,消除了重大安全生产隐患。

检察建议发出后,引起了常州市、区两级相关行政机关的高度重视,及时对相关违法情形进行了查处,并针对大运河违法排污、取水等破坏生态环境的行为进行了行政处罚。生态环境局、属地街道及时开展了污染应急处置,与检察机关共同开展污水溯源,查明了排污企业并对排污企业某电力公司罚款 15 万元、责令封堵管道,对企业内部管网进行彻底排查;钟楼区农业农村局对某电力公司罚款 2.5 万元,征收水资源费 3 480 元,拆除违法取水设施;钟楼区应急管理局对某电力公司开具责令整改通知书,并进行安全生产约谈。

四是提起诉讼。检察机关经调查后认为,某电力公司渗漏的生产废水严重污染环境、损害公共利益,应当依法承担环境污染损害赔偿责任。鉴于受损公益需要及时修复,2020 年 9 月,钟楼区检察院公告督促符合法律规定条件的机关和有关组织,对某电力公司提起民事公益诉讼。公告期满,未有法律规定的机关和有关组织提起诉讼。经江苏省人民检察院指定管辖,2020 年 12 月,钟楼区检察院向江阴市法院提起民事公益诉讼,请求法院判令依法处置箱涵、管道中的清淤出的泥水;查明渗漏原因,彻底消除污染环境的隐患;支付应急处置、污染物检测、环境修复等费用;在媒体公开赔礼道歉。2021 年 7 月,经法院主持调解,双方达成调解协议,检察机关全部诉讼请求得到实现。

五是综合治理。为全面快速收集证据,钟楼区检察院与钟楼区生态环境部门建立了突发水污染事件快速反应联动机制,明确检察机关、环保部门、环境监测单位在接到污染举报后30分钟内,应当赶到现场采样检测、应急处置。针对办案中发现的大运河附近少数企业存在私设暗管擅自取水、影响河道安全等问题,经检察机关制发检察建议督促履职后,常州市、区两级相关行政部门开展了大运河环境保护专项行动,对违法情形和隐患开展了整治,并向检察机关通报了查处情况。检察机关在涉案街道召开生态环境违法案例警示教育大会,通报了案件情况,涉案企业公开道歉。行政机关、15家重点污染防控企业代表、涉案企业的负责人、中层干部参会,并邀请钟楼区人大代表和政协委员参加会议。

案件办理结束后,检察机关以案例研讨方式将该案例开发为全国检察教育培训精品课程。以此案拍摄的微电影获得近100万的播放量,在江苏省展播;参加全省案例讲述和江苏卫视访谈,并被《检察日报》、学习强国刊发,江苏检察在线、江苏检察在线视频号也先后发布。

通过扩大宣传,检察机关将负有监管大运河职责的钟楼区生态环境局、住建局、水利局以及热心保护大运河的志愿组织常州市档案博览中心、社区保护母亲河协会等9个党支部组织起来,组建了"保护大运河河党建联盟",将管理、监督、志愿等不同性质的保护力量有机融合在一起。通过党建引领、系统治理、公众参与的大运河保护体系,开展大运河志愿者团队巡河30余次,排查整改"小散乱"排水、取水问题350余件,整改企业排水问题50余件,移送犯罪线索2条,推动大运河6处得到修复。

【典型意义】

一、检察机关公益诉讼调查存在客观困难的,可以依法督促行政机关收集提供证据

调查取证是检察机关开展公益诉讼的重要手段和基础保障。江苏省人大常务委员会《关于加强检察公益诉讼工作的决定》明确规定:"检察机关调查核实证据,可以要求行政机关收集、提供,也可以自行调查核实。"具体落实中应着重把握好两个方面的内容:一是督促调查的必要性,明确在检察机关自身调查条件、

能力受限、无法顺利开展调查时,才可以借助行政调查力量。二是督促形式的正当性,通过请求函、调查提纲等恰当方式提出要求。本案中,检察机关在面临污染溯源、污染物应急处置、生产厂区环境指标检测等专业问题时,采用制发协助调查函、制定调查取证提纲、召开圆桌会议等方式,依法督促行政机关调查取证,收集、提供涉案企业损害公益的证据,为案件的顺利办理奠定了基础。

二、对公共利益需要优先保护和救济的案件,检察机关可以单独提起民事公益诉讼

实践中,检察机关办理环境民事公益诉讼案件往往会涉及刑事犯罪问题,需要结合案件情况妥善做出选择。基于公共利益优先保护的原则,检察机关可以单独提起民事公益诉讼,但需要具备以下三个前提条件:一是案件事实已经查清,侵权责任比较明确。二是受损公益需要及时修复,造成的环境安全风险需要尽快消除。三是刑事案件尚未有明确进展,与公益诉讼案件无法同步推进。本案中,检察机关在查清侵权事实的基础上,从有利于及时处置污染物、督促侵权企业改造管线、消除渗漏风险的角度,单独提起了民事公益诉讼,努力使受损的社会公共利益得到及时救济和保护。

三、综合运用"群众举报＋司法执法"快速反应机制,办理环境公益诉讼案件

非法排污类污染环境案件具有侵权行为即时性、隐蔽性及危害后果滞后性等特点,面临调查取证排污时间、数量、污染后果等较为困难的实践问题。检察机关可以探索建立公众参与、司法执法联动机制,依托公益损害观察员及公益诉讼线索有奖举报制度,发动周边群众实时监控、举报偷排污染物违法行为。在群众提供线索后,及时会同行政主管机关、环保监测单位等核实线索,开展采样、检测等取证调查及应急处置工作,及时固定证据。本案检察机关依托快速反应机制,在群众举报后迅速赶赴现场,在环保部门配合下收集到关键证据,保障了案件顺利办理。

四、延伸治理,形成大运河生态保护协同治理保护体系

检察机关在办理涉大运河保护问题中,突破行政监管体系不健全、合力不足、社会参与感不强等壁垒,将不同领域、不同条线的行政执法资源优化重组。

突破行政部门间横向联动的壁垒,通过合作共建整合行政力量,牵头行政机关、社会志愿组织成立保护母亲河党建联盟,构建党建引领、社会公众积极参与的协同保护体系。以大运河水污染治理为中心、大运河全域生态保护为网,用公益诉讼法治思维和法治方法,推动行政机关针对雨污管网混流、污水废水违法排放、沿岸外来物种大肆生长、河道堤岸堆放废弃物等普遍性问题开展系统整治,实现高效能治理。将法治文化建设融入大运河河岸整治、生态修复、遗产保护、文化传承治理之中,以新颖的法治宣传模式提升大运河法治文化带的辐射力和知晓度。

案件承办人:

    高正,常州市钟楼区人民检察院第五检察部主任

    廖婧,常州市钟楼区人民检察院第五检察部副主任

    沈鹏娟,常州市钟楼区人民检察院第五检察部副主任

    胡兴坤,常州市钟楼区人民检察院第五检察部检察官助理

    钱晶,常州市钟楼区人民检察院第五检察部书记员

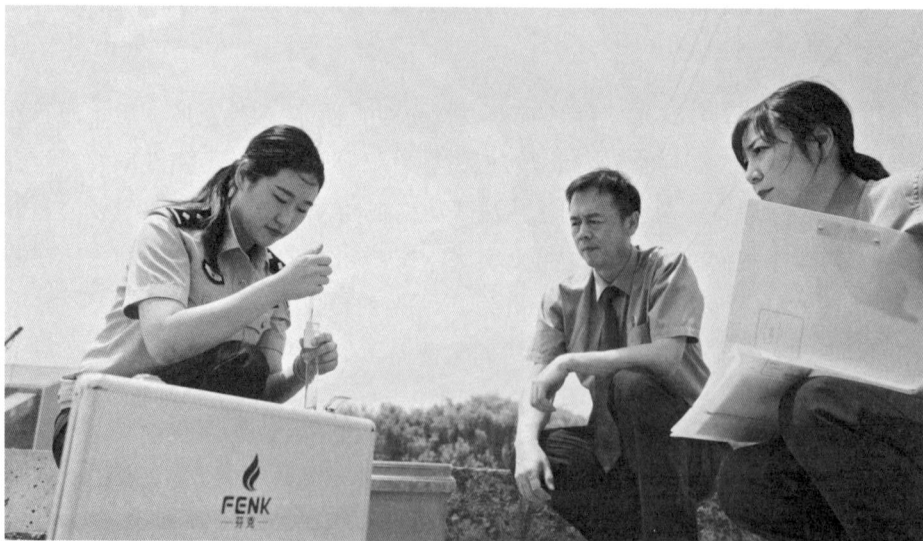

常州市钟楼区人民检察院公益诉讼办案组和检测人员在大运河事发地开展水质调查

(2020 年 2 月 24 日由黄敏拍摄)

案例撰写人：

廖婧,常州市钟楼区人民检察院第五检察部副主任

沈鹏娟,常州市钟楼区人民检察院第五检察部副主任

案例审核人：

厉俊,常州市钟楼区人民检察院第六检察部副主任

案例编审人：

黄奇,常州市人民检察院法律政策研究室员额检察官

陈某、史某某侵犯商业秘密案[①]

——依法惩治商业信息"内鬼",服务保障企业经营

【案例要旨】

检察机关在办理经营信息类侵犯商业秘密刑事案件中,判断客户信息、交易习惯、报价区间等明显具有商业价值的信息是否属于商业秘密,重点在于考量经营信息是否不为公众所知悉。检察机关在办案时,可以引导权利人实质性参与诉讼,共同完善证据材料。侵权人通过非法使用经营信息的获利,均应计入侵犯商业秘密罪的违法所得数额。检察机关在办案中应当充分发挥引导作用,帮助企业堵塞漏洞,实现源头治理。

【案情概要】

陈某于2003年进入溧阳市某重型机械厂(简称溧阳公司),从事销售员工作。2004年开始代表溧阳公司与客户做业务。2014年起,陈某利用工作便利陆续将获得的溧阳公司主机及配件合同、产品投标内容、标底价格、客户配件需求清单、客户详细信息、报价清单等经营信息,通过他人与溧阳公司的客户进行交易,从中谋利。

为实施具体交易行为,陈某于2015年6月、2017年4月通过亲属设立溧阳鑫帛机械制造有限公司(简称鑫帛公司)和溧阳市鸿云机电设备制造有限公司(简称鸿云公司),交由亲属史某某经营管理。两公司通过陈某提供的溧阳公司相关客户需求、投标价格等信息,以略低于溧阳公司的价格向客户公司投标,从而赢得标的,从中谋利。

---

① (2022)苏0411刑初644号。

同时,自 2016 年 4 月起,陈某将掌握的溧阳公司与其他公司的招投标信息,透露给惠州市某公司(简称惠州公司),使惠州公司以稍低于溧阳公司的价格中标。惠州公司中标后,将一部分业务分给鑫帛公司、鸿云公司生产。

经审计,2015 年 6 月—2021 年 10 月,鑫帛公司、鸿云公司非法获利人民币 1 386 708.91 元,惠州公司非法获利人民币 557 136.10 元。经上海技术交易所鉴定,溧阳公司主张的相关客户及其主机或配件采购需求信息,属于"不为公众所知悉"的经营信息。

2022 年 1 月 14 日,溧阳市公安局以陈某、史某某涉嫌侵犯商业秘密罪向常州市新北区检察院提请批准逮捕。同年 1 月 21 日,新北区检察院批准逮捕。经释法说理,陈某、史某某退出违法所得人民币 138.6 万元。

2022 年 5 月 17 日,溧阳市公安局以陈某、史某某涉嫌侵犯商业秘密罪向新北区检察院移送审查起诉。2022 年 10 月 31 日,新北区检察院以侵犯商业秘密罪对被告人陈某、史某某提起公诉。

2023 年 2 月 23 日,江苏省常州高新技术产业开发区法院以侵犯商业秘密罪判处被告人陈某有期徒刑 1 年 3 个月,并处罚金 150 万元;判处被告人史某某有期徒刑 1 年,缓刑 2 年,并处罚金 10 万元。同时对两名被告人分别判处禁止令:禁止陈某自刑罚执行完毕之日起 3 年内从事工业机械及机械配件的生产、经营活动;禁止史某某在缓刑考验期内从事工业机械及机械配件的生产、经营活动。两被告人均认罪服判。

【争议焦点】

一、涉案的经营信息是否属于"不为公众所知悉"的商业秘密

一种意见认为,企业的客户信息、报价等属于公开信息,不属于"不为公众所知悉"的商业秘密;另一种意见认为,客户信息、交易习惯、报价区间、竞标策略等经营信息是企业在长期经营活动中积累形成的,其他相关人员不容易获取或者必须付出一定的时间、财力才能获得,属于"不为公众所知悉"的经营信息。

二、在权利人与被告人所签保密协议证据缺失的情况下,能否认定权利人采取了必要的保密措施

一种意见认为,在企业正常经济活动中,销售人员不可避免地涉及经营信息

的披露、公开和使用,权利人应当与销售人员明确约定保密义务,是否签订保密协议是权利人采取必要保密措施的重要证明。在没有保密协议等证明的情况下,不能认为权利人已经采取了必要保密措施。另一种意见认为,权利人采取保密措施并不仅限于与相关人员签订保密协议,可以采取保密会议、劳动合同约定、日常工作要求传达等多种方式,即使保密协议文本缺失,仍可以通过会议记录、同类岗位其他人员证言等证据予以印证保密约定的存在。

三、侵犯商业秘密罪的违法所得数额如何计算

侵犯商业秘密案件,侵权人因侵犯商业秘密违法所得是立案追诉标准之一。在本案中,侵权人通过侵犯商业秘密获利的行为模式主要有两种:一是利用掌握的溧阳公司经营信息,在与溧阳公司业务竞标中取得优势,中标获利;二是利用溧阳公司客户信息,与对方达成交易获利。对于违法所得的认定,一种意见认为,违法所得数额只能限定于侵权人通过获得的经营信息与权利人竞标过程中所获得的相关利益;另一种意见认为,侵权人通过从权利人处获得的经营信息,开展所有相关业务的利润均应计入违法所得数额,而不限于以上述方式在同一业务竞争中所获得的相关利益。

【评析意见】

一、经营信息类商业秘密的认定,应当准确判断涉案信息是否不为公众所知悉

准确认定经营信息是否属于商业秘密,是依法惩治侵犯商业秘密犯罪的前提。认定涉案经营信息是否属于商业秘密的关键在于准确判断涉案信息是否不为公众所知悉,即涉案经营信息不为普遍知悉和容易获得。客户信息、交易习惯、报价区间、竞标策略等经营信息既是经营者进行市场决策的依据,也是其在经济活动中获得优势地位的重要支撑,对企业提升竞争能力、获得经营利润具有积极意义。本案中,溧阳公司相关经营信息系在长期经营活动中不断积累、调整形成,需要花费大量的时间和资金投入,公司对上述信息的知晓范围进行了一定约束,一般情况下只有管理、销售人员在业务需要时方可知悉,不为公司其他人员及外部人员所普遍知悉。在办案中,可以委托第三方鉴定机构对涉案经营信

息是否属于不为公众所知悉进行司法鉴定,同时检察机关可以通过调取相关公司的会计凭证、增值税专用发票、客户信息、竞标材料以及员工证言等,对鉴定结论开展实质性审查,以明确经营信息是否属于商业秘密。

二、检察机关在审查权利人是否采取必要保密措施时,可以引导权利人实质性参与诉讼

保密性是商业秘密受法律保护的法定要件,只有企业在实际生产经营过程中对商业秘密采取一定的保密措施,才能获得法律保护。在办理侵犯商业秘密犯罪案件时,需要收集企业采取保密措施的相关证据,其中最有力的证据表现为权利人与员工签订的保密协议或在劳动合同中书面约定的保密条款。但是保密协议并非证明采取保密措施的唯一证据,应当通过调查权利人的日常管理活动情况,查明是否实际采取了保密措施。因为在办案中,由于企业档案保存不当等原因,经常会造成保密协议文本灭失或存在瑕疵。一方面,检察机关可以调取企业内部会议记录、保密要求传达记录、同类岗位人员劳动合同、保密协议等证据材料,证明权利人在侵权人岗位范围内采取了必要的保密措施。另一方面,检察机关应当积极引导权利人实质性参与诉讼,协助调取、主动提供有关证据材料。必要时,可以申请权利人及相关员工出庭作证,证实权利人已经采取了必要的保密措施。

三、侵权人通过侵犯商业秘密实现的获利均应计入违法所得数额

侵犯经营信息类商业秘密案件,在权利人的损失数额难以确定的情况下,可以侵权人的违法所得数额作为定罪量刑标准。在企业的实际经营活动中,对于经营信息的运用方式存在不同,权利人并不一定根据经营信息参与所有的交易活动。侵权人的违法所得不仅包括侵权人实际利用经营信息与权利人竞争所产生的商业利益,而且包括侵权人利用侵权行为直接开展的全部业务所得的经济利益。本案中,溧阳公司仅参与了部分项目的投标竞争,而陈某不仅通过侵犯商业秘密与溧阳公司在同一项目中竞争获利,而且通过涉案经营信息在溧阳公司未参与的项目中获利,后者虽然看似未直接侵害溧阳公司的权益,但本质上侵占了权利人的交易机会,剥夺了后续交易的可能性,因此其相关获利也应当计入违法所得收入。在办案中,应当着重审查侵权人的客户资料、资金往来、业务合同、交易时间等证据材料,可以委托专业审计机构对侵权人因侵犯商业秘密产生的

收益进行司法审计,同时综合被告人的供述的利润率、相关证人证言等证据,依法准确认定违法所得数额。

四、针对办案中发现的企业管理及行业普遍性问题,检察机关应当注重引导,强化源头治理

针对办案中发现的被害单位在商业秘密保护过程中存在的保密协议档案管理不规范、保密制度落实不严格等相关问题,可以引导企业自主开展合规建设。本案中,新北区检察院在办案过程中引导溧阳公司通过实质性参与诉讼活动,全面排查经营管理风险点,溧阳公司充分意识到知识产权合规建设的重要意义。该公司主动向检察机关申请开展合规建设,新北区检察院知识产权办案团队多次走访溧阳公司,并积极帮助联系企业合规第三方监督评估机构成员常州大学知识产权教授等,帮助企业建立知识产权保护合规方案,完善企业管理模式,改变原先对于经营信息粗放化运用模式,将经营信息与项目和负责人员一体化管理,防止经营信息的非必要泄露。

在办案过程中,检察机关发现同类企业在经营管理中知识产权保护意识相对薄弱、保护机制相对缺乏。新北区检察院强化知识产权检察综合履职,通过走访企业、开展专题座谈、举办知识产权主题"检察开放日"等举措,帮助企业提升知识产权保护能力。同时,新北区检察院建立与相关职能部门联动机制,共同在重点高新企业、产业园区等设立"知识产权联动保护工作站",结合落实江苏省检察院"护航现代化、建功新征程"讲百案、进千企、访万家法治宣传行动,对辖区企业开展常态化、多元化普法宣传。2023 年,共开展进企业普法 51 次、向企业制发检察提醒函 9 份、发放知识产权普法手册 1 000 余份,全方位构建知识产权大保护工作格局。

案件承办人:

徐周,常州市新北区人民检察院第四检察部员额检察官

案例撰写人:

何萌,常州市新北区人民检察院第四检察部主任

苹诚,常州市新北区人民检察院第四检察部检察官助理

案例审核人：

　　陆欣，常州市新北区人民检察院第六检察部主任

案例编审人：

　　黄奇，常州市人民检察院法律政策研究室检察官

常州市新北区人民检察院邀请部分女企业家代表和区妇联
工作人员举办"知识产权保护"主题检察开放日活动

（2023 年 4 月 11 日由钱悦拍摄）

王某危害珍贵、濒危野生动物案^①

——"小案"推动司法解释，保护"大民生"

【案例要旨】

对行为虽然符合《刑法》分则罪状，但经审查社会危害性较小的，应当认定为"犯罪情节显著轻微、危害不大"，不作为犯罪处理，依法作出法定不起诉决定。办理案件时应充分考量公共利益，当不起诉所能实现的公共利益大于起诉时，可依法适用不起诉。针对行政执法和司法办案滞后于社会发展的问题，检察机关应与行政机关协同发力，建议完善相关法律法规，健全行业监管制度，实现诉源治理。

【案情概要】

2019 年 5 月 6 日，被不起诉人王某注册成立河南省商丘市宁陵县王某鹦鹉养殖场，在未取得国家重点保护野生动物人工繁育许可证和经营利用许可证的情况下，购买他人繁育的费氏牡丹鹦鹉进行人工繁育，并对外销售。2020 年 9 月，被不起诉人王某以 25 元/对的价格向商丘鸟店经营者田某（另案处理）出售 15 对（30 只）费氏牡丹鹦鹉，田某将该 30 只费氏牡丹鹦鹉连同自己平时零散收购的 14 只费氏牡丹鹦鹉，以人民币 35 元/对的价格销售给徐州鸟店经营者刘某某（另案处理）。2020 年 9 月 16 日，上述 44 只费氏牡丹鹦鹉通过汽车托运的方式运输至徐州汽车总站时被查获。后公安机关又在王某的鹦鹉养殖场查获 147 只人工繁育的费氏牡丹鹦鹉。费氏牡丹鹦鹉（agapornis fischeri）被列入《濒危野生动植物种国际贸易公约》（简称《公约》）附录Ⅱ，被核准为我国国家二级保护野生动物。

---

① 徐铁检诉刑不诉〔2021〕Z58 号。

2020 年 11 月 6 日,徐州市公安局云龙分局以涉嫌危害珍贵、濒危野生动物罪①向徐州铁路运输检察院(简称徐州铁检院)提请批准逮捕王某。鉴于王某到案后供述了主要犯罪事实,本案证据已基本固定,涉案鹦鹉均被查获,再犯可能性较小。同时王某系单亲母亲,有一患病女儿需要抚养。徐州铁检院全面审查后认为王某无社会危险性,于 2020 年 11 月 13 日依法对其作出不批准逮捕决定。

2020 年 12 月 24 日,徐州市公安局云龙分局以王某涉嫌危害珍贵、濒危野生动物罪向徐州铁检院移送审查起诉。

2000 年 11 月 27 日,最高法院发布《关于审理破坏野生动物资源刑事案件具体应用法律若干问题的解释》(简称《2000 年司法解释》),非法收购、出售费氏牡丹鹦鹉 10 只以上属于“情节特别严重”,根据《刑法》第 341 条第 1 款的规定,应当判处 10 年以上有期徒刑。但经审查,本案费氏牡丹鹦鹉均系人工繁育,长期以来被作为观赏性宠物,市场存量大、交易价格低,一般社会大众难以认识到其珍贵和濒危的程度,对王某判处上述刑罚有违罪责刑相适应原则。鉴于鹦鹉类案件“易入刑、处罚重”,为综合评估本案的社会危害性、确保罪责刑相适应,徐州铁检院将本案逐级向江苏省徐州市检察院和江苏省检察院请示。

2021 年 10 月 15 日,江苏省检察院召开检察委员会,认为本案情节显著轻微,危害不大,不认为是犯罪,可对王某作法定不起诉处理。2021 年 11 月 9 日,徐州铁检院对王某公开宣布不起诉决定。2021 年 11 月 12 日,徐州市检察院向商丘市自然资源和规划局制发检察建议。

【履职过程】

一、准确把握社会危险性条件,作出不批捕决定

2020 年 11 月 6 日,徐州市公安局云龙分局以涉嫌危害珍贵、濒危野生动物罪向徐州铁路运输检察院提请批准逮捕王某等人。《2000 司法解释》规定,非法出售费氏牡丹鹦鹉 10 只以上属于“情节特别严重”,依照《刑法》第 341 条的规定,应当判处 10 年以上有期徒刑,但社会公众对该类案件判处重刑普遍不认同。

---

① 原罪名为非法收购、运输、出售珍贵、濒危野生动物罪,2021 年 2 月 27 日最高法院、最高检察院在《关于执行〈中华人民共和国刑法〉确定罪名的补充规定(七)》中修改。本文采用新罪名。

检察机关通过类案检索发现,在办理非法交易人工繁育野生动物案件中,部分法院为实现罪责刑相适应,通常在法定刑以下判处刑罚。鉴于王某到案后供述了主要犯罪事实,本案证据已固定,涉案鹦鹉均被查获,王某再犯可能性较小,且王某系单身母亲,有一患病女儿需要抚养,徐州铁路运输检察院认为其无社会危险性。

2020年11月13日,徐州铁路运输检察院对王某作出不批准逮捕决定。同时,针对王某"涉案鹦鹉系人工繁育,在当地大量养殖并允许交易"的辩解,检察机关要求侦查机关对此进行补充侦查。

二、自行补充侦查,全面查清案件事实

2020年12月24日,徐州市公安局云龙分局以王某涉嫌危害珍贵、濒危野生动物罪向徐州铁路运输检察院移送审查起诉。为查清费氏牡丹鹦鹉人工繁育现状,检察机关开展自行补充侦查。通过与河南省商丘市野生动物保护主管部门座谈、调取费氏牡丹鹦鹉人工繁育资料、实地走访养殖企业和养殖户等方式,发现费氏牡丹鹦鹉原产于非洲,在我国野外无生存能力,有30余年人工繁育历史,鹦鹉养殖户多达900余户,曾被列入商业性经营利用驯养繁殖技术成熟的野生动物名单,当地费氏牡丹鹦鹉养殖已成规模,交易价格低,终端买家主要用于观赏。

三、广泛听取意见,论证案件是否侵害保护法益

为准确认定危害珍贵、濒危野生动物罪保护法益,检察机关咨询国家林业和草原局野生动植物保护司相关涉动物法规起草人、江苏省和河南省林业局等业内专家,分别于2021年3月3日、6月24日举行公开听证和专家论证会,充分听取专家学者、行业主管部门、王某及辩护律师、养殖户等意见。

经梳理行政前置法的沿革,检察机关发现随着经济、社会的发展,国家对野生动物的保护原则从"严格保护"演变为"分级保护、分类管理、规范利用",例如《野生动物保护法》(2018年修改)规定:对人工繁育技术成熟稳定的野生动物,经科学论证,纳入人工繁育国家重点保护野生动物名录,凭人工繁育许可证和专用标识出售和利用,实行与野外种群不同的管理措施。还有农业农村部公告(第69号)(2018年颁布)明确将人工繁育技术成熟稳定的部分水生野生动物的人工繁育种群,实行与野外种群不同的管理措施。

野生动物保护专家认为,费氏牡丹鹦鹉人工繁育种群已具有规模,技术成熟,对人类和野外种源未发现有危害性,无证繁育和利用只是破坏了野生动物管理秩序,属于行政违法;河南省林业厅、商丘市自然资源和规划局认为,国家林业和草原局已经在河南开展试点,费氏牡丹鹦鹉具有纳入人工繁育国家重点保护野生动物名录的可能,可以不作为犯罪处理;养殖户认为,鹦鹉均人工繁育,且养殖技术简单、启动资金小、出栏量高,是当地的致富产业;普通民众认为,费氏牡丹鹦鹉买家主要基于观赏目的而购买,交易价格低,买卖不宜作为刑事犯罪打击。

综上,检察机关认为,鉴于费氏牡丹鹦鹉人工繁育已经成熟,不具有野外生存的条件,交易行为并没有侵害野生动物资源,影响生物多样性,不应认为破坏了危害珍贵、濒危野生动物罪保护的法益。

四、全面评价社会危害性,作出法定不起诉决定

鉴于鹦鹉类案件"易入刑、处罚重",为综合评估本案的社会危害性,确保罪责刑相适应,徐州铁路运输检察院将本案逐级向徐州市检察院和江苏省检察院请示。

2021年10月15日,江苏省检察院召开检察委员会,综合评估本案的事实、情节和社会危害性程度,一致认为王某非法出售的费氏牡丹鹦鹉系人工繁育的观赏性鸟类,人工繁育技术成熟、规模较大,已经在商丘等地开展标识试点,在我国无野外种群、未侵害野生动物资源,社会危害性较小,王某非法出售费氏牡丹鹦鹉的行为属于"情节显著轻微,危害不大",不认为是犯罪。2021年11月9日,徐州铁路运输检察院根据《刑法》第13条,最高人民法院、最高人民检察院、公安部、司法部《关于依法惩治非法野生动物交易犯罪的指导意见》第9条的规定,对王某依法公开宣布法定不起诉决定。

五、刑行联动推动诉源治理

由于"非法交易鹦鹉"类案相继被刑事处理,商丘当地鹦鹉养殖业处于停滞状态,对此,检察机关同当地主管部门商议,通过刑事和行政双重途径,利用个案办理,共同解决鹦鹉养殖产业的困境。

江苏检察机关从野生动物保护主管部门、相关专家学者、鹦鹉养殖场等层面开展专题调研,对全国范围内的涉案鹦鹉案件审查起诉和判决情况等进行摸底,

形成专题报告,建议修改动物资源司法解释,对以观赏等非侵害目的,交易人工繁育技术成熟、种群规模较大的野生动物,可以不做犯罪处理。

2021年11月11日,徐州市检察院向商丘市自然资源和规划局制发检察建议,提出做好人工繁育鹦鹉办证许可和标识试点工作、规范人工繁育鹦鹉交易市场的监督管理、做好野生动物保护的培训宣传等有针对性的建议,以推动鹦鹉养殖产业健康和良性发展。检察建议送达后,检察机关多次回访、跟踪建议落实情况。2021年12月28日,商丘市自然资源和规划局书面回复,已有530名养殖户办理了人工繁育许可证,发放鹦鹉专用标识193万枚。

【争议焦点】

本案在办理中形成了两种分歧意见:一是认为根据《刑法》条文、司法解释和以往判例,本案构成犯罪,可以从宽处罚;二是认为由于法律政策的变化,买卖人工繁育技术成熟的人工繁育费氏牡丹鹦鹉已经无实质危害,应当无罪处理。

第一种意见认为应当定罪处罚,量刑大幅度从宽,建议判处3年以下有期徒刑,适用缓刑,并处罚金。理由如下。

(1)司法解释明确规定人工繁育野生动物同等保护原则。我国《刑法》第341条第1款规定,非法收购、出售国家重点保护的珍贵、濒危野生动物的,构成危害珍贵、濒危野生动物罪。《2000年司法解释》第1条明确规定,《刑法》第341条第1款规定的"珍贵、濒危野生动物"包括"列入《濒危野生动植物种国际贸易公约》附录Ⅱ的野生动物以及驯养繁殖的上述物种。"本案费氏牡丹鹦鹉被列入《濒危野生动植物种国际贸易公约》附录Ⅱ,王某未取得费氏牡丹鹦鹉的驯养繁殖许可证和经营利用许可证。

(2)非法交易人工繁育野生动物具有社会危害性。费氏牡丹鹦鹉系外来物种,非法收购、出售费氏牡丹鹦鹉不能排除存在可能的传染源和传播途径,可能危害生物安全。我国是《濒危野生动植物种国际贸易公约》缔约国,费氏牡丹鹦鹉被列入《濒危野生动植物种国际贸易公约》附录Ⅱ,我国有保护费氏牡丹鹦鹉的国际义务,而对费氏牡丹鹦鹉的保护就意味着对人工驯养繁殖的保护。

(3)类案检索发现司法判例定罪从宽。检察机关通过类案检索发现,在办理交易人工繁育野生动物案件时,为实现罪责刑相适应,部分案件在法定刑以下判处刑罚。以最高法院指导案例1383号解某某非法出售珍贵、濒危野生动物案

（发布时间 2021 年 1 月 15 日）为例，解某某非法出售 6 只人工繁育的非洲灰鹦鹉、蓝黄金刚鹦鹉、金头鹦鹉、太阳锥尾鹦鹉和蓝和尚鹦鹉，法定刑为 5 年以上有期徒刑。因解某某非法出售鹦鹉的数量刚达到情节严重的标准，且涉案鹦鹉系人工繁育，其行为的社会危害性相对小于非法出售纯野外生长、繁殖的鹦鹉，临沐县法院以非法出售珍贵、濒危野生动物罪，依法层报最高法院核准后，在法定刑以下判处解某某有期徒刑 3 年，缓刑 4 年，并处罚金 3 万元。

第二种意见认为犯罪嫌疑人王某的行为实质上不具有社会危害性，不应作为犯罪处理。理由如下。

（1）前置行政法规对部分野外种群和人工繁育种群实行区别保护。虽然《2000 年司法解释》在定罪量刑上未区分人工繁育野生动物与野外种群，但随着社会经济的发展进步，对珍贵、濒危野生动物的保护，前置行政法规已做出调整。检察机关通过梳理野生动物保护法律法规的变化发现，修订后的《野生动物保护法》规定，人工繁育技术成熟的野生动物，经科学论证，纳入人工繁育国家重点保护野生动物名录，凭人工繁育许可证和专用标识出售和利用，实行与野外种群不同的管理措施。目前，国家对水生野生动物的管理已经按照上述规定执行。野生动物的保护原则已从"严格保护"发展为"分级保护、分类管理、规范利用"。

（2）涉案鹦鹉已开展专用标识试点管理，定罪不符合一般社会大众预期。检察机关专题调研发现，费氏牡丹鹦鹉在国家林业局于 2003 年 8 月 5 日发布的《关于发布商业性经营利用驯养繁殖技术成熟的梅花鹿等 54 种陆生野生动物名单的通知》中，虽然该通知已于 2012 年 10 月 23 日被废止，但案发地政府对费氏牡丹鹦鹉的人工繁育默许态度。在本案办理过程中，2020 年 12 月 18 日，最高法院、最高检察院、公安部、司法部《关于依法惩治非法野生动物交易犯罪的指导意见》出台，其第 9 条规定，在认定是否构成犯罪以及裁量刑罚时，应当从涉案动物是否系人工繁育、物种的濒危程度、野外生存状况、人工繁育情况等 8 个方面，综合评估案件社会危害性，做出妥当处理，确保罪责刑相适应。2021 年 4 月 2 日，国家林业和草原局已开始在河南省开展专用标识试点管理，对费氏牡丹鹦鹉办理人工繁育许可证，凭标识许可销售、运输。此种情势下，再将本案作为有罪案件处理既不符合法理，也超出了社会大众预期。

（3）费氏牡丹鹦鹉人工繁育技术成熟，子代不具有现实社会危害性。检察机关通过与商丘市野生动物保护主管部门座谈、调取费氏牡丹鹦鹉人工繁育资料、实地走访养殖企业等方式,查明费氏牡丹鹦鹉原产于非洲,在我国野外无生存能力,有30余年人工繁育历史,鹦鹉人工繁育技术成熟。后为进一步明确非法交易费氏牡丹鹦鹉的法益侵害性,检察机关分别举行公开听证会、召开专家论证会,充分听取专家学者、行业主管部门、王某及辩护律师、养殖户等各方意见。专家学者等认为人工繁育费氏牡丹鹦鹉作为宠物鸟经营、利用,对野外种群和生物多样性未发现有危害性,是当地的富民产业,不规范养殖属于行政违法,交易行为不宜作为刑事犯罪打击。

(4) 社会危害性实质审查被最高法院的答复予以认可。2011年11月18日,最高法院关于被告人郑某某非法收购珍贵、濒危野生动物、珍贵、濒危野生动物制品罪请示一案作出〔2011〕刑他字第86号批复:"人工养殖的国家林业局规定可以进行商业性利用的梅花鹿等54种陆生野生动物不属于《刑法》第341条第1款规定的犯罪对象。被告人郑某某无证收购基于商业经营利用目的而人工养殖的虎皮蛙的行为不构成非法收购珍贵、濒危野生动物罪。"此外,2016年3月2日,最高法院研究室在《关于收购、运输、出售部分人工驯养繁殖技术成熟的野生动物适用法律问题的复函》中答复:"虽然2003年《通知》于2012年废止,但从实践看,《批复》的内容仍符合当前野生动物保护与资源利用实际,即由于驯养繁殖技术的成熟,对有的珍贵、濒危野生动物的驯养繁殖、商业利用在某些地区已成规模,有关野生动物的数量极大增加,收购、运输、出售这些人工驯养繁殖的野生动物实际已无社会危害性。"可见,最高法院认为从社会危害性的角度进行考察,非法交易人工繁育野生动物的行为不具备刑事处罚的违法性和社会危害性。

【评析意见】

一、严重的社会危害性是犯罪的本质特征,简单入罪违背社会大众的一般认知

野生动物犯罪频繁成为社会热点问题,引发社会各界广泛关注。司法实践中,对于非法交易野生动物的行为,往往"法外开恩",在法定刑以下判处刑罚,但是这种"根据案件的特殊情况"做出的"降格"处理,仍然在网络上引发大量舆情和争议。犯罪的特征是社会危害性、刑事违法性和应受刑罚处罚性,严重的社会危害性是犯罪的本质特征,是应受刑罚处罚性的主要考量因素。因此,司法机关认定犯罪时首先应进行刑事违法性的形式判断,其依据主要是《刑法》分则条文及相应司法解释。然后,再进行社会危害性的实质判断,其依据主要是涉案行为的法益侵害性。最后,还要进行应受刑罚处罚性的实质评估,对此应注重进行常识、常理、常情的判断,使法律判断符合社会公众认知。对行为虽然符合刑法分则的规定,达到了司法解释规定的数额、数量等条件,但形式上具有刑事违法性的案件,也要充分重视《刑法》总则的指引和约束作用。综合刑法的目的、行为性质、社会危害性程度、人身危险性等方面,经审查认为行为实质上没有对国家、社会和他人造成严重危害的,应当认定为"情节显著轻微危害不大",不应作为犯罪处理。本案从法律条文上看,王某非法交易费氏牡丹鹦鹉的行为涉嫌犯罪,但是其社会危害性尚未达到刑法科处的严重程度。同时检察机关应充分考虑社会常识、常情、常理,并结合时代背景、经济社会发展的需要,准确把握本案的法益侵害性,作出法定不起诉决定使案件处理更符合社会公众的一般认知。

二、注重办案效果,保障公共利益,让司法公正引领社会正义

检察机关在办案中进行了大量的调查工作,了解到商丘市费氏鹦鹉的人工繁育历史已有 30 余年,且技术成熟、已成规模,从孵化、养殖、防疫到检疫、运输、销售,已形成了完整的产业链,是当地不少群众脱贫致富的途径。此后陆续出现的"鹦鹉案",给鹦鹉养殖业带来重创。检察机关对王某作出绝对不起诉决定,充分考虑了对鹦鹉产业链的保护,将对相关行业、从业者的影响以及对公共利益的负面影响作为检察机关办理案件的重要考量因素。同时,为避免"鹦鹉案"等类似案件再次上演,还对全国范围内的涉案鹦鹉案件审查起诉和判决情况等进行摸底,形成专题报告,建议修改动物资源司法解释,对以观赏等非侵害目的,交易人工繁育技术成熟、种群规模较大的野生动物可以进行出罪处理。此外,检察机关能动履职,助推"两高"修改《关于办理破坏野生动物资源刑事案件适用法律若干问题的解释》,在实现产业的发展和民众的法感情等公共利益最大化时,检察机关对此依法做出不起诉处理,实现了司法公正引领社会正义的效果。

三、立足法律监督职能,规范行业监管,促进诉源治理

案结却不能事了,对于在办案中发现的鹦鹉养殖业许可不规范,对鹦鹉经营

和利用和运输等行为监管不全面、野生动物保护宣传不到位等问题,检察机关向案发地行政主管机关制发跨省检察建议,建议做好人工繁育鹦鹉许可和专用标识管理试点工作,规范交易市场监督管理,实行定点交易,引导鹦鹉养殖户合法经营利用。跨省检察建议制发后,近千户鹦鹉养殖户取得了人工繁育许可证,200余万鹦鹉拥有了合法的"身份证",多项利好政策落地,使鹦鹉养殖产业重获新生,同时该检察建议获评全国检察机关优秀社会治理检察建议。

案件承办人:

    范璞,徐州铁路运输检察院刑事检察部副主任

    陈培培,徐州铁路运输检察院刑事检察部检察官助理

案例撰写人:

    范璞,徐州铁路运输检察院刑事检察部副主任

    陈培培,徐州铁路运输检察院刑事检察部检察官助理

到被不起诉人王某鹦鹉养殖场了解情况

(2021年4月10日由金磊拍摄)

案例审核人：

梁卿,徐州市人民检察院法律政策研究室主任

荣辉,徐州市人民检察院第一检察部副主任

案例编审人：

周立武,江苏省人民检察院第一检察部副主任

江苏省扬州市邗江区人民检察院
督促规范 AED 急救设备设置
使用行政公益诉讼案①

——政协提案＋公益诉讼，助力提速 AED 规范配置

【案例要旨】

针对政协委员提案反映的公共场所 AED 投放数量少、管理使用不规范问题，检察机关可以邀请政协委员"融入式"参与公益诉讼检察办案，通过磋商、会签机制厘清各方职责，督促行政机关依法履职。通过专题调研、检察建议推动党委政府出台文件，助力区域整体公共场所 AED 合理配置、规范使用，切实保障人民群众的身体健康和生命安全。

【案情概要】

AED 的全称是自动体外除颤器，是可以自动分析心跳、呼吸骤停伤患的心电图，并在需要除颤时给予电击的一种便捷式医疗仪器。2021 年 1 月，扬州市邗江区政协常委黄杰提案反映辖区公共场所 AED 配置数量少、管理使用不规范、群众知晓度不高等问题，导致无法满足应急救护需求，损害了社会公共利益。2022 年 12 月 6 日，邗江区院邀请扬州市红十字会、市急救中心、邗江区卫健委等 11 家单位及政协委员召开诉前磋商会，就 AED 配置必要性、行政机关职责、监督难点等充分讨论，以厘清责任主体，明确牵头部门。2023 年 3 月 1 日，邗江

---

① 扬邗检〔2023〕2 号。

区检察院就 AED 配置管理问题向邗江区卫健委制发检察建议,邗江区卫健委在辖区公共场所投放了 124 台 AED。邗江区检察院撰写《关于邗江区 AED 设备配置、管理及使用情况的调研报告》呈报邗江区委区政府,邗江区委区政府高度重视,并积极向上反映情况。扬州市委市政府出台"1 号文件",将 AED 规范配置项目列入民生幸福工程,在全市公共场所投放 250 台 AED,开展使用培训 200 场。

【履职情况】

一、多方调研摸底,开展公益诉讼立案

2022 年 4 月,邗江区检察院在江苏省率先建立代表建议、委员提案与公益诉讼检察建议衔接转化机制。同年 10 月 8 日,在双向衔接转化日常联席会议上,扬州市邗江区政协(简称邗江区政协)将第 105153 号提案移送邗江区检察院,建议检察机关对 AED 设置使用情况予以监督。邗江区检察院走访政协委员和提案答复部门发现:主管部门对 AED 配置使用不重视,对于由谁安装、归谁管理等问题存在分歧、职权交叉,仅对提案进行程序性答复,并未采取有效措施推动实质化落实。政协委员对答复情况不满意。

2022 年 10 月 10 日—14 日,邗江区检察院邀请政协委员走访邗江区卫健委、邗江区红十字会等部门以及超市、学校、车站等公共场所。发现辖区公共场所 AED 投放数量仅 13 台,与邗江区 86.5 万常住人口及旅游高峰期大量流动人口数量不匹配,且已配置的 AED 急救设备多数投放在学校和大型商场,车站、养老机构、旅游景区等场所的 AED 覆盖面不足,无法满足应急救护需求;群众知晓度不高,导致已配备 AED 存在无人会用、没人敢用的情况;邗江区卫健委、红十字会、住建、教育等部门对配置管理存在职责交叉、权限不清等问题。经咨询苏北医院心脏病方面专家,院外心脏骤停的存活率不足 1‰,4 分钟是黄金急救时间,AED 配置不足可能导致病人不能在最短时间得到有效救治,有损不特定主体的生命健康权。《健康中国行动(2019—2030)》《公共场所自动体外除颤器配置指南(试行)》《十四五健康老龄化规划》等文件均要求"在人流密集场所配置 AED 设备"。《江苏省院前医疗急救条例》也明确养老机构、学校、旅游景区等场所应配备自动体外除颤仪。《江苏省"十四五"院前急救事业发展规划》将"加大

AED 配置力度"列为"十四五"期间的专项提升行动。对此,邗江区检察院对该线索进行公益诉讼立案,2022 年 10 月 25 日,邗江区检察院对该线索依法决定以事立案,并将立案文书抄送邗江区政协。

二、诉前磋商,共同研究治理方案

2022 年 12 月 6 日,邗江区检察院邀请扬州市红十字会、扬州市急救中心和邗江区政协、邗江区卫健委、邗江区红十字会等 11 家单位,以及提案政协委员召开磋商座谈会,就 AED 配置的必要性、管理使用中存在的问题及解决对策进行座谈,听取相关部门反馈 AED 管理使用中存在的问题,围绕本案公益损害情形认定、法律法规适用、行政监管职责范围、整改方案等内容进行讨论,形成《会议纪要》。根据《公共场所自动体外除颤器配置配置指南(试行)》,决定由区卫健委负责制定 AED 实施方案,合理规划布点,并采购安装;邗江区红十字会负责 AED 使用、维护、管理及急救知识培训;邗江区教育局、住建局等设备安装场所单位,负责日常巡检并做好记录,组织人员参加急救培训。各方现场签订了《共同加强 AED 配置和管理使用协作机制实施意见》,在加强 AED 规划配置、规范日常管理、做好宣传培训方面达成共识。

三、制发检察建议,强化诉源治理

在邗江区检察院组织的提案转化情况反馈会上,政协提案委员和检察机关达成一致意见,协力争取党委政府支持和行政机关的配合,推动将 AED 配置使用问题提升至社会治理层面。2023 年 3 月 1 日,针对公共场所 AED 配置不足、经费投入有限、宣传培训不到位、机制建设不完善等问题,邗江区检察院向邗江区卫建委制发检察建议,从加大 AED 资金投入、科学合理投放、强化责任落实、加强日常维护,狠抓宣传培训等五个方面提出建议,要求细化 AED 投放管理工作。邗江区卫健委立即组织召开专题会议,研究制定整改落实措施,争取财政支持,并出台《邗江区 AED 拟布点清单》,在商场、社区、学校等公共场所投放设备 120 台,创新探索"互联网+AED"微信小程序,通过一键导航定位最近的 AED 设备;联合邗江区红十字会采用"直播课堂+在线测试+线下实践"方式开展培训 32 场;住建、教育等部门组织本系统人员参加应急救护员培训,并做好 AED 设备日常管理和巡查。

邗江区检察院结合案件分析、问题调研、提案研究,形成《关于邗江区 AED

设备配置、管理及使用情况的调研报告》,并呈报邗江区委区政府,邗江区政府对此高度重视,出台了《关于做好 2023 年民生幸福工程的通知》的 1 号文件,明确要求提高院前服务急救能力,开展 AED 使用培训,并积极向上级反映情况。在多方共同努力下,2023 年一季度,扬州市委市政府将"生命通道"畅通项目列入民生幸福工程,计划在公共场所累计投放 250 台自动体外除颤器,开展 AED 使用培训 200 场。截至 2023 年 3 月,AED 投放与培训全部落实到位。

四、持续跟进监督,确保整改治理成效

邗江区检察院持续跟进监督,开展 AED 安置点回访,联系爱心企业捐赠设备,借助外卖小哥进行移动式投放,在外卖小哥驿站、法治"夜市"开展培训宣传,印发宣传手册等 5 000 余份;制作 AED 规范使用和法律政策宣传片,在公共场所滚动播放。2023 年 3 月 27 日,提案委员在全省检察机关公益诉讼交流会上,就 AED 提案衔接转化情况进行交流发言,充分认可检察机关的办案成果。4 月 16 日,公共场所投放的 AED 首次成功救治 1 名心搏骤停患者。4 月 25 日,邗江区政协社会和法制委员会召开专题会议,对 AED 提案转化为公益诉讼检察案件办理的成效予以肯定。邗江区检察院衔接转化工作被《检察日报》头版、最高检察院官微、新华社客户端报道,经验文章被江苏省人大常委会刊物《人民与权力》刊发推广。

2023 年 4 月 27 日,邗江区检察院审查认为,邗江区卫健委积极制定整改方案并全部实施,社会公共利益已经得到有效保护,根据《人民检察院公益诉讼办案规则》第 74 条,作出终结案件的决定。

【典型意义】

一、积极探索公益诉讼新领域,综合运用多种方式推动 AED 急救设备规范配置

心源性猝死的急救是一场与死神的赛跑,必须分秒必争。AED 的规范配置涉及不特定多数人的身体健康,是一项具有主体众多性和利益基本性的社会公共利益。检察机关积极探索公益诉讼新领域,将涉及公共卫生健康领域的事项纳入公益监督范围,通过磋商、会签机制厘清各方职责,引导行政主管部门履行

主导监管责任,推动各方主体参与整改的积极性,扩大 AED 保护范围,实现优化配置,既符合新时代司法需求,也满足了人民群众对良好、健康人居环境的期待。

二、加强政协提案与公益诉讼检察建议衔接转化,提升政协民主监督与检察监督的协同效能

政协提案是反映民声、民情、民意的重要渠道。检察机关针对政协委员提案落实难的问题,支持和保障政协委员依法履职。根据政协提案与公益诉讼检察建议衔接转化机制,从提案中精准获取公益诉讼线索,邀请政协委员深度参与调查取证、磋商座谈、跟进监督等办案流程;运用"政协+检察"联动监督机制,助力委员提案与检察建议衔接转化,有效发挥政协民主监督和检察公益诉讼监督在保护国家利益和社会公共利益中的协同共护作用。

三、践行"诉源治理"司法理念,主动融入助推市域社会治理现代化工作

在公益诉讼办理过程中,要注重从个案到类案的拓展,探索"个案办理+融合监督+系统治理"公益诉讼新模式,促成系统性整改。对涉及多部门职能交叉的共性问题,要积极应用检察智慧,通过调研报告、专题汇报争取党委和政府的支持,与相关机关共商源头治理的治本之策,推动公共场所配置 AED 上升到市域治理层面,打造"4 分钟黄金救援圈",形成共商共建共享的良好局面。

案件承办人:

耿梅玲,扬州市邗江区人民检察院党组成员、副检察长

王雅萌,扬州市邗江区人民检察院第四检察部主任、员额检察官

赵翠翠,扬州市邗江区人民检察院第四检察部副主任、员额检察官

曾艳明,扬州市邗江区人民检察院第四检察部副主任、四级检察官助理

案例撰写人:

王雅萌,扬州市邗江区人民检察院第四检察部主任、员额检察官

曾艳明,扬州市邗江区人民检察院第四检察部副主任、四级检察官助理

案例审核人:

韩佳,扬州市邗江区人民检察院第六检察部副主任

案例编审人：

任晓，扬州市人民检察院法律政策研究室主任

扬州市邗江区人民检察院联合应急部门定期回访，
听取相关人员反馈 AED 使用情况

（2023 年 7 月 28 日由邗检宣拍摄）

安徽省
法治案例

马某某等五人与某村民组侵害集体经济组织成员权益纠纷抗诉案①

——检察机关通过复查抗诉,依法保护"外嫁女"合法权益

【案例要旨】

村民自治权的行使不得与宪法、法律、法规和国家的政策相抵触,不得侵犯外嫁妇女、儿童等村民的合法权益。对村民会议决定侵害妇女等村民集体经济组织成员权益的,受害人提起民事诉讼,人民法院应当受理后依法裁判。对人民法院以村民自治为由不予审查的,检察机关要依法监督,维护村民的合法权益。

【案情概要】

马某某、马小某(系马某某的妹妹)出生后,户籍一直在安徽省庐江县某村民组。1992年马某某与丁某某结婚,1999年丁某某的户籍迁入某村民组,两人生育女儿丁某1和儿子丁某2均在某村民组落户。因城市建设需要,某村民组在土地征收后,从县政府获得一定亩数的土地作为安置补偿。2008年5月22日,某村民组村民代表会议决定形成留地安置门面房分配方案,方案以马某某等5人为外挂户和出嫁女为由,确定其不享受村民组村民待遇,未纳入门面房分配人员范围。丁某某向镇政府信访反映称,某村民组将其合法权益剥夺,要求给予其5人按政策分配留地安置门面房。2015年1月20日,镇政府答复称:对申请人丁某某等人的诉求,镇和社区进行了协调,但协调无果,申请人可以通过诉讼等

---

① 皖检民复查[2020]34000000019号;(2020)皖民再192号。

法定途径寻求解决。当日,马某某等 5 人向人民法院起诉,庐江县人民法院、合肥市中级法院均认为案涉留地安置的门面房分配系村民自治范畴,并以马某某等 5 人诉讼请求不属于人民法院受理民事诉讼的范围为由,裁定驳回起诉。马某某等 5 人不服裁定,申请再审,安徽省高级法院提审后,于 2017 年 8 月 23 日作出(2017)皖民再 31 号民事裁定书,裁定撤销二审、一审民事裁定,指令庐江县法院对本案进行审理。庐江县法院、合肥市中级法院经一审、二审程序重新审理后,分别作出(2018)皖 0124 民初 960 号、(2019)皖 01 民终 10036 号民事裁定书,再次以原事实和理由裁定驳回马某某等 5 人的起诉。安徽省检察院主要做了以下工作。

一是受理审查。马某某等人要求确定其村民组成员资格,并撤销村民组会议的决定,申请检察监督。合肥市检察院作出不支持监督申请决定后,马某某等人于 2020 年 6 月向安徽省检察院申请复查。安徽省检察院依法受理审查。围绕马某某等人户籍登记等涉及集体经济组织成员资格的问题,检察机关依法调阅原审案卷、核实相关征地安置情况,相关证据可以证实马某某等人因出生、婚姻而落户,并生活在某村民组,依据有关规定应享有某村民组村民待遇。

二是监督意见及结果。2020 年 8 月 24 日,安徽省检察院依法向安徽省高级法院提出抗诉。2020 年 12 月 14 日,安徽省高级法院经审判委员会讨论决定作出(2020)皖民再 192 号民事裁定,认为案涉纠纷构成侵害集体经济组织成员权益纠纷,属于人民法院受理民事诉讼的范围。原裁定认定本案不属于民事案件受案范围、以村民自治事由排除当事人诉权,明显与《物权法》《妇女权益保障法》《村民委员会组织法》的规定相抵触,其裁判理由无法律依据,裁定再次撤销一、二审裁定,指令庐江县法院对本案进行审理。2021 年 3 月 20 日,庐江县法院再审判决马某某等 5 人具有村民组集体成员资格,并确认村民组会议讨论决定的安置门面房分配方案无效。

【争议焦点】

本案争议焦点是:集体经济组织成员资格确认是否属于村民自治范围;因农村集体经济组织成员资格受侵害产生的纠纷是否属于人民法院民事诉讼的受案范围。

二审法院裁判意见及主要理由:村民组通过召开村民代表会议,经民主议定程序形成对集体收益的分配方案,因马某某等 5 人不具有集体经济组织成员资格,未将马某某等5人纳入门面房安置分配人员范围。由于该门面房占地系县政府根据土地征收而划拨一定亩数给村民组作为留地安置,村民组对安置门面房的分配属于对其内部事务的处理。集体经济组织成员资格认定涉及农村集体经济组织全体成员利益,应属于村民自治范畴。关于马某某等5人是否具有集体经济组织成员资格,已经村民组通过召开村民代表会议被否决,据此裁定驳回马某某等5人的起诉。

检察机关的抗诉意见认为,《安徽省实施〈中华人民共和国农村土地承包法〉办法》对集体经济组织成员资格的认定有明确的标准,即以户口在本村为主要标准,并非村民自治议定事项,马某某等5人户口均在某村民组,理应为本集体经济组织成员。马某某等人认为村民会议的决定侵害其合法权益,可以根据原《物权法》第63条规定向人民法院提出撤销申请,人民法院应当依法受理。原审裁定认为集体经济组织成员资格认定涉及农村集体经济组织全体成员利益,属于村民自治范畴,应由其集体经济组织处理,系适用法律确有错误。

【评析意见】

本案表面为马某某等人能否参与门面房分配的纠纷,实质涉及马某某等人集体经济组织成员身份的认定问题。法院对于集体经济组织成员资格认定问题的裁判意见直接关系村民切身利益,尤其是"外嫁女"等特定群体权益的平等保护,在开展此类案件检察监督时,检察机关要重点审查集体经济组织成员资格认定标准和集体组织是否越权做出决定,以及在成员权益受侵害时,人民法院应否受理审查当事人的起诉。

一、农村集体经济组织成员资格认定是否属于村民自治事项

村民自治是指广大农民群众直接行使民主权利,依法办理自己的事情,实行自我管理、自我教育和自我服务。一般情况下,村民会议或村民代表会议做出的决定如果不违反法律法规、未侵害他人合法权益,应当得到尊重并应在实践中执行。关于农村集体经济组织成员资格认定,特别是出嫁妇女(俗称外嫁女)是否属于集体经济组织成员,实践中争议较大。有观点认为集体经济组织成员资格认定的表象是身份的确认,实质上的诉求是对集体经济组织或村民组集体财产的占有、使用、收益等,该诉求争议应该交由村民自治解决。另有观点认为,集体

经济组织成员资格关系其能否依法享有附着于成员身份上的相关权益,一旦成员资格身份被否定,意味着相关民事权益就会被剥夺,由此形成的民事争议应该属于人民法院受理民事诉讼的范围,不应将其交由村民自治解决。

农村集体经济组织成员资格的认定一般涉及集体经济组织财产权利、财产收益分配等,与村民个人利益密切相关,必须严格依照法律规定确定。《农村土地承包法》第69规定:"确认农村集体经济组织成员身份的原则、程序等,由法律、法规规定。"《村民委员会组织法》第27条第2款规定:"村民自治章程、村规民约以及村民会议或者村民代表会议的决定不得与宪法、法律、法规和国家的政策相抵触,不得有侵犯村民的人身权利、民主权利和合法财产权利的内容。"该规定明确了村民自治的边界,是实践中确定村民会议或者村民代表会议有效性的重要依据。而根据《村民委员会组织法》第24条,涉及村民利益的9项事项属于村民会议讨论决定的范围,其中并无关于集体经济组织成员资格认定的规定,虽然其中第(七)项为"征地补偿费的使用、分配方案",但仅涉及组织成员的权益,并不涉及组织成员的身份认定问题。另外,《安徽省实施〈中华人民共和国农村土地承包法〉办法》第8条对集体经济组织成员的认定列出了具体的5项标准,其均是以户口所在地为判断标准,符合5项条件之一的,均应认定为本集体经济组织成员,其中第一、二项标准为:"本村出生且户口未迁出的""与本村村民结婚且户口迁入本村的",本案马某某等5人与该标准相符,其中丁某某为"与本村村民结婚且户口迁入本村",其他4人均为"本村出生且户口未迁出的"。根据上述规定,在集体经济组织成员认定方面,相关法律法规并未授权集体经济组织自行认定,而是直接确定了认定标准,因此,认为集体经济组织成员资格认定属于村民自治事项的观点,与现行法律规定相违背。

二、因农村集体经济组织成员资格受侵害产生的纠纷是否属于人民法院民事诉讼的范围

实践中,村民会议或村民代表会议做出决定,将部分人员排除于集体经济组织成员之外,进而不得享受相应的财产权益,此类情形并不鲜见。对于由此产生的纠纷是否属于人民法院民事诉讼范围也存在不同观点。检察机关认为此类纠纷属于民事诉讼审理范围的理由如下。

一是此类案件有具体的争议事实和诉求。例如在本案中,马某某等人的户籍在该村民组,村民组以村民代表会议形式决定房屋分配,以"出嫁女"和"外挂

户"等理由将马某某等 5 人排除在外,马某某等人有认定集体经济组织成员身份、参与房屋分配权利等具体诉求。

二是此类案件诉请的权益有法律明确规定,符合有权利必有救济的要求。农村土地承包经营权、征地补偿权等权利属于法定权利。依据当时适用的《物权法》第 63 条第 2 款(现为《民法典》第 265 条第 2 款),集体经济组织、村民委员会或者其负责人做出的决定侵害集体成员合法权益的,受侵害的集体成员可以请求人民法院予以撤销。原《妇女权益保障法》第 55 条亦明确,以妇女未婚、结婚、离婚、丧偶等为由,侵害妇女在农村集体经济组织中的各项权益的,或者因结婚男方到女方住所落户,侵害男方和子女享有与所在地农村集体经济组织成员平等权益的,受害人可以向人民法院起诉,人民法院应当受理。《村民委员会组织法》第 36 条亦规定,村民委员会或村民委员会成员做出的决定侵害村民合法权益的,受侵害的村民可以请求人民法院撤销。本案中,马某某等 5 人主张的是法律明确规定的权利,依上述法律规定,其享有起诉权利,并应当得到人民法院的司法救济。庐江县法院、合肥市中级法院以相关事项属于村民自治范围为由限制、排除当事人依法可以享有的诉讼权利,未能全面准确理解《村民委员会组织法》相关规定和精神,亦未适用前述《物权法》《妇女权益保障法》对村民尤其是对妇女权益的特别规定,未对马某某等人是否具有集体经济组织成员身份做出司法确认,属于适用法律错误。

三是司法实践为此类受损权益设置了明确的救济类型和渠道。本案历次诉讼中都是以"侵害集体经济组织成员权益纠纷"案由立案受理,正确界定了马某某等人起诉的争议性质。《最高人民法院关于审理涉及农村土地承包纠纷案件适用法律问题的解释》第 1 条规定:人民法院对于承包地征收补偿费用分配纠纷应当依法受理;第 24 条规定:依照民主议定程序决定土地补偿费分配时,"征地补偿安置方案确定时已经具有本集体经济组织成员资格的人,请求支付相应份额的,应予支持"。《最高人民法院关于为实施乡村振兴战略提供司法服务和保障的意见》更明确要求,要充分认识集体经济组织成员资格的重要意义,依法保护"外嫁女"等合法权益。综上,本案争议涉及集体经济组织成员资格,属于平等主体之间的纠纷,该起诉有明确的被告、具体的诉讼请求及事实和理由,符合民事诉讼起诉条件,属于人民法院受案范围。

检察机关在履行职责过程中,若发现生效裁判存在以村民自治为由不当排除当事人诉权、明显损害妇女儿童等合法权益的,应通过抗诉或者再审检察建议的方式监督法院及时纠正错误的生效裁判,改变不符合立法精神导向的司法处理方式,保障农村"外嫁女"等群体依法应当享有的诉权,使其受损害的权利得到及时救济。

案件承办人:

　　刘小勤,安徽省人民检察院第六检察部副主任

　　张传广,安徽省人民检察院第六检察部检察官助理

案例撰写人:

　　张传广,安徽省人民检察院第六检察部检察官助理

案例审核人:

　　刘小勤,安徽省人民检察院第六检察部副主任

案例编审人:

　　杨会友,安徽省人民检察院检委会委员、二级高级检察官

安徽省人民检察院第六检察部检察官联席会议讨论马某某申请监督案

(2020 年 8 月由张传广拍摄)

赵某某等人虚假诉讼监督案^①

——检察机关一体跟进监督,推动虚假诉讼案件民刑协同治理

【案例要旨】

　　当事人恶意串通伪造证据、虚构事实提起诉讼,骗取人民法院判决书、调解书,妨害司法秩序、损害司法权威,构成虚假诉讼。对经查明属于虚假诉讼的民事案件应依法判决驳回原告的诉讼请求。检察机关办理涉民营企业虚假诉讼监督案件,要坚持检察一体化办案,推进刑民协同能动履职,依职权充分用好调查核实手段查明虚假诉讼的事实,涉嫌违法犯罪的线索应及时移送有权机关查处,必要时可与公安机关联合挂牌督办,同步推进刑事侦查和民营企业权益保护工作。同时,要加大对虚假诉讼民事监督案件的跟踪问效,对法院无正当理由不采纳监督意见或再审裁判错误的,应上下一体接续监督,确保监督质效。

【案情概要】

　　2016 年 5 月 25 日,赵某某以民间借贷纠纷为由向合肥市包河区法院起诉某汽车公司,要求法院判令某汽车公司偿还借款本金及利息计 1 686.8 万元。受理案件次日,赵某某向法院申请诉讼保全,合肥市包河区法院裁定冻结某汽车公司银行账户上的存款,并要求合肥市中级法院查封某汽车公司在该院享有的案件执行款 1 686.8 万元。2016 年 6 月 16 日,在法院的主持下,赵某某与某汽车

---

① (2022)皖 01 民初 915 号;(2022)皖民再 28 号;皖检民再监[2021]34000000014 号。

公司达成调解协议,法院作出(2016)皖0111民初5023号民事调解书,确认某汽车公司欠赵某某借款本金及利息合计1660万元,并应于2016年6月23日前一次性付清。履行义务到期后,赵某某向法院申请执行,2016年8月17日,赵某某等人从法院领取执行标的款1255万余元。

潘某某于2017年4月27日向合肥市中级法院提起民事诉讼,请求判令某汽车公司、曹某某立即偿还潘某某借款本金2300万元及利息。合肥市中级法院于2017年6月28日作出(2017)皖01民初218号民事判决,支持了潘某某的诉讼请求。

2013年,浙江某公司向安徽某科技公司投资5681万元,某汽车公司、某自动化工程公司作为担保公司对该投资进行担保,安徽某科技公司和某汽车公司实际控制人均为曹某某。2019年,某汽车公司因资不抵债,被法院裁定破产清算。浙江某公司因投资债权无法得到清偿,多次向法院起诉、申诉,均被裁定驳回起诉。

2020年4月20日,最高检察院向安徽省检察院移交了曹某某等人涉嫌虚假诉讼的线索。安徽省检察院收到线索后,依职权启动审查程序,并成立了由合肥市检察院、包河区检察院民事检察业务骨干参加的专案组同,具体工作如下。

第一,调查核实。专案组重点开展了以下调查核实工作:一是调取审阅原审民事诉讼卷宗材料;二是前往浙江省向受害单位了解情况、调取证据并听取意见;三是到银行调取某汽车公司、赵某某等涉案十多个单位和个人的银行流水,并认真梳理甄别分析;四是对相关人员进行了询问核实。经调查核实:2016年5月,曹某某为转移某汽车公司被执行资产,指使其公司职员赵某某、邵某某,通过刻意截取银行流水、伪造借据、委托书等方式,虚构债权债务关系,并由赵某某以民间借贷纠纷为由提起诉讼,骗取法院民事调解书和判决书。经赵某某申请,合肥市包河区法院将在案标的款转至赵某某账户,当日,赵某某将所得执行款分三次转入曹某某账户。2017年年初,曹某某与李某、潘某某串通,通过刻意截取银行流水、伪造借据和委托书等方式,虚构债权债务关系。潘某某作为原告以借款纠纷提起诉讼,并提供虚假证据,导致法院基于捏造的事实作出错误的民事判决。曹某某和潘某某在公安机关均供述本案诉讼前相互不认识,且承认双方并无债权债务关系。

第二,虚假诉讼刑事案件办理情况。为打击虚假诉讼犯罪,安徽省检察院与安徽省公安厅联合对该案挂牌督办后,检察机关及时将犯罪线索和证据材料移送公安机关,并引导侦查。公安机关立案侦查后,结合检察机关调查核实的证据,迅速侦破案件,赵某某等人对犯罪事实供认不讳并认罪认罚,曹某某等人将通过虚假诉讼所得款项合计 1 255 余万元全部退缴。2021 年 4 月 9 日,合肥市包河区法院判决曹某某等 5 人犯虚假诉讼罪,判处有期徒刑 2 年零 10 个月至 6 个月不等,并处罚金。

对于虚假诉讼民事监督情况,安徽省检察院主要做如下工作。

第一,初次监督。2020 年 12 月 31 日,合肥市包河区检察院针对民事调解书,向合肥市包河区法院提出再审检察建议,认为赵某某与曹某某等人恶意串通,通过截取银行流水、伪造"转款说明"、盗用他人转账记录等手段,虚构民事纠纷提起诉讼,并在审理过程中进行虚假调解,骗取民事调解书,损害了国家利益和社会公共利益,应当依法纠正。合肥市包河区法院于 2021 年 3 月 23 日复函包河区检察院,以检察机关认定该案为虚假诉讼"系根据公安机关制作的询问笔录、讯问笔录得出上述判断,但这些笔录形成于刑事诉讼的侦查环节,尚未经历审判环节,即并未完成庭审质证和最终认定"为由,未采纳检察建议。

2021 年 5 月 12 日,安徽省检察院针对合肥市中级法院(2017)皖 01 民初 218 号民事判决,以该案主要证据系伪造且有新的证据足以推翻原判决为由,向安徽省高级法院提出抗诉。2021 年 6 月 4 日,安徽省高级法院作出民事裁定,指令合肥市中级法院再审本案。2021 年 9 月 17 日,合肥市中级法院作出(2021)皖 01 民再 93 号民事裁定。该院再审认为:生效刑事判决已认定本案诉讼构成虚假诉讼,并对曹某某等人判处了相应刑罚。根据《最高人民法院关于在审理经济纠纷案件中涉及经济犯罪嫌疑若干问题的规定》(简称《经济犯罪规定》)第 11 条:"人民法院作为经济纠纷受理的案件,经审理认为不属经济纠纷案件而有经济犯罪嫌疑的,应当裁定驳回起诉,将有关材料移送公安机关或检察机关。"本案所涉相关事实已构成犯罪,故裁定撤销原民事判决,并驳回潘某某的起诉。

第二,跟进监督。针对合肥市包河区法院不采纳检察建议的复函,包河区检察院遂启动跟进监督程序。2021 年 4 月 9 日,包河区检察院向合肥市检察院提请抗诉。2021 年 5 月 7 日,合肥市检察院审查后向合肥市中级法院提出抗诉。针对合肥市中级法院作出的民事裁定,安徽省检察院依职权启动跟进审查程序,经审查认为再审民事裁定适用法律确有明显错误,并于 2021 年 12 月 10 日向安徽省高级法院再次提出抗诉。

第三,监督结果。2021 年 5 月 24 日,合肥市中级法院作出民事裁定,指令包河区法院再审。2021 年 8 月 19 日,包河区法院作出再审判决,采纳检察机关监督意见,判决撤销原民事调解书,并驳回赵某某的诉讼请求。

2022 年 4 月 12 日,安徽省高级法院提审并作出民事裁定书,再审裁定撤销合肥市中级法院民事判决和民事裁定,指令合肥市中级法院审理。2022 年 6 月 21 日,合肥市中级法院作出民事判决,驳回潘某某的诉讼请求,案件受理费 204 295 元由潘某某负担。

【争议焦点】

本案主要争议焦点是涉及虚假诉讼犯罪的民事案件应该如何处理,一种意见认为:生效刑事判决已认定本案诉讼构成虚假诉讼,并对曹某某等人判处了相应刑罚。根据《最高人民法院关于在审理经济纠纷案件中涉及经济犯罪嫌疑若干问题的规定》第 11 条:"人民法院作为经济纠纷受理的案件,经审理认为不属于经济纠纷案件而有经济犯罪嫌疑的,应当裁定驳回起诉,将有关材料移送公安机关或检察机关。"本案所涉相关事实已构成犯罪,故裁定驳回潘某某的起诉。另一种意见认为:整治虚假诉讼应该坚持刑民并行,对经查明属于虚假诉讼的民事案件,应依法判决驳回原告的诉讼请求。

【评析意见】

一、对经查明属于虚假诉讼的民事案件能否适用《经济犯罪规定》裁定驳回起诉

本案不应适用《经济犯罪规定》裁定驳回起诉,理由如下。

第一,从规制目的看,《经济犯罪规定》系最高法院于 1998 年发布实施的,结合 2015 年 9 月 1 日施行的《最高人民法院关于审理民间借贷案件适用法律若干问题的规定》第 5 条关于"人民法院立案后,发现民间借贷行为本身涉嫌非法集资犯罪的,应当裁定驳回起诉,并将涉嫌非法集资犯罪的线索、材料移送公安或者检察机关"的规定,《经济犯罪规定》出台背景和规制对象显然不包括虚假诉讼犯罪。该规定之所以要求裁定驳回起诉并移送犯罪线索,主要基于非法集资类

经济犯罪的特殊性。为节约司法资源,将受害人的民事诉求一并纳入刑事程序处理有利于统一裁判标准,避免民刑判决分歧,统筹化解矛盾纠纷,更有效维护当事人合法权益。但对当事人实施虚假诉讼行为的,不仅可能损害他人合法权益,而且会妨害司法秩序、损害司法公信。该虚假诉讼行为人除了依法承担民事责任、司法行政责任外,构成犯罪的还要承担刑事责任。因此,虚假诉讼行为显然不属于《经济犯罪规定》规制范围内,且适用《经济犯罪规定》不利于实现国家严厉惩治虚假诉讼的政策和立法目标。

第二,从规范的文义解释看,《经济犯罪规定》第 11 条是针对法院审理经济纠纷案件中涉及经济犯罪嫌疑而无法查清事实,或不宜通过民事程序介入的处理情形。本案中,生效刑事判决已认定涉案诉讼构成虚假诉讼,不存在无法查清的事实,也不存在需要再移送公安机关或检察机关的情形,应通过民事再审程序进行实体纠错。

二、对经查明属于虚假诉讼的民事案件应当如何裁判

本案应依法判决驳回原告的诉讼请求,理由如下。

第一,从规制虚假诉讼的依据看,《民事诉讼法》第 112 条、《最高人民法院关于依法妥善审理民间借贷纠纷案件促进经济发展维护社会稳定的通知》第 7 条、《最高人民法院关于防范和制裁虚假诉讼的指导意见》第 11 和 12 条、《最高人民法院关于审理民间借贷案件适用法律若干问题的规定》第 19 条等有关法律和司法解释均明确规定,人民法院对经查明属于虚假民间借贷诉讼的,应判决驳回其诉讼请求,并对诉讼参与人或者其他人恶意制造、参与虚假诉讼等妨害民事诉讼的行为依法予以制裁,构成犯罪的,应当移送有管辖权的司法机关追究刑事责任。按照上述立法规范意旨,对当事人的虚假民间借贷诉讼中的诉讼请求,人民法院应当就当事人主张的事实和理由等实体争议做出判断,并通过判决形式处理。

第二,从司法判例看,对虚假诉讼当事人均采取判决方式驳回其诉讼请求。例如最高法院于 2016 年发布的指导性案例 68 号(上海欧宝生物科技有限公司诉辽宁特莱维置业发展有限公司企业借贷纠纷案)中,最高法院即采取判决方式认定虚假民事诉讼,并对参与的当事人予以罚款制裁。同样,在最高检察院 2019 年发布的指导性案例(检例第 53 号)武汉乙投资公司等骗取调解书虚假诉讼监督案中,人民法院也是采取判决方式驳回原告诉讼请求。

第三,从两种裁判方式区别看,处理虚假诉讼民事案件应采用判决方式驳回诉讼请求。裁定驳回起诉一般是依据程序法解决诉讼过程中的程序性问题,意在说明起诉的案件不属于民事审判处理范围,不符合《中华人民共和国民事诉讼法》的受理条件,是对程序意义上诉权的否定。其对起诉事项判断立场较为中立,当事人可能还有其他救济途径。判决驳回诉讼请求是依据实体法解决当事人双方争执的权利义务问题,能从实体意义上对诉权内容进行否定性评价。就本案虚假民间借贷诉讼而言,当事人起诉目的并非获取程序上的利益,而是通过捏造案件事实等方式提起民事诉讼,意图侵害他人合法权益,获取非法利益,形式上符合《民事诉讼法》规定的起诉条件,因此需要通过判决方式对当事人的虚假诉讼行为进行认定,并给予否定性评价和惩戒。

第四,从处理效果看,判决驳回诉讼请求不仅可以对虚假诉讼行为及时作出民事上的否定性评价,而且能发挥判决的既判力作用,当事人不能再另行起诉,从而断绝了利用诉讼损害他人利益的可能。同时,判决驳回诉讼请求,原告方预交的诉讼费应不退还,这样可以从经济上惩罚原告的不诚信诉讼行为,增加其失信成本,对遏制虚假诉讼有很好的引导效果。而裁定驳回起诉,既不能发挥民事裁判防范和惩治虚假诉讼的指引作用,反而会产生退还诉讼失信人预交的诉讼费等不良后果,显然不符合惩治虚假诉讼的立法规范目的和要求。

三、对虚假诉讼的治理应坚持刑民并行、双向规制,才能形成防惩合力

虚假诉讼的治理不能单向依赖刑事侦查和刑事责任的追究,还需要民事审判发挥及时发现、认定和惩戒虚假诉讼的优势,这是民事审判部门不容推卸的法律责任。除了前述的有关法律和司法解释规定,最高人民法院、最高人民检察院、公安部、司法部于2021年3月施行的《关于进一步加强虚假诉讼犯罪惩治工作的意见》,再次重申了虚假诉讼民事和刑事递进衔接和协同处理机制。虚假诉讼罪的成立以行为违反民事法律为前提,人民法院对于审理民事案件过程中发现的涉嫌虚假诉讼犯罪行为采取罚款、拘留等司法强制措施,符合《民事诉讼法》的规定。在具体案件处理过程中,人民法院不仅应当采用判决方式对查实的虚假诉讼行为进行认定,而且应当对审理中的当事人、诉讼参与人实施虚假诉讼、涉嫌构成犯罪的,在将相关犯罪线索移送公安机关之前,及时采取罚款、拘留等

强制措施,确保及时明确虚假诉讼行为人的法律责任,充分体现《民事诉讼法》规定的司法强制措施对其他潜在虚假诉讼行为人的一般预防作用。因此,对生效刑事判决已认定为构成虚假诉讼的民事案件,显然不能通过裁定驳回起诉的方式处理。

四、关于办理涉民营企业民事监督案件需要关注的事项

一是对重大涉民营企业虚假诉讼案件,检察机关要充分运用检察一体化的优势,加强内外协作配合,推动刑民协同履职,实现打击犯罪、纠正错误裁判与追赃挽损、保护民营企业合法权益同步推进。本案中,检察机关注重三级检察院一体化办案,民事检察部门与刑事检察部门协同履职,集中办案力量破解虚假诉讼案件的调查和惩戒难题,让虚假诉讼无处遁形。同时,加强与公安机关协同配合,通过联合挂牌督办,成立专案组,协同推进侦查、起诉和民事诉讼监督工作,积极追赃挽损,妥善做好刑事追诉和民营企业权益保护工作。

二是检察机关对民事虚假诉讼案件提出的监督意见要逐案跟踪问效,上下接续跟进监督,提升检察建议的监督质效。为了节约司法资源,及时纠正错误生效裁判和调解,安徽省检察院要求办理民事虚假诉讼应优先通过检察建议方式发挥同级监督优势作用,取得了积极效果。对人民法院无正当理由不采纳监督意见的,上级检察机关可以通过跟进抗诉方式,督促法院依法纠错。

案件承办人:

李卫东,安徽省人民检察院副检察长

张传广,安徽省人民检察院第六检察部检察官助理

王成余,时任合肥市人民检察院第五检察部主任(现为合肥市庐阳区人民检察院党组书记、检察长)

王莉,合肥市人民检察院第五检察部检察官

范朔春,合肥市人民检察院第五检察部检察官

严生,合肥市包河区人民检察院第二检察部主任

案例撰写人:

张传广,安徽省人民检察院第六检察部检察官助理

案例审核人:

刘小勤,安徽省人民检察院第六检察部副主任

案例编审人:

杨会友,安徽省人民检察院检委会委员、二级高级检察官

邀请全国人大代表、政协委员旁听和评议虚假诉讼民事抗诉案件庭审

(2021 年 8 月由李昂拍摄)

汤某某、武某某保险诈骗案①

——保险诈骗罪不同档次法定刑量刑数额标准认定

【案例要旨】

在现行司法解释及司法解释性文件对保险诈骗罪的不同量刑档次数额标准没有明确规定的情形下,可以根据刑法精神和社会经济发展现状,参照诈骗罪等同类型犯罪相关司法解释确定数额标准,结合保险诈骗罪的特点进行综合考量适用,确保罪责刑相适应。一般来讲,保险诈骗罪数额认定标准应不低于诈骗罪的认定标准。

【案情概要】

2015年9月29日23时,汤某某酒后驾驶皖KW9918小型轿车行驶到谢桥镇中心医院门口时,发生轿车撞到树上的单方交通事故。被告人武某某应汤某某的要求赶到现场,并拨打110报警及保险公司电话,谎称是其本人驾驶。2016年1月21日,被告人汤某某向中国某财产保险股份有限公司(简称某财险公司)合肥市分公司提出保险理赔28万元。该公司发觉此起事故存在顶包嫌疑,将该案移交其财险颍上县支公司处理。2016年9月7日,某财险颍上县支公司向颍上县公安局报案。同日,该局依法询问武某某,武某某承认顶包并与汤某某一起向某财险公司提出索赔的事实。某财险颍上县支公司至案发未予理赔。

汤某某、武某某因涉嫌犯保险诈骗罪,于2016年9月18日被羁押,同年

---

① (2020)皖刑再3号;皖检四部审刑抗〔2020〕1号。

9月24日被逮捕。2016年10月8日,颍上县公安局将该案移送颍上县检察院审查起诉。颍上县检察院以颍检公诉刑诉(2016)540号起诉书指控汤某某、武某某犯保险诈骗罪,于2016年11月7日向颍上县人民法院提起公诉。

颍上县人民法院经审理认为:汤某某、武某某以非法占有为目的,隐瞒事实真相,意图骗取保险金28万元,数额特别巨大,其行为构成保险诈骗罪,应判处10年以上有期徒刑。两人系共同犯罪,武某某在共同犯罪中起次要、辅助作用,是从犯,应当从轻、减轻或者免除处罚。由于意志以外的原因未能获得保险赔偿,是犯罪未遂,可以比照既遂犯从轻或者减轻处罚。汤某某、武某某在庭审时认罪态度较好、具有悔罪表现。法院决定对两人减轻处罚。2017年3月1日,颍上县法院判决,汤某某犯保险诈骗罪,判处有期徒刑5年6个月,并处罚金3万元;武某某犯保险诈骗罪,判处有期徒刑5年,并处罚金2万元。汤某某、武某某不服,提出上诉。

2017年5月12日,阜阳市中级法院审理认为,上诉人汤某某、武某某以非法占有为目的,虚构事实、隐瞒真相,意图骗取保险金28万元,数额特别巨大,两人的行为均已构成保险诈骗罪,应依法处罚。两人犯罪未遂,自愿认罪,积极缴纳罚金,原判已充分考虑并对其减轻处罚,其上诉理由及辩护人的辩护意见不予采纳,裁定驳回上诉,维持原判。

判决生效后,被告人汤某某之兄汤某甲,以原审判决、裁定适用法律错误为由,分别向安徽省、阜阳市两级法院、检察院申诉,均未采纳,申诉人遂向最高检察院申诉。最高检察院审查认为,原审判决认定保险诈骗数额特别巨大存在错误可能,建议安徽省检察院同步复查。2019年11月12日,安徽省检察院决定立案复查。安徽省检察院经复查认为,原判认定保险诈骗数额特别巨大错误,应当纠正,遂于2020年2月28日向安徽省高级法院提出再审检察建议。安徽省高级法院指令阜阳市中级法院对该案进行再审。2020年5月25日,阜阳市中级法院再审认为,汤某某、武某某保险诈骗28万元(未遂),属于数额特别巨大,原判量刑并无不当,决定维持原审判决、裁定。

2020年7月3日,最高检察院指令安徽省检察院提出抗诉。7月17日,安徽省检察院依法向安徽省高级法院提出抗诉。2020年11月23日,安徽省高级法院认为根据当前社会经济发展水平,并结合司法实践和本案事实,汤某某、武某某骗取保险金28万元(未遂)不宜认定数额特别巨大,可以认定数额巨大,安徽省检察院抗诉理由成立,应予纠正。遂改判汤某某犯保险诈骗罪,判处有期徒刑 4 年 6 个月,并处罚金 3 万元;武某某犯保险诈骗罪,判处有期徒刑 4 年,并处罚金 2 万元。

【争议焦点】

案件争议焦点集中在保险诈骗罪不同刑档数额标准的认定,即本案汤某某、武某某保险诈骗 28 万元应当认定为"数额巨大"还是"数额特别巨大"。

第一种意见认为,汤某某、武某某保险诈骗 28 万元应认定为"数额特别巨大"。1996 年 12 月 16 日印发的《最高人民法院关于审理诈骗案件具体应用法律的若干问题的解释》(简称《1996 年诈骗罪解释》)规定了诈骗罪和金融诈骗罪的数额标准。2001 年 1 月 21 日,最高法院《全国法院审理金融犯罪案件工作座谈会纪要》(简称《2001 年纪要》)规定,金融诈骗罪的数额在没有新的司法解释之前,可参照《1996 年诈骗罪解释》的规定执行。虽然《1996 年诈骗罪解释》已于 2013 年 1 月 18 日废止,但依据《2001 年纪要》和 2014 年 12 月 31 日下发的安徽省高级法院、安徽省检察院、安徽省公安厅《关于办理合同诈骗等犯罪案件工作座谈会纪要》(简称《安徽纪要》)仍然有效。《安徽纪要》附录"常见经济犯罪数额标准一览表"中规定,保险诈骗"数额较大""数额巨大""数额特别巨大"的标准分别为 1 万元、5 万元、20 万元,并注明依据是《最高人民检察院、公安部关于公安机关管辖的刑事案件立案追诉标准的规定(二)》第 56 条和《2001 年纪要》。本案中,汤某某、武某某保险诈骗数额为 28 万元,高于 20 万元,依据《安徽纪要》,属于"数额特别巨大"的档次。

第二种意见认为,汤某某、武某某保险诈骗 28 万元应认定为"数额巨大"。《1996 年诈骗罪解释》已于 2013 年 1 月 18 日废止,且根据 2019 年 9 月 25 日最高法院刑事审判第三庭答复最高检察院第四检察厅《关于保险诈骗量刑标准法律适用问题的反馈意见》(简称《反馈意见》)主要精神,不宜继续沿用《1996 年诈骗罪解释》的量刑金额标准审理当前的保险诈骗案件。在保险诈骗数额巨大、数额特别巨大的认定标准缺乏明确规定的情形下,可以根据刑法精神和经济社会发展现状,参照诈骗罪等同类型犯罪相关司法解释确定的"数额巨大""数额特别巨大"的标准,结合保险诈骗罪的特点进行综合考量适用,确保罪责刑相适应。保险诈骗罪数额认定标准应不低于诈骗罪的相关认定标准。根据 2011 年 8 月 1 日安徽省高级法院、安徽省检察院《关于诈骗罪数额认定标准问题的规定》(简称《2011 年规定》),诈骗公私财物"数额巨大"以 5 万元为起点,"数额特别巨大"以 50 万元为起点,即保险诈骗"数额特别巨大"应不低于 50 万元。本案中,汤某某、武某某保险诈骗 28 万元,只能认定为"数额巨大"。

【评析意见】

随着社会经济水平的不断变化,保险诈骗罪等经济犯罪涉案金额越来越大,产生的实际社会影响也不尽相同。笔者认为,在保险诈骗罪"数额巨大""数额特别巨大"认定标准缺乏明确规定的情形下,可以参照安徽省诈骗罪"数额巨大""数额特别巨大"的标准执行,即分别为 5 万元、50 万元。理由如下。

第一,不能适用已废止的司法解释确立的标准追诉犯罪。《1996 年诈骗罪解释》规定:"个人进行保险诈骗数额在 5 万元以上的,属于数额巨大;个人进行保险诈骗数额在 20 万元以上的,属于数额特别巨大",但该解释已于 2013 年 1 月 18 日废止。虽然《安徽纪要》没有废止,但该纪要对保险诈骗罪数额巨大、数额特别巨大的认定标准明确表述为依据《1996 年诈骗罪解释》,但该依据已经废止了,《安徽纪要》关于保险诈骗罪数额标准自然也不能再适用。

第二,坚持罪责刑相适应原则确定保险诈骗罪量刑数额标准。汤某某、武某某保险诈骗数额为 28 万元(未遂),属于数额巨大还是数额特别巨大,认定时要坚持罪责刑相适应原则,实现罪刑均衡、罚当其罪。目前关于保险诈骗罪数额标准只有 2010 年 5 月 7 日印发的《最高人民检察院、公安部关于公安机关管辖的刑事案件立案追诉标准的规定(二)》将保险诈骗罪的追诉标准规定为 1 万元,但是没有明确不同档次量刑数额标准。笔者认为,保险诈骗罪是从普通诈骗罪中派生出来的,保险诈骗罪的基本构成要件要素包含在普通诈骗罪中,因此与普通诈骗罪存在法条竞合关系。《反馈意见》主要精神认为,金融诈骗犯罪的定罪量刑标准应当高于诈骗罪的量刑标准,尤其对数额特别巨大的认定应当特别慎重。金融诈骗罪的入罪数额标准高于诈骗罪,是基于金融诈骗行为的特殊性质决定。保险诈骗罪作为诈骗罪的特殊罪名存在,在刑法条文没有对保险诈骗罪数额标准作出具体量化规定的情形下,为保障同一类罪中各罪之间刑罚配置相协调,维护刑法的整体统一平衡,保险诈骗罪的各刑档数额认定标准可以参照诈骗罪。

第三,保险诈骗罪的犯罪数额认定标准原则上不应低于诈骗罪。2011 年

3月1日《最高人民法院、最高人民检察院关于办理诈骗刑事案件具体应用法律若干问题的解释》(简称《2011年诈骗罪解释》)对诈骗罪量刑数额认定标准进行了调整,《2011年规定》依据该解释并结合安徽省地区经济社会发展状况,对诈骗罪数额较大、数额巨大、数额特别巨大标准规定为:0.5万元、5万元、50万元。在旧司法解释已经废止、新司法解释对诈骗罪量刑标准已做出调整的情况下,保险诈骗罪的犯罪数额认定标准原则上不应低于诈骗罪,办案人员若再适用已废止的司法解释确立的标准,会造成与同类犯罪的量刑严重不平衡、罪责刑严重不适应的问题。就本案而言,汤某某、武某某保险诈骗28万元,根据《1996年诈骗罪解释》应认定为"数额特别巨大",应处10年以上有期徒刑;根据《2011年诈骗罪解释》,诈骗数额28万元只能认定"数额巨大",应处3年以上10年以下有期徒刑。若保险诈骗数额28万元认定为"数额特别巨大",必然导致量刑不均衡和罪责刑不相适应的问题。

第四,法院适用法律错误导致量刑明显不当,应当按照审判监督程序提出抗诉。检察机关在办理保险诈骗犯罪案件时,应当对没有明文规定的不同档次法定刑量刑数额标准认定多加关注,充分考量当下社会及本地区经济发展水平,秉持罪责刑相适应的原则,监督法院审慎判断,对适用法律错误的案件及时纠正。本案原审判决、裁定适用已经废止的司法解释,认定汤某某、武某某保险诈骗28万元属于"数额特别巨大",系适用法律确有错误,导致量刑明显不当,应当按照审判监督程序提出抗诉。经安徽省检察院抗诉,安徽省高级法院经审理认为,根据当前社会经济发展水平,并结合司法实践和本案事实,汤某某、武某某骗取保险金28万元(未遂)不宜认定为数额特别巨大,可以认定数额巨大,抗诉理由成立,依法改判。

案件承办人:

　　丁世龙,安徽省人民检察院第四检察部三级高级检察官

案例撰写人:

　　丁世龙,安徽省人民检察院第四检察部三级高级检察官

　　杨文君,安徽省人民检察院第四检察部书记员

案例审核人:

　　潘颖,安徽省人民检察院第四检察部副主任

案例编审人：

丁世龙，安徽省人民检察院第四检察部三级高级检察官

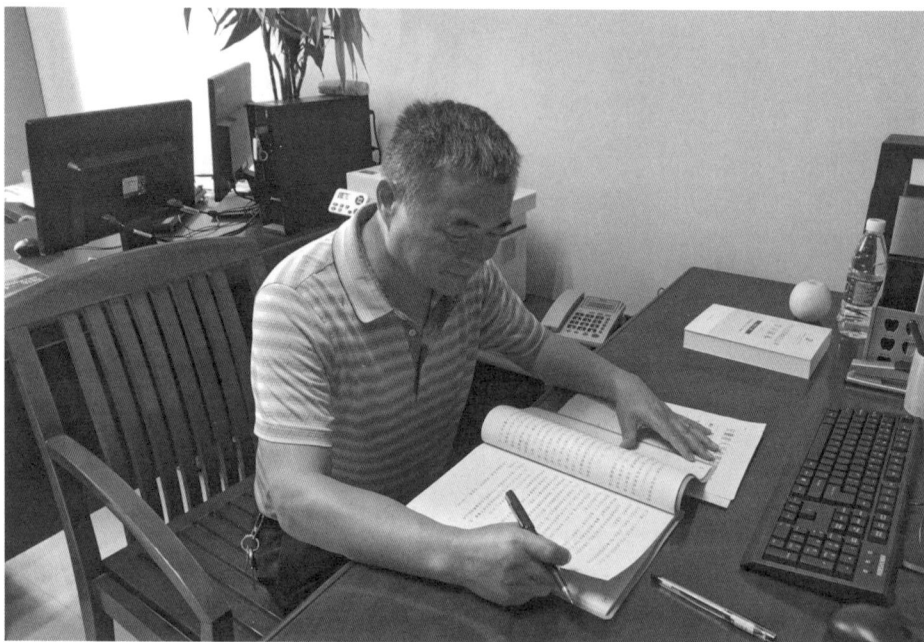

丁世龙检察官审查案件材料

（2020 年 7 月 6 日由向阳拍摄）

安徽省合肥市人民检察院诉某矿山公司破坏生态民事公益诉讼案[①]

——检察建议助推企业绿色发展，以认购碳汇方式替代履行惩罚性赔偿责任

【案例要旨】

检察机关办理破坏林地等森林资源民事公益诉讼案件，应坚持保护生态环境与促进企业绿色发展并重理念，充分发挥检察公益诉讼职能，精准助力最优营商环境建设，综合运用检察建议、公开听证和诉讼和解等多种手段，推动企业提升环保意识，积极履行整改义务，确保受损生态得到及时有效修复。在充分维护公益的前提下，企业可以以认购碳汇的方式替代履行惩罚性赔偿责任。

【案情概要】

某矿山公司是安徽省合肥市一家矿产品开采加工企业。2018 年下半年，该公司未经林业主管部门审核同意，非法占用肥东县某山场林地进行石料开采。经国家林业和草原局森林公安司法鉴定中心鉴定：某矿山公司非法占用的林地系国家二级公益林，面积 15.9 亩，导致被占用区域林地上的原有植被和林业种植条件严重毁坏。

2022 年 4 月 26 日，合肥市铁路运输法院作出刑事判决，以某矿山公司及其相关负责人、直接责任人员犯非法占用农用地罪，追究其刑事责任，某矿山公司

[①] （2023）皖 01 民初 482 号民事调解书；合检民公诉（2023）10 号。

被判处罚金人民币 10 万元。某矿山公司缴纳了罚金并自行对被毁林地进行了修复,但未恢复到原有生态环境的标准,林地被毁状态仍在持续。

【履职情况】

一、充分调查核实,补充完善证据

本案线索系合肥市肥东县检察院在履行审查起诉职责中发现的,肥东县检察院经初步调查发现,某矿山公司及相关人员虽被追究刑事责任,但被毁林地未得到有效修复,社会公共利益仍处于被侵害的状态。该院于 2022 年 7 月 26 日以民事公益诉讼立案并于同日履行诉前公告程序。公告期满后,没有相关法定主体提起诉讼。根据"第一审环境民事公益诉讼案件由污染环境、破坏生态行为发生地、损害结果地或者被告住所地的中级以上人民法院管辖"之规定,肥东县检察院于 2022 年 9 月 16 日将该案移送合肥市检察院审查起诉。

合肥市检察院受理案件后,为完善相关证据,根据《人民检察院公益诉讼办案规则》关于一体化办案机制的规定,联合肥东县检察院开展进一步调查核实工作。通过现场勘验、调取相关卷宗、走访行政机关等方式查明:2022 年 6 月,肥东县林业建设服务中心(简称肥东林业中心)已委托安徽某勘查设计公司编制了案涉被毁林地修复方案,修复总费用为 567 542.42 元,肥东林业中心支付方案编制费用 37 900 元。同时,某矿山公司非法占用林地行为造成了生态系统服务功能期间损失,需通过鉴定或评估的方式确定具体金额。

二、依法开展评估,合理认定损失

2022 年 11 月 7 日,合肥市检察院委托安徽省生态环境科学研究院对该案生态系统服务功能损失予以鉴定。2022 年 11 月 15 日,安徽省生态环境科学研究院出具环境损害鉴定报价说明:结合案件实际情况,鉴定费约为 15 万元。合肥市检察院经审查认为,采用鉴定方式确定生态系统服务功能损失,鉴定费用明显过高,加重了当事人的诉讼负担,根据《最高人民法院关于审理环境民事公益诉讼案件适用法律若干问题的解释》第 23 条,生态环境修复费用难以确定或者确定具体数额所需鉴定费用明显过高的,可以参考负有环境保护监督管理职责的部门的意见、专家意见等予以合理确定。在征求肥东林业中心及当事人意见后,合肥市检察院参照《安徽省生态环境损害赔偿制度改革实施方案》"生态损害事实清楚,责任认定无争议,损失金额在 50 万元以下的案件,可采用生态环境损害鉴定评估专家组出具意见的简易评估认定程序"之规定,于 2022 年 12 月 8 日委托安徽国祯环境损害司法鉴定所具有鉴定资质的专家组出具评估意见。经专家组评估:案涉受损生态环境及生态服务功能可恢复,生态系统期间服务功能损失价值为 108 850 元,评估费 30 000 元。

三、制发检察建议,推动企业绿色发展

办案过程中,合肥市检察院了解到某矿山公司曾系合肥市绿色矿山参评企业,本案的发生,主要由于公司管理人员法律意识淡薄、环保意识不强;一味追求经济效益,未能同时兼顾生态环境保护,超许可范围开采和使用林地。

为督促企业落实"企业发展,绿色先行"的理念,加强矿山建设过程中的地质环境保护与综合治理,建设绿色矿山。2022 年 12 月 16 日,合肥市检察院向某矿山公司制发检察建议,建议其切实整改,加强企业员工环境保护法律法规学习培训,筑牢守法合规经营的底线;完善制度建设,建立完备的合规内控管理体系;完善采矿及其用地许可手续,严格遵循矿山开采审批流程,办理矿山开发相关审批手续;加强施工管理,杜绝超许可范围开采和使用林地;做好生态保护工作,积极履行案涉林地修复义务,恢复林地生态服务功能。

2023 年 2 月,某矿山公司提交整改报告,表示采纳检察机关提出的全部建议,将在专业律师团队指导下完成整改。该公司还制定了企业环境管理、防治、举报及奖惩制度,在企业内部开展了环保法律法规培训,企业及其主要负责人员签署了《环境保护承诺书》,承诺严格遵守环保法律法规,完善采矿及用地许可,坚持在用地范围内开采矿山,同时按照肥东林业中心的要求,支付了被毁林地修复方案编制费,并承诺 6 个月内完成生态修复工作。

四、举行公开听证,探索碳汇赔偿

收到企业提交的整改报告后,合肥市检察院于 2023 年 3 月 2 日举行公开听证,邀请"益心为公"的志愿者、法学专家、人民监督员作为听证员,就企业整改情况、涉案企业是否应承担惩罚性赔偿责任及检察机关是否可以与其达成和解协议等问题进行审查。肥东林业中心作为行政主管部门全程参与听证。参会人员一致认为,某矿山公司非法占用林地的行为破坏了生态环境,符合《民法典》规定

的惩罚性赔偿责任的构成要件,但考虑到该公司已承担了 10 万元刑事罚金,且积极按照检察机关的要求进行整改,在其自愿承担生态修复及赔偿责任、公共利益得到充分保护的前提下,检察机关可以与其达成和解协议。惩罚性赔偿金的数额可酌情确定,并可以认购碳汇方式替代履行。

2023 年 4 月 4 日,在安徽省检察院和安徽省林业局的支持下,某矿山公司与安徽省休宁县西田国有林场签订碳汇认购协议,购买了 1 112 吨林业碳汇用于替代履行惩罚性赔偿责任。以此案为契机,安徽省检察院和安徽省林业局举办了"司法+碳汇"工作座谈会,进一步完善了"林长+检察长"工作机制。

五、诉后达成调解,跟进生态修复

2023 年 4 月 6 日,合肥市检察院向合肥市中级法院提起民事公益诉讼,并在诉讼中与某矿山公司达成调解协议:某矿山公司于 2023 年 5 月 30 日前按照修复方案对被损林地予以修复,并经肥东林业中心验收通过;如果未能履行修复责任或者修复不符合要求,则应承担修复费用 567 542.42 元;某矿山公司于 2023 年 6 月 10 日前支付生态环境系统服务功能损失 108 850 元,并在市级以上媒体公开赔礼道歉;生态损害评估及修复方案编制费等事务性费用 67 900 元由某矿山公司承担。合肥市中级法院对调解协议进行公告后,于 2023 年 6 月 11 日出具了调解书。

在调解协议约定的履行期限内,某矿山公司足额支付了生态系统服务功能损失费并在《安徽日报》上公开赔礼道歉。经合肥市检察院持续跟进督促,该公司也按期完成了生态修复工作。2023 年 5 月 26 日,合肥市检察院联合肥东林业中心对该公司生态修复情况现场验收,并邀请有专业知识的"益心为公"志愿者参与验收。经实地查看及听取第三方验收单位意见,生态修复验收合格。检察机关通过"林长+检察长"工作机制,将该公司支付的 108 850 元生态系统服务功能损失费交由肥东林业中心,用于案涉林地的生态补偿性恢复,并由肥东林业中心跟进监督后续管护工作,以便最大限度地保护当地生态环境。

【典型意义】

本案检察机关立足公益诉讼检察职能,能动探索采用"生态修复+碳汇赔偿"的办案模式,正向激励企业从生态破坏者成为生态修复者和保护者,积极履行生态修复义务,既保护了生态环境,又促进了企业改过自新,实现了政治效果、社会效果和法律效果的有机统一。

一、践行恢复性司法理念,注重生态环境修复

生态环境公益诉讼的核心目标是最大限度、最优化地修复受损生态环境。本案某矿山公司非法占用林地采矿行为,造成林地植被被毁坏,但生态环境可以修复,且林业行政主管部门已编制了案涉林地修复方案。考虑到诉讼周期长,不利于受损生态得到及时、有效修复,雨季容易发生山体滑坡等地质灾害,检察机关多次约谈涉案企业负责人及代理律师,使其明白生态修复的必要性和紧迫性;采用检察建议、公开听证、和解等方式推动企业积极、主动履行受损林地的修复义务,并经林业主管部门验收合格,有效落实了以生态环境修复为中心的损害救济制度。

二、着力标本兼治,促进企业绿色发展

党的二十大报告指出:"推动经济社会发展绿色化、低碳化是实现高质量发展的关键环节。"检察机关要立足检察职能,找准服务保障绿色低碳发展的着力点和落脚点。本案中,涉案企业非法占有林地、破坏生态环境,符合生态环境惩罚性赔偿责任的构成要件。惩罚性赔偿是具有一定制裁性质的民事赔偿制度,依法应当严格审慎适用,统筹生态环境保护和经济社会发展。检察机关通过理论研讨和案例检索,探索将惩罚性赔偿责任承担和推动企业依法依规经营结合起来,在不损害公共利益的前提下,给予企业整改的机会,督促企业落实生态环境保护主体责任。遵循标本兼治的合规整改原则,精准把脉,引导企业对照问题,完成整改。结合整改情况,通过公开听证审查,确定企业如何承担惩罚性赔偿责任。既有效保护了生态环境,维护了社会公共利益,又提升了企业环保意识,推动企业贯彻"企业发展,绿色先行"理念,实现可持续发展。

三、探索碳汇赔偿,助力国家双碳战略目标

为体现公益诉讼案件中的惩罚性赔偿金与刑事罚金的性质和功能的差异性,真正发挥生态损害惩罚性赔偿金的公益价值,检察机关探索将公益诉讼当事人承担的惩罚性赔偿金用于购买林业碳汇,丰富了生态环境生态损害赔偿责任的履行方式,落实了"生态修复优先,固碳增汇协同推进"的原则,是检察机关积

极贯彻"双碳"目标战略决策的具体实践。

四、传递司法温情,维护当事人合法权益

本案中,检察机关不仅追究涉案企业的生态修复责任,而且要求其承担生态系统期间服务功能损失,在确定损失具体数额所需鉴定费用明显过高时,依法采用专家组评估意见认定损失数额,减轻了当事人背负不合理的诉讼负担,充分保障了当事人合法权益。在充分维护公共利益的前提下,同意企业以认购碳汇的方式替代履行惩罚性赔偿责任,并通过调解方式实现全部诉讼目的,维护企业的市场声誉。检察机关司法既有力度,也有温度。

案件承办人:

张晓华,合肥市人民检察院第六检察部主任

孙淑琴,合肥市人民检察院第六检察部副主任

合肥市人民检察院组织案件听证会现场

(黄涛拍摄)

案例撰写人：

孙淑琴,合肥市人民检察院第六检察部副主任

案例审核人：

张晓华,合肥市人民检察院第六检察部主任

案例编审人：

赵杰,安徽省人民检察院第八检察部二级高级检察官

王某某诉安徽省阜阳市人社局、安徽省人社厅、第三人太和县某服装有限公司不予认定工伤决定及行政复议检察监督案[①]

——职工"早退"原则上并不影响"下班途中"的认定,符合工伤认定条件的,应依法认定为工伤,维护劳动者合法权益

【案例要旨】

职工"早退"是否属于"上下班途中"的认定,应根据《工伤保险条例》立法目的,遵循适度向劳动者倾斜保护的原则进行解释。只要职工符合下班途中的目的和空间要素,系因结束工作而往返于单位和住所即可。时间因素原则上不受提前或推迟的影响。职工违反了用人单位内部管理规定的"早退"行为,并不属于《工伤保险条例》第16条规定的不得认定为工伤或视同工伤的法定情形。但从价值平衡角度看,应考虑职工违反用人单位内部规定的严重程度和造成的负面影响。如果用人单位没有完善的考勤管理制度,职工灵活安排上下班时间的,不影响工伤的认定。

【案情概要】

2018年9月23日11时,王某某之妻余某某没有履行请假手续,提前35分钟下班,驾驶两轮电动车从太和县某服装有限公司外出探望母亲。途中与一小

---

① (2022)皖1222行再1号;(2022)皖12行再9号。

型轿车发生碰撞,余某某当场死亡,经交警部门认定余某某无责任。2019年1月18日,王某某向阜阳市人社局申请工伤认定,阜阳市人社局认为,余某某未经批准擅自离开单位,且外出时间距正常下班时间过长,属于不得认定或视同工伤的情形,作出不予认定工伤的决定。王某某于2019年5月27日申请行政复议,安徽省人社厅经复议决定维持原决定。王某某不服,向太和县法院起诉,诉请撤销不予认定工伤决定和行政复议决定,认定余某某死亡系工伤。一审法院经审理驳回了王某某的全部诉请。一审判决后,王某某未上诉。

王某某不服一审人民法院生效判决,于2020年11月26日向太和县检察院申请监督。太和县检察院依职权受理了该案。太和县检察院经审查,于2021年12月13日提请阜阳市人民检察院抗诉。

检察机关围绕争议焦点,开展了以下调查核实工作:① 到一审法院和阜阳市人社局等单位调取案卷材料,梳理重点问题;② 询问太和县某服装有限公司的管理人员,了解公司考勤制度及执行情况;③ 查看当日监控视频。查明:太和县某服装有限公司考勤制度不完备,多人长期未考勤,部分人未满勤打卡但该公司无上述人员请假手续,亦无对早退、迟到行为进行处罚的证明材料,余某某提前离岗时门卫并无劝阻和要求登记。阜阳市人社局在做出不予认定工伤决定后补充了相应证据,违反了"先取证后裁决"的规定。

阜阳市检察院抗诉认为:① 根据《工伤保险条例》第14条第六项规定,在上下班途中,受到非本人主要责任的交通事故等伤害的,应当认定为工伤。对"上下班途中"的认定应从目的因素或原因的角度理解,上下班主要用于限定"途中"的目的或原因,强调职工应当是为开始或结束工作而往返于工作地和居住地。时间因素只要在合理范围内原则上不能单独直接决定"上下班途中"的认定,适当早于或迟于上下班时间均属于合理时间的范畴。根据《工伤保险条例》立法目的,遵循适度向劳动者倾斜保护的原则进行解释,职工违反了用人单位内部管理规定的"早退"行为,并不属于《工伤保险条例》第16条规定的不得认定为工伤或视同工伤的法定情形,不能阻却工伤认定。② 法院一审判决事实认定错误,证据不足。首先,一审判决认定太和县某服装有限公司对余某某早退有过明确的劝阻行为,与监控视频不符。其次,一审判决中认定太和县某服装有限公司有完备的考勤制度,也与事实不符。从太和县某服装有限公司提供的考勤记录表看,多人长期未考勤,部分人未能每天满勤打卡;而太和县某服装有限公司未能提供上述人员履行请假手续,并对早退、迟到行为进行严格处罚的证明材料,不能证明太和县某服装有限公司有严格的上下班考勤制度。根据《安徽省工伤保险部门协调合作机制 2014 年第一次会议纪要》中关于"上下班途中"的界定:"职工迟到、早退的,应重点审查用人单位的考勤管理制度执行情况,如果用人单位建立有完备的上下班考勤制度,对迟到、早退的行为一直有严格的处罚规定,并且在员工实施迟到、早退行为时有过明确的劝阻、告诫等管理行为,这种情况下员工仍然迟到、早退,从维护企业管理制度的角度,不应予以认定",本案不存在上述不予认定工伤的情形。综上所述,原审判决错误。

阜阳市检察院提出抗诉后,阜阳市中级法院指定太和县法院审理。太和县法院再审采纳抗诉意见,判决撤销原一审行政判决、不予认定工伤决定书、行政复议决定书,限期阜阳市人社局重新做出具体行政行为。太和县某服装有限公司不服,提出上诉。阜阳市中级法院再审驳回上诉,维持太和县法院再审判决。阜阳市人社局于 2023 年 6 月 13 日对余某某的死亡做出予以认定工伤的决定。

【争议焦点】

本案争议焦点为:余某某违反劳动纪律,提前离岗看望父母路上发生的交通事故是否属于工伤事故的范畴。

一种观点认为,余某某不符合工伤认定条件。余某某系擅自脱岗,故其不属于合理时间和合理路线的上下班途中。"合理时间、合理路线、以上下班为目的的上下班途中"三者是一个相互联系的整体,必须全部符合时间、空间、目的要素才可以认定为工伤。根据《最高人民法院关于审理工伤保险行政案件若干问题规定》第 6 条,"上下班"的时间不可能包括"早退"和"脱岗",上述行为本身不具有合理性和合法性,不属于"合理时间",司法应当予以否定。本案中,余某某违反企业内部规章制度,提前 35 分钟脱岗的行为完全不符合"合理的上下班时间"的立法规定,不应认定为"合理时间"的范畴,否则,"合理时间"解释将无限放大。

另一种观点认为,余某某符合工伤认定条件。工伤认定是无过错认定,受伤害职工是否违反单位规章制度、劳动纪律等不是认定工伤的前提条件。首先,对于"上下班途中"的认定应从目的或原因来理解,上下班是用于限定途中的目的和原因,其强调的重点是途中,只要职工是为了开始或结束工作而往返于单位和住处即可,时间因素原则上不应受到提前或推迟的影响。其次,早退不属于《工伤保险条例》第 16 条规定的三种不认定工伤的排除情形。即使职工存在过错程度较大的过失犯罪,也不影响对工伤的认定,"早退"显然不属于上述三种情形,不能据此除对工伤的认定。最后,从《工伤保险条例》的立法目的出发,本案也应当认定为工伤。工伤保险制度的根本目的是最大限度地保障因工作遭受伤害的职工获得救济,对劳动者的合法权益进行倾斜性保护。早退仅是违反单位内部规定的行为,这种违反内部纪律的行为并不导致其丧失工伤保障的资格。

【评析意见】

关于职工违反用人单位内部规定,迟到、早退在上下班途中受到机动车伤害,是否应当认定为工伤应当解决两个问题:一是迟到、早退是否影响上下班途中的认定;二是迟到、早退是否阻却工伤的认定。国务院原法制办《〈关于职工违反企业内部规定在下班途中受到机动车伤害能否认定为工伤的请示〉的复函》明确,职工所受伤害只要符合《工伤保险条例》第 14 条第 6 项规定的"上下班途中,受到机动车事故伤害的"规定,就应当认定为工伤。因此,如果职工是为了下班而往返于单位和住所,即使是违反用人单位内部规定的早退、晚走等行为,只要符合下班途中的目的要素和空间要素,即可认定工伤。但是在认定工伤过程中,对用人单位的合理权益也应考虑。对职工违反用人单位内部规定的性质和程度应加以合理限定,只有当职工没有严重违反用人单位内部规定,未对单位工作秩序造成重大不良影响,且未给单位造成较大经济损失的情况下,其非正常下班途中遭受机动车事故损害的,才应认定为工伤。

一、从立法目的角度看,应当遵循适度向劳动者倾斜保护的原则

《工伤保险条例》属于劳动法的范畴,我国《劳动法》第 1 条规定,保护劳动者的合法权益是该法的立法目的,这在《工伤保险条例》第 1 条和《工伤认定办法》第 1 条中均有体现。从《工伤保险条例》第 1 条规定的立法目的看,建立工伤保险制度是为了保障因工作遭受事故伤害的职工获得医疗救治和经济补偿,以维护弱势群体受伤职工的合法权益。虽然用人单位与劳动者的法律地位是平等的,但实质上用人单位与劳动者之间依然存在强弱之分,这是由劳动关系的特征所决定的,而对劳动者的倾斜保护能够在一定程度上保障劳动者与用人单位的实质平等。因此,在做出工伤认定时,应当遵循适当向劳动者倾斜保护的原则。《工伤保险条例》及相关规定并没有将上下班途中限定为正常上下班途中,当对

何为"上下班途中"有两种以上解释时,应从《工伤保险条例》的立法目的出发,作出有利于受伤职工的解释。职工违反用人单位内部规定下班回家与按时下班后回家一样属于下班,在途中受到非本人主要责任交通事故伤害的,均属于在下班途中受到交通事故伤害。而且职工违反用人单位内部规定下班的行为,违反的是单位内部的规章制度,属于单位的内部管理问题,单位有权根据职工的违章违纪情节,依照规章制度进行相应的处罚,但是这与职工享受工伤保险待遇是两个不同的法律关系,两者之间没有必然的联系,不能因为违反了用人单位内部的规章制度而剥夺了职工享受工伤待遇的权利。本案中余某某提前擅自离岗探望母亲,属于违反劳动纪律的行为,应当受到公司劳动纪律的处罚,但不应影响余某某申请认定工伤的资格。

二、从法律解释角度看,应对"在下班途中"的内涵进行较为广义的理解

关于下班途中的法律界定,《工伤保险条例》第 14 条第 6 项规定,职工在上下班途中,受到非本人主要责任的交通事故或城市轨道交通、客运轮渡、火车事故伤害的,应当认定为工伤。《最高人民法院关于审理工伤保险行政案件若干问题规定》指出,在合理时间内往返于工作地与住所地、经常居住地、单位宿舍的合理路线的上下班途中,被社会保险行政部门认定为"上下班途中"的,人民法院应予支持。《人力资源和社会保障部关于执行〈工伤保险条例〉若干问题意见(二)》中规定:"职工以上下班为目的、在合理时间内往返于工作单位和居住地之间的合理路线,视为上下班途中";国务院原法制办对《〈关于职工违反企业内部规定在下班途中受到机动车伤害能否认定为工伤的请示〉的复函》规定,职工所受伤害只要符合《工伤保险条例》第 14 条第六项规定:"上下班途中,受到机动车事故伤害的",应当认定为工伤。从上述相关法律规定可以看出,法律规定的"上下班途中",从字面意思理解应是一个空间概念,即发生交通事故的地点是否位于上下班所经路线中,对时间要素并未做出限制。据此,判断是否符合上述情形中"上下班途中"的条件,应当基于交通事故是否系劳动者基于上下班的目的、所受伤害是否发生在上下班的路线中予以判断。时间问题不是确定"下班途中"的决定性要素,只要职工是为了结束工作而往返于单位和住所,即使违反了用人单位的内部规定,如果符合下班途中的目的要素和空间要素,也可认定为工伤。职工违反单位内部管理规定下班通常包括两种情形:早退、晚走,一般而言,单位制定规章制度时,对上下班时间均有规定,因加班所致的晚走从法律、情理上均不影响认定工伤。以此而论,将其他事由导致的早退、晚走排除在工伤认定范围之外,这实质上是完全站在用人单位的角度解释法律,显然与《劳动法》和工伤认定相关法律规范的宗旨相悖。余某某提前离岗回家,虽然违反了太和县某服装有限公司的劳动纪律,但其从工作地点回去看望母亲路上发生交通事故是客观事实,仍应视为下班途中发生交通事故,符合认定工伤的相关规定。

三、从价值衡平角度看,在认定工伤时,应适度考虑职工违反用人单位内部规定的严重程度及造成的负面影响

法律价值是多元的。在处理劳动者与企业的利益关系方面,保障劳动者的合法权益是根本目的,但对其权利行使也要加以正当限制,不能明显侵害用人单位的合法利益,造成利益失衡。在职工违反单位内部规定的情况下,尽管不能当然判断其因此丧失工伤保险待遇,但是职工违反用人单位内部规定毕竟构成对单位利益的损害,若将职工非正常下班途中遭受事故损害的风险一律由用人单位承担,对单位亦不公平。《安徽省工伤保险部门协调合作机制2014年第一次会议纪要》对"上下班途中"进行了进一步细化规定:"职工迟到、早退的,应重点审查用人单位的考勤管理制度执行情况,如果用人单位建立有完备的上下班考勤制度,对迟到、早退的行为一直有严格的处罚规定,并且在员工实施迟到、早退行为时有过明确的劝阻、告诫等管理行为,这种情况下员工仍然迟到、早退,从维护企业管理制度的角度,不应予以认定",该规定从公平合理且适当倾向于劳动者的原则出发对迟到、早退工伤认定进行了限定,若用人单位建立有完备的上下班考勤制度,且对职工迟到、早退的行为一直有严格的处罚规定,这种情况下员工仍然迟到、早退,属于严重违反用人单位内部规定,职工经劝阻告诫仍拒不服从管理,非正常下班途中遭受事故损害的风险应由其本人承担。若用人单位没有严格的上下班管理制度,或该上下班管理制度未得到严格执行,又或者相关管理制度未经法定制定程序从而对劳动者无法律约束力,劳动者基于自身需要灵活安排上下班时间,一般不能认定为严重违反劳动纪律的行为,不影响工伤认定。

综上,职工"早退"是否属于"上下班途中"的认定,应根据《工伤保险条例》立法目的,遵循适度向劳动者倾斜保护的原则进行解释。只要职工符合下班途中的目的和空间要素,系因结束工作而往返于单位和住所即可,时间因素原则上不受提前或推迟的影响。职工违反了用人单位内部管理规定的"早退"行为,并不

属于《工伤保险条例》第 16 条规定的不得认定为工伤或视同工伤的法定情形,但从价值平衡监督看,应考虑职工违反用人单位内部规定的严重程度和造成的负面影响。如果用人单位没有完善的考勤管理制度且职工灵活安排上下班时间的,不影响工伤的认定。

案件承办人：

凌锐,阜阳市人民检察院第五检察部主任

案例撰写人：

甘立冬,安徽省人民检察院第七检察部检察官助理

凌锐,阜阳市人民检察院第五检察部主任

案例审核人：

张晓龙,阜阳市人民检察院行政检察办公室主任

案例编审人：

高军,安徽省人民检察院第七检察部检察官

检察官联席会议讨论案件

(2021 年 2 月 19 日由陈鑫鑫拍摄)

张某诉全椒县民政局、陈某某撤销婚姻登记检察监督案①

——行政诉讼判断基准原则上应以行政行为作出时为准

【案例要旨】

行政机关补发婚姻登记证时已尽审核义务,但由于双方当事人故意隐瞒真实情况,致使补发婚姻登记证与事实不符的,不应直接对该行政行为进行违法评价,应通过司法建议或检察建议等方式督促行政机关自行纠正。针对司法裁判离婚与婚姻登记机关信息衔接不畅的问题,应当制发社会治理检察建议,从源头上消除婚姻登记信息冲突。

【案情概要】

2021年1月18日,陈某某向安徽省全椒县法院起诉与张某离婚。全椒县法院作出(2021)皖1124民初538号民事判决,准予陈某某与张某离婚。后安徽省滁州市中级人民法院于2021年6月24日作出(2021)皖11民终1746号终审判决,维持原判。

2021年8月11日,张某、陈某某因处置两人名下共有房产办理过户手续需要,两人以结婚证遗失为由,持身份证、户口簿到全椒县民政局婚姻登记处申请补领结婚证,但隐瞒了离婚事实。全椒县民政局依据相关规定审查了张某与陈某某的相关材料,为张某与陈某某补发结婚证,载明:登记日期2015年7月20

---

① (2022)皖1124行初11号。

日,备注"结婚证遗失,补发此证,补证日期 2021 年 8 月 11 日"。

2022 年 3 月 24 日,张某起诉至全椒县人民法院,请求依法撤销全椒县民政局 2021 年 8 月 11 日补发的结婚证。2022 年 4 月 28 日,全椒县法院作出(2022)皖 1124 行初 11 号行政判决,以本案中全椒县民政局依照规定已经尽到审查义务,但因张某与陈某某婚姻关系已于 2021 年 7 月 5 日经该院生效判决依法解除,双方已不具备补领结婚证的事实和法律基础为由,根据《中华人民共和国行政诉讼法》第 70 条第 6 项的规定,认定该行政行为"明显不当",判决撤销全椒县民政局于 2021 年 8 月 11 日为张某与陈某某补发的结婚证。

2022 年 6 月 5 日,全椒县司法局认为全椒县法院作出的(2022)皖 1124 行初 11 号判决可能存在判决不当、损害行政管理秩序的情形,遂将线索移送全椒县检察院,全椒县检察院依职权受理。2022 年 7 月 19 日,全椒县检察院向全椒县法院提出再审检察建议,认为全椒县法院作出(2022)皖 1124 行初 11 号行政判决书的法律依据不适当,全椒县民政局作出补发结婚证的行政行为已完全尽到审查义务,故不应依据《中华人民共和国行政诉讼法》第 70 条第 6 项的规定,认定行政行为"明显不当";张某与陈某某通过弄虚作假的方式骗取全椒县民政局补办结婚登记,全椒县法院应当采用司法建议书的方式向民政部门发送撤销结婚证建议,且张某的行为增加了行政成本,损害了司法公正,建议法院启动再审程序。2022 年 8 月 18 日,全椒县法院作出《行政决定书》,决定对再审检察建议不予采纳。全椒县检察院认为不予采纳不当,提请安徽省滁州市检察院抗诉。

2022 年 9 月 29 日,滁州市检察院抗诉认为,全椒县民政局补发结婚证时尽到了审查义务,过错在张某和陈某某,不应依据《中华人民共和国行政诉讼法》第 70 条第 6 项"明显不当的"规定撤销行政行为。全椒县法院可以依据《关于妥善处理以冒名顶替或者弄虚作假的方式办理婚姻登记问题的指导意见》,采用司法建议的方式督促全椒县民政局撤销补发的结婚证;且张某故意滥用法律赋予的诉讼权利,应裁定驳回其起诉。

案件再审过程中,全椒县民政局主动撤销案涉该结婚证。张某以其本人在向全椒县民政局申请补办婚姻登记中存在过错为由,申请撤回全椒县法院(2022)皖 1124 民初 11 号案件的起诉。2023 年 3 月 28 日,滁州市中级法院作出再审裁定,准许张某撤回起诉,并撤销全椒县法院(2022)皖 1124 行初 11 号行政判决。

滁州市检察院在办案中发现,案件当事人之所以能骗取民政部门为其补办结婚证,是因其隐瞒了经法院判决离婚的事实。法院与民政部门之间对于判决离婚的案件缺乏联系沟通及移送衔接机制,离婚的生效判决未能及时移送民政部门予以变更登记,致使当事人利用其中的漏洞谋取不正当利益。为避免今后类似事件的发生,滁州市检察院分别向滁州市民政局、滁州市中级法院提出改进工作、完善治理的检察建议,建议两家单位加强部门间的沟通联系,就离婚判决的告知及送达建立相关移送衔接机制。两单位采纳了检察建议并完善落实了相关工作衔接机制。

【争议焦点】

在审查过程中,是否可就本案提出检察监督意见,存在两种观点。

一种观点认为,本案可以抗诉,全椒县民政局补发结婚登记证时已尽审核义务,该行政行为合法。行政行为违法判断的基准应该是行政行为作出时,行政机关在作出行政行为时已尽到审慎的法定义务,并没有违反法律规定,不能以行政机关无法预料的事实变化认定行政行为违法。本案系因当事人故意提供虚假的材料导致的登记错误,行政机关的登记行为不应被认定为违法,否则属于强人所难。而在嗣后由于其他证据的出现导致事实发生了变化,此种情况属于事实状态的变化,行政机关应本着依法行政、有错必纠的原则撤销原行政行为。但原行政行为的适法性不因事后事实或法律状态的变更而受影响,人民法院不应当适用撤销判决,而应该通过另一个行政程序处理,即通过当事人申请、司法建议等方式督促行政机关纠正错误,行政机关拒不纠正的,当事人可以再提起请求撤销原行政行为的履行职责之诉。

另一种观点认为,本案不能抗诉,全椒县民政局补发的结婚证与客观事实不符,应予撤销。行政行为被撤销的原因可以归结为两种原因:一是该行政行为违法,包括行政行为的主要证据不足、适用法律法规错误、违反法定程序、超越职权、滥用职权等;二是行政行为的内容明显超出合理限度,即明显不当。行政诉讼解决的是被诉行政行为的合法性问题,即使行政机关尽到了合理的审查义务,也不能否定其依据虚假材料做出的行政行为违法的性质。是否尽到了合理的审查义务,只是判断行政机关是否承担赔偿责任的标准之一,而且行政诉讼的目的已经不再仅限于监督行政机关行政行为的合法性,还应强调对相对人的权利给予及时有效的救济。嗣后违法的行政行为如果不能在本诉中撤销,而是迫使当事人另行启动课予义务的诉讼,则有悖于诉讼经济原则。

【评析意见】

关于行政行为合法性判断基准时的节点,存在处分时说与裁判时说等不同的观点。处分时说(对应我国狭义的行政行为概念)认为,在行政行为作出后,行政机关不能预见到事实或法律规定会发生变更,因此不应以行政行为作出后的事实或法律规定作为认定被诉行政行为违法的依据。裁判时说主张行政诉讼的首要目的是保护作为原告的公民、法人和其他组织的合法权益,如果按照言词辩论终结时的事实或法律规定,被诉行政行为不应继续维持,则法院应给予被诉行政行为否定性评价。两种学说在我国法律规定中均曾有所体现,例如《最高人民法院关于审理行政许可案件若干问题的规定》第 9 条有关"人民法院审理行政许可案件,应当以申请人提出行政许可申请后实施的新的法律规范为依据"的规定。已经废止的《最高人民法院关于执行〈中华人民共和国行政诉讼法〉若干问题的解释》第 56 条第(3)项规定:"被诉具体行政行为合法,但因法律、政策变化需要变更或者废止的",法院应当判决驳回原告的诉讼请求,该规定采处分时说。

行政诉讼实务有数种不同的立场:撤销判决、确认违法判决、驳回诉讼请求判决。但是,这几种立场都有一定的不合理之处。

关于撤销判决。修订后的《行政诉讼法》第 70 条规定了撤销判决适用的 6 种情形。实践中,因欺诈导致行政机关行政行为错误时,法院一般从证据角度,以主要证据不足为由撤销行政行为或从结果考量以明显不当为由撤销行政行为。探究行政处分的合法要件,不能不从适法或违法判断的基准时点谈起。一个行政处分究属适法抑或违法,原则上应根据系争行政处分发布时或在诉愿决定作成时的事实与法律状态加以判断。首先,原告提起撤销诉讼后,法院是通过事后审查来判断行政行为的合法性,着眼点是行政行为作出时的合法性,并非在事实或者法律规定发生变化后能否做出行政行为。其次,以行政行为作出的时点为基准,可以避免相同案件仅因为当事人是否提起诉讼而适用不同的法律规定。再次,以行政行为作出的时点为基准,是法安定性原则的要求。行政诉讼的目的之一是监督行政机关依法行使职权。对于行政机关而言,其合法性取决于当时的事实和法律,只要符合当时的事实和法律,即应当认定该行政行为合法。行政机关只能根据当时的事实进行行政裁量,而不能根据未来可能发生的事实进行裁量。如果在其作出行政行为不存在认定事实及适用法律错误时,让其承担不利后果,则有失监督行政的公允性,对行政机关有苛求之嫌。最后,以行政行为作出的时点为基准,是尊重行政机关首次判断权的要求。如果在撤销诉讼中,法院采裁判作出时为判断基准时,则行政诉讼程序性质类似于行政程序的延续,与行政诉讼程序属性不符。

确认违法判决是撤销判决的变种,实际上是在不宜适用撤销判决情形下采用的一种判决形式,具有补充作用。确认违法判决本质上是对行政行为作出了否定性的评价,但基于特殊原因不宜撤销的情形下,仍维持有瑕疵行政行为的效力。适用撤销判决的问题同样适用于确认违法判决的评析,即只有在行政行为符合违法情形时,才有适用的可能。因欺诈导致的行政行为错误很难被评价为自始违法。

驳回诉讼请求判决实际上类似于行政诉讼法修订之前旧法中规定的维持判决,驳回诉讼请求判决的适用实际上采用的是"处分说",行政机关在作出行政行为时并没有违反法律的规定,不存在违法的情形,肯定了行政机关行政行为的合法性,驳回了当事人的诉讼请求。驳回诉讼请求判决适用之后,原来的行政秩序并未发生变化,即原有的行政秩序得到了维护。虽然驳回诉讼请求的判决没有违反行政判决基准时的教义,明确地回应了行政行为的适法性,但是值得注意的是,行政行为实际上在作出时是适法的,嗣后因为事实状态变化而不适法,即嗣后违法。对于这种嗣后违法的情形,再通过判决的方式加以固化,实际上不利于行政秩序的纠正。

有的学者针对上述问题,进行了进一步的类型化分析。具体包括区分撤销诉讼、确认诉讼、给付诉讼等不同类型,综合考虑具有持续效力的行政行为、尚未执行的行政行为、第三人效力行政行为的区别,分别适用不同的基准时判断行政行为的合法性。学术上"行政行为违法性继承的问题"也与此类似,即基础行政行为因违法被撤销的,以该基础行政行为作为依据的后续行政行为是否应该撤销的问题。

笔者认为,原则上应该区分清楚行政行为的自始违法与嗣后违法:前者是指行政行为作出时有瑕疵而导致的违法;后者是指行政行为作出时合法,但因为后续的事实改变或者法律规范变迁导致的违法情形。虽然二者都无法否认违法事实和状态,但是不应该忽视二者的区别而简单地作出撤销判决。自始违法的行政行为是有瑕疵的行政行为,撤销是对于原行政行为的"更正",应该适用行政行为瑕疵处理的理论。而对于嗣后违法,其原行政行为的适法性不因事后事实或法律状态的变更而受影响,是配合外在情势变更的"调整",应该适用行政行为废止(撤回)处理。

实践中,比较合理的方式是适用课予义务判决。课予义务判决的适用有效避免了撤销判决适用时与行政行为违法性判断基准时教义之间的冲突,避免对因为欺诈导致的行政行为作出否定性的评价,而是从依法行政、有错必纠的原则出发,认定行政机关负有更正义务,要求其履行法定职责。在嗣后的事实状态发生变化的情况下,当事人可以针对已经发生变化的事实向行政机关主张其负有更正的义务,此时并非针对原来登记行为提起的诉讼,而是针对行政行为作出之后,行政机关负有更正义务而不作为提起的诉讼。

就本案而言,当事人最好的救济路径应当是请求婚姻登记机关撤销原补发婚姻登记证的行为,如果婚姻登记机关不纠正错误,再针对婚姻登记机关的不作为提起诉讼。当事人未经行政处理程序直接向人民法院提起诉讼,人民法院既可以向行政诉讼当事人释明,通过课予义务诉讼的途径主张权利救济,也可以由法院或检察机关通过司法(检察)建议的方式督促行政机关自行纠正。《关于妥善处理以冒名顶替或者弄虚作假的方式办理婚姻登记问题的指导意见》所采取的方式也主要是通过司法建议或检察建议的方式,督促行政机关自行纠正。

值得一提的,本案中暴露出婚姻登记档案与变更婚姻关系的裁判信息无法保持一致的问题。根据《最高人民法院关于人民法院在互联网公布裁判文书的规定》,离婚诉讼的判决书、调解书均不属于文书上网的范围。如果离婚双方不主动到婚姻登记机关变更登记,而人民法院亦不送达相关法律文书的情况下,婚姻登记机关无从获取相关信息,由此将引发诸多社会问题。本案检察机关积极向滁州市民政局、滁州市中级法院提出改进工作、完善治理的检察建议,建议两家单位加强部门间的沟通联系,就离婚判决的告知及送达完善落实相关移送衔接机制。两单位采纳检察建议并完善落实了相关工作衔接机制,有效提升了婚姻登记档案管理水平,发挥了源头治理实效。

案件承办人:

张丽莉,安徽省滁州市人民检察院第四检察部主任

丁自华,安徽省滁州市全椒县人民检察院副检察长

案例撰写人：

胡瑶,安徽省滁州市人民检察院第四检察部检察官助理

鲍明叶,安徽省滁州市人民检察院第七检察部员额检察官

丁惠娟,安徽省滁州市全椒县人民检察院第二检察部检察官助理

案例审核人：

张丽莉,安徽省滁州市人民检察院第四检察部主任

案例编审人：

高军,安徽省人民检察院第七检察部员额检察官

办案检察官向县司法局反馈案件线索办理情况

（2023 年 8 月 16 日由郭云拍摄）

陈某某等十二人贩卖毒品、洗钱、非法经营、容留他人吸毒案[①]

——如何认定新型毒品犯罪案件中的毒品数量和主观明知

【案例要旨】

对 2021 年 7 月 1 日合成大麻素类物质列管后仍继续贩卖的行为应以贩卖毒品罪追究刑事责任。新型毒品的量刑坚持以查实的毒品数量折算成海洛因克数作为法定刑适用标准,对勾兑的毒品在法定刑内酌情从轻处罚;新型毒品列入管制,涉案人员通常以不明知进行抗辩,应运用关联证据体系化审查方法,准确认定新型毒品犯罪的"主观明知"。

【案情概要】

被告人陈某某,男,2000 年 8 月 15 日出生,因涉嫌非法经营罪,于 2020 年 11 月 26 日被芜湖市公安局镜湖分局刑事拘留,同年 12 月 23 日被该局变更强制措施为取保候审;因涉嫌贩卖毒品罪,于 2021 年 8 月 25 日被芜湖市公安局鸠江分局刑事拘留,同年 9 月 29 日经芜湖市鸠江区检察院批准由芜湖市公安局鸠江分局执行逮捕。

其余 11 名被告人信息略。

2021 年 7 月—8 月,被告人陈某某为牟取非法利益,将含有毒品合成大麻素电子烟油(俗称上头电子烟)与普通电子烟油勾兑,以 150—300 元/支的价格贩

---

① 鸠检刑诉〔2022〕39 号;(2022)皖 0207 刑初 74 号。

卖给被告人赵某某、齐某某、陈某甲等人,并通过美团或快递方式寄送给购毒人员,被告人赵某某、齐某某、陈某甲等人再将毒品电子烟油加价贩卖给吸毒人员,赚取高额差价。陈某某、赵某某为掩饰、隐瞒贩卖毒品所得的非法性质和不法来源,通过他人的微信资金账户和支付资金宝账户收取毒资,要求上述人员通过微信转账功能或支付宝"口令支付"功能转移毒品资金。陈某某共计贩卖合成大麻素电子烟油 78 次,烟油含量 211.8 毫升,其他被告人均多次贩卖合成大麻素电子烟。2021 年 8 月 25 日,公安机关在陈某某住处将其抓获,并查获电子烟油 19.2 毫升;在部分被告人、吸毒人员住处查获了电子烟杆若干。经称重,19.2 毫升电子烟油净重 20.443 克。经鉴定,查获的电子烟油、空电子烟油瓶、电子烟杆烟仓等处检出 ADB - BUTINACA、MDMB - 4en - PINACA 成分,为合成大麻素类物质。

2022 年 2 月 25 日,芜湖市鸠江区检察院以陈某某等 12 人涉嫌贩卖毒品罪、洗钱罪、非法经营罪、容留他人吸毒罪依法向法院提起公诉。

被告人陈某某等人辩解:一是关于贩卖毒品的数量,公诉机关不应当直接按照电子烟油的数量折算成海洛因,应当进行提纯后予以折算;二是对于合成大麻素类物质的法律性质认知较为模糊,对合成大麻素何时列管并无清晰认知。

2022 年 3 月 31 日,鸠江区法院以贩卖毒品罪、洗钱罪、非法经营罪,判处陈某某有期徒刑 17 年,并处没收财产人民币 8 万元,罚金人民币 6 万元,其余被告人被判处拘役 5 个月至有期徒刑 8 年 11 个月不等刑期。陈某某等两名被告人上诉,芜湖市中级法院于 2022 年 8 月裁定:驳回上诉,维持原判。

【争议焦点】

本案中,对于新型毒品数量如何认定,存在两种观点:一是认为新型毒品一般纯度较小,危害性较低,有的犯罪分子还在贩卖毒品时进行了勾兑稀释,故应对毒品含量进行提纯,以纯度占比作为毒品数量认定的依据。二是认为新型毒品犯罪量刑时不应以纯度折算数量。

本案中对于主观明知也有一定分歧。部分被告人到案后辩称不明知行为对象系毒品;部分辩护人也认为,被告人对于合成大麻素是否被列管主观明知并不明确,应当按照存疑有利于被告人原则,不应认定其构罪。

【评析意见】

检察机关认为,新型毒品数量应按照查实的毒品数量计算,不以纯度折算;对主观明知则可以采用关联证据体系化审查方法组织证据链条予以推定。具体理由如下。

一、勾兑稀释正是增强新型毒品隐蔽性、迷惑性,致使其被滥用的重要原因,不应据此提纯认定新型毒品数量

一是规范依据层面。根据《刑法》第 357 条、2015 年《全国法院毒品犯罪审判工作座谈会纪要》《最高人民法院关于办理毒品犯罪案件具体适用法律若干问题的指导意见》,在办理毒品案件中,应当首先依据查实的毒品数量确定相应的法定刑幅度,至于毒品的种类、成分、含量则不属于确定法定刑幅度的首要考虑因素。

二是例外规定层面。《办理毒品犯罪案件适用法律若干问题的意见》和《大连纪要》规定特殊情况下毒品含量应做鉴定:一是被告人可能被判处死刑的毒品犯罪案件;二是涉案毒品可能大量掺假、无法保证罚当其罪的案件;三是成分复杂的新类型毒品或者含有两种以上毒品成分的毒品混合物。而本案查实的合成大麻素虽然属于新型毒品,但成分并不复杂,查获的毒品以及含有毒品痕迹的电子烟杆均未检测出毒品混合物。陈某某等人在售卖过程中将液态合成大麻素烟油与普通电子烟油按照 1∶1 或者 1∶2 的比例勾兑成 1.8 毫升的含合成大麻素的电子烟油贩卖,是毒品贩卖人员为将毒品贩卖给更多人、牟取更多非法利益的惯常操作。从勾兑的比例来看,合成大麻素烟油并未明显偏少,从勾兑的成品来看,单只电子烟油的量也极小,掺假的量并未导致量刑失衡。

三是实际操作层面。合成大麻素类物质具备折算毒品数量的条件。国家禁毒委于 2021 年 11 月发布了《氟胺酮和 7 种合成大麻素依赖性折算表》,为合成大麻素类物质认定毒品数量提供了法律依据。本案中,公安机关在陈某某住处依法扣押一瓶约 19 毫升未进行勾兑的合成大麻素电子烟油,净重 20.443 克,上述电子烟油与经查实陈某某已贩卖的 211.8 毫升合成大麻素电子烟油系从同一上线龚某处购买,来源具有同一性,已售卖的合成大麻素烟油与查获的合成大麻素烟油密度相同,具备折算成海洛因的现实条件。针对陈某某勾兑的情况,应在

法定刑幅度范围内酌情予以从轻处罚。

二、对新型毒品采取多种伪装形态、列管名录存在更新的情况,可采用关联证据体系化审查方法认定主观明知

合成大麻素类物质在列为管制毒品前作为精神类物质,吸食和买卖均不是违法犯罪行为,但当其列为管制毒品后,则涉嫌违法犯罪,被告人容易辩称不知合成大麻素是毒品。

本案案发在合成大麻素被列为管制毒品前后,部分犯罪嫌疑人即提出了此种辩解理由。检察机关在办案中提炼了对主观明知认定的关联证据体系化审查方法:一是结合涉案人员的身份信息、从业经历、有无吸毒史、交易的隐蔽和异常程度、新型毒品列管前后价格变化等综合推定;二是将通话清单、行动轨迹、监控视频、手机电子证物检查记录、抓获视频、证人证言等主客观证据有效组合为间接证据链条。

为准确认定各被告人的主观明知问题,检察机关重点围绕各被告人的社会背景、吸食毒品经历、售卖毒品价格变化、购买或贩卖毒品的时间等方面深入审查证据。首先,陈某某贩卖毒品前,非法经营一氧化二氮,其个人亦吸食一氧化二氮和合成大麻素,其对吸食此类物质的后果有切身感受,应当知道贩卖的是毒品。其次,经梳理交易流水,自合成大麻素被列为管制毒品后,陈某某拿货价格大幅攀升,从生活常识来看,其应当知晓价格上涨的原因是因为国家开始打击此类犯罪行为导致货源紧缺。再次,从毒品交易方式来看,陈某某、赵某某等人贩卖毒品的时间多为深夜,通过互联网平台的跑腿服务寄送给他人,使用黑色塑料袋包装,具有极强的隐蔽性。最后,从毒资的收取和转移来看,陈某某、赵某某等人通过他人微信或支付宝资金账户收款,且通过"支付宝"口令的方式转款,如果不查上述资金账户绑定的银行卡或支付宝资金账户就无法看出资金走向,且交易后陈某某要求相关人员删除微信聊天和转账记录的行为明显异常。经对上述证据关联性审查,足以认定陈某某、赵某某等人主观知晓合成大麻素属于新型毒品。

综上,本案一审、二审判决均采纳检察机关意见,认定陈某某、赵某某等人构成贩卖毒品罪,按照查实合成大麻素类物质数量认定毒品数量的做法是正确的。

案件承办人:

王德生,芜湖市鸠江区人民检察院第一检察部副主任

案例撰写人:

杨阳,芜湖市人民检察院第一检察部检察官助理

王德生,芜湖市鸠江区人民检察院第一检察部副主任

案例审核人:

韩露,安徽省人民检察院第二检察部检察官助理

案例编审人:

李革明,安徽省人民检察院第二检察部主任

鸠江区检察院承办检察官出庭指控陈某某等 12 人贩卖毒品、非法经营、洗钱案

(2023 年 3 月 25 日由宋佳佳于芜湖市鸠江区人民法院拍摄)

李某诈骗案^①

——依托长三角一体化协作机制，实现
对异地涉罪未成年人的特殊保护

【案例要旨】

对长三角区域的异地涉罪未成年人，不仅要积极贯彻教育、感化、挽救的方针，而且应注重源头管控，充分运用侦查监督与协作配合机制，开展提前介入引导侦查。帮助公安机关从源头树立"少捕慎押慎诉"的理念，通过非羁押、刑事和解、附条件不起诉等措施，助力未成年人顺利回归社会。对于在苏浙沪地区就学、生活的未成年人，要依托长三角区域一体化优势，结合沪浙苏皖四地检察机关联合会签的《关于建立长三角区域未成年人检察工作协作机制的意见》，主动加强跨省协作，开展协助社会调查、走访和帮教考察工作。尤其是在校大学生，要找准办案、帮教与保障学业的平衡点，防止涉罪未成年人因案影响正常就学，实现对异地涉罪未成年人的平等保护。两地检察机关应积极构建多元化的社会支持体系，共同推进长三角区域法治建设，实现对未成年人的综合保护。

【案情概要】

被附条件不起诉人李某，男，2003年6月出生，江苏省泗阳县人，高三学生。2020年6月因涉嫌诈骗罪被公安机关抓获归案。

安徽省芜湖市鸠江区检察院第一时间提前介入引导侦查，结合案件情节，

---

① 鸠检未附不诉〔2021〕7号。

建议公安机关对其采取非羁押措施,决定取保候审,以保障其可以返回原籍安心参加高考(2020年因新冠疫情全国高考推迟一个月)。当年,李某顺利考入南京某大学。2021年3月2日,公安机关以李某涉嫌诈骗罪移送检察机关审查起诉。

经依法审查查明:2019年12月—2020年6月,犯罪嫌疑人李某以非法占有为目的,在网上发布卖手机的虚假信息,先后多次收取他人定金后不发货且将他人拉黑,骗取他人钱款9 200元。归案后,李某的家属退还了所有赃款,取得了被害人的谅解。

2021年12月30日,鸠江区检察院以李某可能判处1年以下有期徒刑,符合起诉条件,但情节轻微,具有悔罪表现为由,对李某作出附条件不起诉决定,考察期为6个月。次日,鸠江区检察院与南京市某区检察院、李某及其家长、南京某区未成年人关护中心签订《附条件不起诉监督考察协议》。

考验期满后,2022年7月4日,鸠江区检察院对李某作出不起诉决定。

【履职情况】

一、提前介入,建议采取非羁押措施

公安机关立案后,检察机关依托侦查监督协作办公室,开展提前介入侦查。虽然李某在网络上针对不特定的多数人实施诈骗犯罪,且数额较大,系多次实施,其行为已构成电信网络诈骗犯罪,但考虑到其作案时系未成年人且系高三学生,认罪、悔罪态度好,家属退赔被害人的意愿迫切,具有有效监护条件,采取取保候审足以防止社会危险性的发生,遂建议公安机关对其采取非羁押措施,决定取保候审。由于已经临近高考,公安机关在第一时间组织双方开展刑事和解工作,进行赔礼道歉和赔偿损失,取得了被害人的谅解。上述做法保障了李某返回原籍安心参加高考。同时商请公安机关对李某的成长经历、家庭情况、犯罪原因等情况进行社会调查。当年,李某顺利考入南京某大学。

二、主动对接,取得当地检校支持

案件移送起诉后,检察机关审查认为,随案移送的社会调查报告不够全面细致。为进一步查明李某的犯罪原因、犯罪后的表现等情况,李某考上大学后,因

其学习、生活都在南京,为全面了解家庭监护条件、平时表现等情况,保障其学业正常开展,鸠江区检察院依托沪苏浙皖检察机关联合会签的《关于建立长三角区域未成年人检察工作协作机制的意见》,列出详细的社会调查提纲,分别向李某的居住地、学校所在地检察机关发出《异地协助委托函》,请两地检察机关协助开展补充社会调查。

调查人员通过走访李某的父母、邻居、村委会干部及学校的老师了解到:李某家庭成员4人,父母平时忙于工作和家务,疏于对李某的管教,其在高三上网课时接触电脑较多,想到在网络上发布虚假信息赚钱,帮助父母减轻经济压力,心存侥幸地以为不会被发现而违法犯罪,案发后,其父母已加强对其管教。李某虽已考上大学,但仍然害怕学校知道其违法犯罪的事情影响其正常就读,并对自己的行为悔恨不已。

为了让李某安心就学,尽力减少李某的违法犯罪行为对自己造成的不良后果,办案机关协同南京市某检察院未检部门与学校加强沟通,并积极宣传《未成年人保护法》《刑事诉讼法》的相关规定,最终与学校达成共识:校方同意对李某进行帮教,并让其继续在校读书。

三、不公开听证,依法作出附条件不起诉决定

鉴于本案涉及电信网络诈骗,李某在诉讼阶段已满18周岁,且多次犯罪,具有一定的社会危害性,对是否适用附条件不起诉存在不同的认识。因此,检察机关依法召开不公开听证会,李某及其家长、学校老师、侦查机关、辩护律师及听证人员参会。通过听证、现场提问以及检察官的现场释法说理,大家一致认为,从保障李某的学业、教育管束和预防再犯的角度出发,对李某作附条件不起诉更有利于其回归社会。2021年12月30日,鸠江区检察院依法决定对李某附条件不起诉,考察期为6个月。随后,鸠江区检察院向南京市某区检察院发出《附条件不起诉监督考察委托函》,得到了当地检察机关大力支持配合。李某当即表示,感谢检察机关的帮助,其一定会努力回馈社会。

四、异地联合帮教,实现综合保护

两地检察机关立足李某系在校学生的实际,围绕自身需求和需要实现的目标,精准设置个性化帮教项目。要求其定期参加公益劳动,培养吃苦耐劳的品质,同时,学业水平要保持良好以上,确保学有所成,不辜负自己的努力和父母的

期望。针对李某家庭教育缺失,两地检察机关开展"云"访谈式家庭教育指导,督促家长定期接受教育培训。办案地检察机关通过线上讯问、定期线上考察回访,减少李某多次往返的成本。被委托的南京市某区检察院,积极引入专业司法社工嵌入未检工作,充分发挥"3+1"(检察院、协作单位、社会组织和涉罪未成年人)帮教工作平台优势,为李某量身定制了心理辅导、法治教育、公益劳动等项目。在帮教考察过程中,李某积极参加疫情防控志愿者活动,获得当地社区的高度肯定;李某还主动参与防诈骗法治宣传,引导同学远离犯罪。考验期届满,当地检察机关出具了李某的考察帮教情况总结报告,鸠江区检察院据此依法作出不起诉决定,联合当地检察机关对李某开展了不起诉宣告,并对该决定依法予以封存。经回访,目前李某在大学表现良好,生活已经走上正轨。

【典型意义】

一、在办理未成年人犯罪案件中,要坚持未成年人利益最大化原则,关注涉罪人员所处的关键节点

面临高考升学的外地未成年人,要主动引导侦查并坚持平等保护。对未成年犯罪嫌疑人应当严格限制适用羁押措施,特别是犯罪情节较轻、具有有效监护条件、具有悔罪表现的未成年犯罪嫌疑人,应当要求公安机关采取非羁押措施,尽早开展刑事和解,化解矛盾,并对家长开展家庭教育指导,为其返回原籍顺利参加高考创造条件。本案中,办案检察机关敏锐地了解到李某即将面临高考,正处于自己人生的重要转折,故充分利用侦查监督协作配合机制,要求公安机关尽快开展教育训诫、赔偿损失、赔礼道歉等处置措施,同时做好心理安抚。李某对检察机关的努力铭记于心,决定好好学习回报社会,终于考入南京某大学。

二、社会调查内容不完整的,应当进行补充社会调查

社会调查报告是检察机关认定未成年犯罪嫌疑人主观恶性大小、是否适合作附条件不起诉以及附什么样的条件、如何制定具体的帮教方案等的重要参考。本案中,公安机关虽开展了社会调查,但内容过于简单,仅在家庭成员情况、学习经历、讯问笔录中反映了李某简单的犯罪原因与作案前后的表现,无法完整反映

涉罪未成年人的家庭情况、成长经历、性格情况、不良行为表现、交友情况、犯罪前后的具体表现、是否具备有效监护条件等。检察机关应当有针对性地补充调查,真正了解犯罪背后的原因和家庭情况。针对涉罪未成年人的具体犯罪原因和回归社会的具体需求等设置附带条件,做到"对症下药",确保附条件不起诉制度的教育矫治功能有效实现。

三、对在外地大学就学的涉罪未成年人,应当最大限度地减少对其学习、生活的影响

涉罪未成年人很珍惜来之不易的就学机会,担心其涉嫌犯罪的事实被学校知晓后对其产生不良后果。办案地检察机关积极运用检察机关异地协作工作机制,取得异地检察机关的支持;主动加强与当地检校对接,充分运用异地协作工作机制,达到正常学习和有效帮教的效果。对于异地检察机关提出协助进行社会调查、附条件不起诉监督考察、观护帮教等请求的,协作地检察机关应当及时予以配合。两地检察机关要充分考虑权衡,从最有利于未成年人的原则出发,注意考虑未成年犯罪嫌疑人的特殊需求,加强与学校的沟通和释法说理,尤其应避免对其学习和生活造成的负面影响。学校亦应当坚持对学生教育、感化、挽救的方针,结合学生的平时表现和悔罪情况,接受学生继续在校读书,防止"甩手"现象出现,配合检察机关开展社会调查和帮教,形成帮教合力,保障涉案学生的正常就学。

四、开展异地协作的,要联合当地检察机关建立社会支持体系,实现精准帮教

两地检察机关应当根据被附条件不起诉人的社会调查情况,针对具体的犯罪原因和回归社会的具体需求等,共同制定有针对性的方案,做到"对症下药",并积极沟通协作。委托地检察机关应当主动与协作地检察机关就委托事项的办理进行充分沟通,提供相应的法律文书、工作文书、情况说明等材料。协作地检察机关履行具体考察帮教职责,应重点关注未成年人的行踪轨迹、人际交往、思想动态等情况,并将考察帮教情况及时反馈办案检察机关。两地检察机关要善于运用网络、家庭、社会、学校力量,建立社会支持体系,确保附条件不起诉制度教育矫治功能的实现,达到有效帮教的目的,帮助被附条件不起诉人改过自新,顺利回归社会。

案件承办人：

    蒋林，芜湖市鸠江区人民检察院检委会专职委员、第三检察部主任

案例撰写人：

    蒋林，芜湖市鸠江区人民检察院检委会专职委员、第三检察部主任

案例审核人：

    付彪，芜湖市鸠江区人民检察院党组成员、副检察长

案例编审人：

    陈烨，芜湖市人民检察院第一检察部副主任

附条件不起诉不公开听证

（2021 年 12 月 30 日由李传娟拍摄）

社区矫正对象管某某申请外出监督案^①

——监督批准外出，保障社矫对象权益

【案例要旨】

人民检察院开展社区矫正法律监督工作，应当始终坚持以人民为中心，强化对社区矫正对象合法权益的保障，监督社区矫正机构依法履行社区矫正对象申请外出的审批职责。社区矫正对象因生产经营需要等正当理由申请外出，社区矫正机构未予批准且申请人民检察院监督的，人民检察院应当在调查核实后依法监督社区矫正机构批准；社区矫正机构批准外出的，人民检察院应当监督社区矫正机构加强对社区矫正对象外出期间的动态监督管理，确保社区矫正对象"放得出""管得住"。人民检察院应当加强与社区矫正机构的协作配合，灵活运用工作方式，实现检察监督与社区矫正工作的协同发展，以个案办理推动类案处置，为民营经济发展提供有力保障。

【案情概要】

社区矫正对象管某某，男，1970年5月出生，江苏某电子科技有限公司、安徽芜湖某电子科技有限公司控股股东和实际控制人。2016年7月21日，管某某因犯虚开增值税专用发票罪被江苏省昆山市人民法院判处有期徒刑3年，宣告缓刑5年，缓刑考验期自2016年8月2日—2021年8月1日。在社区矫正期间，管某某继续经营上述两家公司。2017年6月21日，因居住地变更，管某某从江苏省昆山市变更到安徽省芜湖市湾沚区司法局接受社区矫正。管某某在社

区矫正期间遵纪守法,服从监督管理,表现良好。2020 年 8 月,受新冠疫情影响,管某某经营的芜湖某电子公司生产经营陷入困境,亟须本人赴上海、江苏等地洽谈业务,管某某向湾沚司法局申请外出,湾沚司法局认为其请假理由不充分,同时担心管某某请假外出后,易发生脱管、重新犯罪,未批准其请假外出。因此,管某某向芜湖市湾沚区检察院提出法律监督申请。

2020 年 8 月,湾沚区检察院根据管某某的申请,经核实了解,与湾沚区司法局充分沟通,确定切实可行的监管监督措施后,依法对湾沚区司法局不批准管某某外出申请进行监督。最终经湾沚区检察院协调监督,社区矫正机构依法批准了管某某的外出申请。管某某在申请获批洽谈业务期间,遵守各项监督管理规定,通过业务解决了企业经营困境,进一步推进了企业的发展。

【履职情况】

一、线索发现

2020 年 8 月,社区矫正对象管某某向湾沚区检察院反映,其经营的某电子公司因生产经营陷入困境,亟须本人赴上海、江苏等地洽谈业务,其向湾沚区司法局申请外出,未获批准,可能影响企业的正常生产经营,故向湾沚区检察院提出法律监督申请。

二、调查核实

受理管某某的申请后,湾沚区检察院开展了以下调查核实工作:一是了解湾沚区司法局不批准管某某外出的理由主要是担心管某某外出后,可能发生脱管或重新犯罪等问题。二是调查管某某外出的必要性。经实地走访管某某经营的公司,查阅公司营业执照、纳税申报表和业务合同等材料,询问公司相关人员,查明管某某经营的公司共有员工近 200 名,年均销售额 7 000 万元,年均纳税 400 余万元。管某某是公司的实际控制人,公司业务一直由管某某负责经营管理。因受疫情影响,其公司销售业绩下滑约 40%,面临停产危险,亟须管某某赴上海、江苏等地拓展加工销售市场,帮助公司复工复产。三是评估管某某的社会危险性。经查阅管某某原刑事案件卷宗、社区矫正档案,走访社区矫正工作人员,综合分析其原犯罪事实、性质、情节、社会危害性、认罪悔罪态度等情况,同时查明管某某在犯罪后认罪悔罪态度较好,在社区矫正期间认真遵守法律法规和社区矫正监督管理规定,未发生漏管、脱管情况。

三、监督意见

湾沚区检察院审查认为,管某某因犯虚开增值税专用发票罪被判处有期徒刑 3 年,宣告缓刑 5 年,管某某系初犯,认罪悔罪态度较好,在接受社区矫正期间,能严格遵守社区矫正监督管理规定,创业热情较高、回报社会意愿较强,现实表现良好,再次违法犯罪的风险小,造成社会危险的可能性较小,其申请外出从事企业亟须开展的生产经营活动,符合《社区矫正法》第 27 条第 1 款、《社区矫正法实施办法》第 26 条关于申请外出的条件。2020 年 8 月 26 日,湾沚区检察院与湾沚区司法局召开联席会议,检察机关结合管某某原判罪名情节、有期徒刑缓刑考验期间改造表现、申请外出事由等情形,提出社区矫正机构应依法批准管某某外出的检察意见,并与湾沚区司法局就批准管某某请假外出事宜达成共识,对管某某经常性跨区域活动采取个性化监管,做好外出从事企业经营管理活动期间的动态监督管理。

四、监督结果

2020 年 9 月 10 日,湾沚区司法局批准管某某外出 4 天。之后,管某某又因生产经营需要申请外出共计 11 次,均被批准。管某某因外出开展经营业务,促进企业转型升级,企业未出现停产、裁员情况,稳定提供就业岗位近 200 个。湾沚区检察院监督湾沚区司法局建立社区矫正对象重点监督台账,并与司法所一一对接,通过登录司法局社区矫正智慧矫正系统,动态获悉各司法所对社区矫正的监督管理情况,规范审批同类情况的长效机制。管某某外出期间,湾沚区司法局通过电话、微信实时定位、社区矫正智慧监管系统平台推送信息等方式,核查管某某行动轨迹,并将相关情况及时通报湾沚区检察院,实现对管某某的动态监管、全程监管和同步监督。管某某在外出从事企业经营活动期间,自觉接受监管,未出现违规违纪等监管风险,并于活动结束后及时返回湾沚区司法局办理销假手续。

进一步推进检察履职,形成长效工作机制。一是以联席会议促制度执行。湾沚区检察院会同区司法局专门组织召开保障民营企业社区矫正对象合法权益座谈会,并集中学习《沪苏浙皖社区服刑人员外出管理办法(试行)》和《社区矫正法》,鼓励社区矫正对象放下思想包袱,规范办理外出请假手续,努力使生产经营活动不受影响。二是加强对监管活动的监督。湾沚区检察院及时掌握矫正机构日常监管情况,确保监督管理到位,让涉民企社区矫正对象"放得出""管得住"。自 2020 年以来,湾沚区检察院共监督湾沚区司法局社区矫正机构批准社区矫正对象外出经营性请假 147 人次,未发生一起脱管事件,为民营企业健康发展提供了优质、高效的检察保障。

【典型意义】

一、充分发挥法律监督能力,增强服务民营经济发展的检察自觉

民营经济是推动社会主义市场经济高质量发展的重要主体之一,法治是最好的营商环境。人民检察院开展社区矫正法律监督工作,应当监督社区矫正机构依法开展社区矫正对象外出申请审批工作。人民检察院开展社区矫正法律监督,应当自觉服务保障经济社会发展大局,充分考虑涉企社区矫正对象生产经营需要,依法保护涉民营企业社区矫正对象合法权益、保障企业正常生产经营活动开展,为企业发展提供更多、更优的"检察产品",在办案中实现法律效果、政治效果、社会效果的有机统一。对于涉企社区矫正对象因从事生产经营活动申请外出社区矫正机构不予批准、申请人民检察院监督的,应综合考虑社区矫正对象所在企业经营状况、个人在企业经营中的职责地位、外出事由是否合法紧迫、原犯罪性质和情节、社区矫正期间表现等情况,判断申请外出的必要性和可能发生的社会危险性,准确提出监督意见。对于社区矫正对象确因生产经营、就医、就学等正当理由申请外出且无社会危险性的,应当认定为符合《社区矫正法》第 27 条第 1 款规定,建议社区矫正机构依法予以批准。本案中,管某某为企业实际控制人,对公司的经营具有决定性作用,其外出系企业生产经营需要,属于有"正当理由",符合《社区矫正法》第 27 条第 1 款规定,人民检察院应当提出明确意见,督促社区矫正机构依法审查批准。

二、积极主动履职,创新工作机制,提升社区矫正监督质效

针对涉民营企业社区矫正对象请假外出审批难、外出监管难等重点问题,检察机关要立足检察监督职责,提供检察智慧,依法依规开展监督。一方面,要积

极履职,保障涉民营企业社区矫正对象合法权益,服务民营经济健康发展;另一方面,要加强日常和动态监督,防止违法审批外出、脱管漏管问题的发生。一是创新审批程序,建立线上快速审批机制。湾沚区检察院与湾沚区司法局在线下请假的基础上,探索建立线上提交请假申请快速审批机制。该机制明确了针对符合要求的社矫对象,在第一次申请时提供完备的资料并遵守规定后,后续请假仅需通过智慧矫正系统提交申请书,简化了审批程序,有效解决了"审批难"。二是创新监督方式,建立全程动态监管机制。为预防社区矫正对象在外出期间发生脱管、漏管,湾沚区检察院专门建立社区矫正对象请假工作台账,并与司法局建立请假每日通报制度。同时监督社区矫正机构通过电话、微信实时视频、手机定位等信息化核查手段,加强对外出的社区矫正对象的监督管理,有效解决了"监管难"。上述两项机制的建立为今后检察机关转换社区矫正检察监督理念、服务保障民营经济健康发展积累了宝贵的经验。

三、加强沟通协调,形成工作合力,彰显服务民营经济发展的检察担当

司法行政机关是社区矫正工作的主管部门,人民检察院依法对社区矫正工作实行法律监督,离不开司法行政机关的支持和配合。新冠疫情的发生,给经济社会发展带来了一定的负面影响。为及时化解企业经营困境,服务"六稳""六保",送法律、送政策进企业,最大限度地减少疫情带来的不利影响,检察机关应主动担当作为,加强与社区矫正机构等相关部门的沟通与协调,共同研究解决具体问题的方法,统一司法执法理念,从促进经济发展稳定、维护良好营商环境的大局出发,为民营企业健康发展提供优质高效的司法保障。探索建立经营外出分级管理机制,在涉企矫正人员监督管理上,实行分级、分类管理。督促司法行政机关进一步完善社区矫正对象外出请假快速、便捷办理工作举措,尽可能保障社区矫正的民营企业技术骨干、实际控制人等确因企业经营需要而外出的需求,贯彻落实"六稳""六保"工作部署,为民营企业健康发展提供有效司法保障,充分体现检察机关司法为民的工作理念。

案件承办人:

董红丰,芜湖市湾沚区人民检察院第一检察部员额检察官

　　仇小雷,芜湖市湾沚区人民检察院第一检察部副主任

　　郝致德,芜湖市湾沚区人民检察院检察官助理

案例撰写人:

　　宇匀匀,芜湖市人民检察院第三检察部检察官助理

　　董红丰,芜湖市湾沚区人民检察院第一检察部员额检察官

　　仇小雷,芜湖市湾沚区人民检察院第一检察部副主任

案例审核人:

　　潘登,芜湖市人民检察院第三检察部主任

案例编审人:

　　奚要武,芜湖市人民检察院副检察长

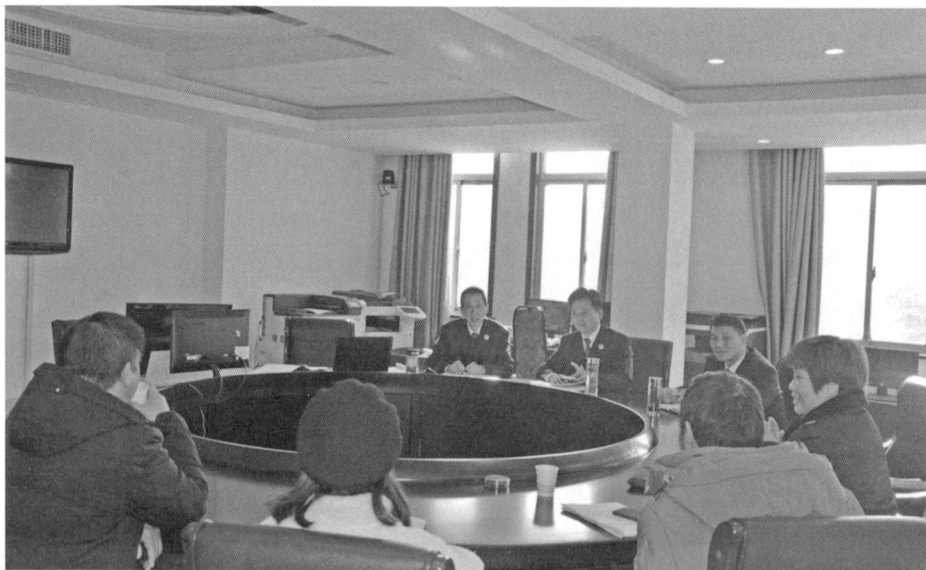

会同司法局召开快速请假处理机制暨依法保障涉
民营企业社区矫正对象合法权利联席会议

(2021年3月2日由郝致德拍摄)

安徽省凤阳县人民检察院督促整治重大火灾消防安全隐患行政公益诉讼案①

——落实"八号检察建议",督促联动履职,保障法治化营商环境

【案例要旨】

检察机关立足公益诉讼检察工作,以能动检察履职,充分落实"八号检察建议"精神,用心、用力、用情为企业纾困解忧,优化法治化营商环境。针对安徽省政府挂牌督办的重大火灾安全隐患问题,检察机关通过公益诉讼诉前检察建议督促有关行政部门依法履行监管职责。在行政机关整改不到位,导致公共利益持续处于受侵害状态的情况下,检察机关依法提起行政公益诉讼,刚性督促整改落实,并全程监督、参与、协同行政机关彻底消除安全隐患,切实维护人民群众生命财产安全。此外,为促进溯源治理,检察机关联合应急管理部门召开落实"八号检察建议"座谈会,详细介绍"八号检察建议"的制发背景及主要内容,通报近年来办理的涉及安全生产的案件,就辖区内安全生产和监管领域存在的薄弱环节进行交流,进一步明晰职责、凝聚共识,建立联动履职机制。同时与相关部门组成联合检查组,对辖区内的石英砂企业和加油站等进行安全检查,向企业管理人员和员工宣讲"八号检察建议"的内容以及制发背景,对企业安全生产应急预案、生产作业风险点排查记录和消防及安全防护设施等进行了查看,对风险分级管控责任落实情况进行详细了解,并深入生产一线,查看安全生产管理措施的落实情况,让"法治是最好的营商环境"的理念更加深入人心。

---

① 凤检行公建〔2022〕8 号。

【案情概要】

2022年3月,安徽省政府办公厅印发《关于挂牌督办整改全省50处重大火灾隐患的通知》,向社会集中公布50处重大火灾隐患单位名单。这是自2008年以来,连续第15年由省政府挂牌督办重大火灾隐患,其中凤阳某商铺存在重大火灾隐患。

凤阳某商铺位于凤阳县长安街北侧,框架结构,房屋性质为商业,地上4层,建筑高度13米,总建筑面积7 955平方米,设有室内外消火栓、自动喷水灭火系统、火灾自动报警系统、应急照明和灯光疏散指示标志等消防设施,于2014年12月完成消防验收备案。目前,建筑主要用于办公、宾馆、网吧、餐饮等。因该商铺前期未有物业服务企业入驻,导致部分消防设施失管失修,主要存在以下火灾安全隐患:① 火灾自动报警系统瘫痪;② 自动喷水灭火系统瘫痪;③ 消火栓泵不能启动;④ 部分疏散楼梯间缺少防火门;⑤ 疏散指示标志、应急照明损坏超过50%;⑥ 消防控制室无人值班。因该商城长期存在重大火灾隐患,如果遇到火灾等紧急情况时,会危及人民群众生命、财产安全,侵害国家利益和社会公共利益。

2022年4月12日,安徽省人民检察院将《关于挂牌督办整改全省50处重大火灾隐患的通知》涉凤阳某商铺重大火灾安全隐患线索逐级交办至凤阳县检察院。凤阳县检察院收到交办线索后,于2022年4月27日立案调查,通过现场勘查,询问商户,调取规划、建设、竣工验收档案等方法,发现凤阳某商铺于2013年12月8日由凤阳某房地产开发有限公司投资建设,2014年10月28日竣工,属居民集中区域,是消防重点控制单位,凤阳某商铺存在上述消防隐患主要是由于2019年物业撤出后消防设施无人管理维护造成。凤阳县检察院经查找消防安全领域的相关法律法规,并根据政府职能机构改革后对消防安全工作负有监管职责的部门职责进行梳理,认为根据《中华人民共和国消防法》等法律法规,凤阳县应急管理局(简称凤阳县应急局)对本行政区域内的消防工作实施监督管理,并由凤阳县消防救援大队(简称凤阳县消防大队)负责实施。凤阳县应急局、县消防大队作为消防工作监管部门,对某商铺消防安全隐患管理工作不到位,侵害了国家利益和社会公共利益。凤阳县检察院于2022年4月29日向凤阳县应急局、县消防大队提出检察建议,建议其依法履行监督管理职责,采取有效措施督促整改某商铺重大火灾安全隐患,保障人民群众生命和财产安全。检察建议回复期满后,凤阳县应急局、县消防大队未回复,凤阳县检察院于2022年6月30日对某商铺实地查看,发现某商铺存在的火灾隐患未消除,公共利益持续处于受侵害状态。

2022年7月8日,凤阳县检察院向凤阳县法院提起行政公益诉讼,在案件审理过程中,凤阳县应急局、县消防大队采取措施督促整改凤阳某商铺重大火灾安全隐患,积极筹措资金对消防设施不完善的问题进行全面整改。2022年7月29日,凤阳县应急局、县消防大队对某商铺重大火灾安全隐患进行验收检查,经检查,相关消防设施已配备齐全,重大火灾隐患已整改消除。2022年8月23日,滁州市消防救援支队对某商铺现场复核,确定隐患已全部整改完毕。2022年8月24日,经第三方消防技术专业机构安徽江洋消防安全检测维护有限公司检测,某商铺的消防栓系统、建筑灭火器等建筑消防设施以及消防安全责任制、消防管理落实方面等消防安全方面符合要求,行政机关已采取切实有效的措施履行法定职责,并实现了公益保护的目的,凤阳县检察院认为行政机关存在问题已整改完毕,遂建议法院依法裁定终结本案诉讼。2022年9月14日,凤阳县法院依法裁定终结诉讼。

为解决某商铺无物业公司管理问题,凤阳县检察院还督促建议凤阳县住房和城乡建设局(简称凤阳县住建局)、凤阳县人民政府中都街道办事处(简称凤阳县中都街道办)指导某商铺成立业主委员会,并选聘物业服务企业履行消防安全责任,经两单位组织、指导、协调,某商铺业主已成立业主委员会并选聘物业服务企业管理。

【争议焦点】

本案的争议焦点为:相关主管单位在履行消防安全责任中存在职能交叉重叠,如何厘清各自职责,形成工作合力。

凤阳县检察院在办理凤阳县应急局、县消防大队对凤阳某商铺重大火灾安全隐患怠于履行职责的行政公益诉讼案件中,两单位提出凤阳县某商铺存在重大火灾安全隐患的重要原因是长期没有物业管理。想要彻底解决凤阳县某商铺的火灾隐患,住建部门、街道办要落实好消防安全责任,共同促进问题解决。

虽然《消防法》第4条规定:"国务院应急管理部门对全国的消防工作实施监

督管理。县级以上地方人民政府应急管理部门对本行政区域内的消防工作实施监督管理,并由本级人民政府消防救援机构负责实施。县级以上人民政府其他有关部门在各自的职责范围内,依照本法和其他相关法律、法规的规定做好消防工作。"但各部门的消防职责界限依然不明确。为进一步健全消防安全责任,明确应急局、消防大队、住建部门、街道办事处在督促整治某商铺重大责任安全隐患的各自职责,同时也为推动某商铺消防设施整改后的长效后续管理问题,2022年8月30日,凤阳县检察院组织凤阳县应急局、县住建局、县消防大队、县中都街道办参加,邀请人大代表、政协委员、"益心为公"检察平台志愿者和人民监督员作为听证员召开听证会。通过现场查看商铺消防设施维修情况、听取检察机关通报案情、行政机关和相关单位陈述履职情况,并询问有关情况后,会议形成一致意见:应急管理部门及消防救援机构负责本行政区域内的消防工作监督管理,加强消防法律、法规的宣传,并督促、指导、协助有关单位做好消防宣传教育工作;消防救援机构还负责对机关、团体、企业、事业等单位遵守消防法律、法规的情况依法进行监督检查;街道办负责指导村(居)民委员会开展群众性的消防工作,确定消防安全管理人,制定防火安全公约,根据需要建立志愿消防队或微型消防站,开展防火安全检查、消防宣传教育和应急疏散演练,提高城乡消防安全水平;住建部门负责指导、督促物业服务企业按照合同约定做好共用消防设施的维护管理工作,并指导业主依照有关规定使用专项维修资金对共用消防设施进行维修、更新、改造。

听证会后,凤阳县检察院建议凤阳县住房和城乡建设局依法履行职责,指导某商铺成立业主委员会,并选聘物业服务企业履行消防安全责任,做好某商铺消防设施的维护管理工作,消除安全隐患。经督促,某商铺业主已成立业主委员会,并选聘物业服务企业管理。建议凤阳县人民政府中都街道办事处依法履行消防安全责任,常态化对某商铺开展消防安全检查,发现隐患及时督促整改。组织、指导、督促本区域内的单位和个人做好消防工作,指导、支持、帮助居民委员会开展群众性消防工作。

【评析意见】

凤阳县检察院深化"府检联动"工作机制,坚持人民至上、生命至上的理念,持之以恒地抓好"八号检察建议"落实落地,把安全生产和落实"八号检察建议"

工作作为"府检联动"的重要内容。消防安全事关人民群众生命和财产安全,涉及经济发展和社会和谐稳定大局,本案是凤阳县检察院首例消防安全领域行政公益诉讼起诉案件。本案中,检察机关聚焦人员密集商业小区消防设施不完善且缺乏物业管理,致使人民群众的生命财产安全长期面临重大公共安全隐患,而相关部门亦怠于履行监管职责的难点问题,向消防安全监督管理单位发出《诉前检察建议书》后,行政机关仍未全面充分履职的情况下,依法提起行政公益诉讼。以"刚性"推动多部门协同履职、齐抓共管,全面完善消防设施,推动成立业委会选聘物业维护消防设施,有效消除消防安全隐患。鉴于消防安全工作涉及应急、消防、住建、乡镇(街道)等多个单位,为明确各单位消防工作职责,检察机关以公开听证方式充分听取各行政机关以及人大代表、政协委员、人民监督员等听证员意见,厘清各相关单位职责,进一步加强和规范协同配合,以及后续的日常管理,确保消防设施完好、有效使用,并形成消防安全监管合力,从源头上促进消防安全责任落实。

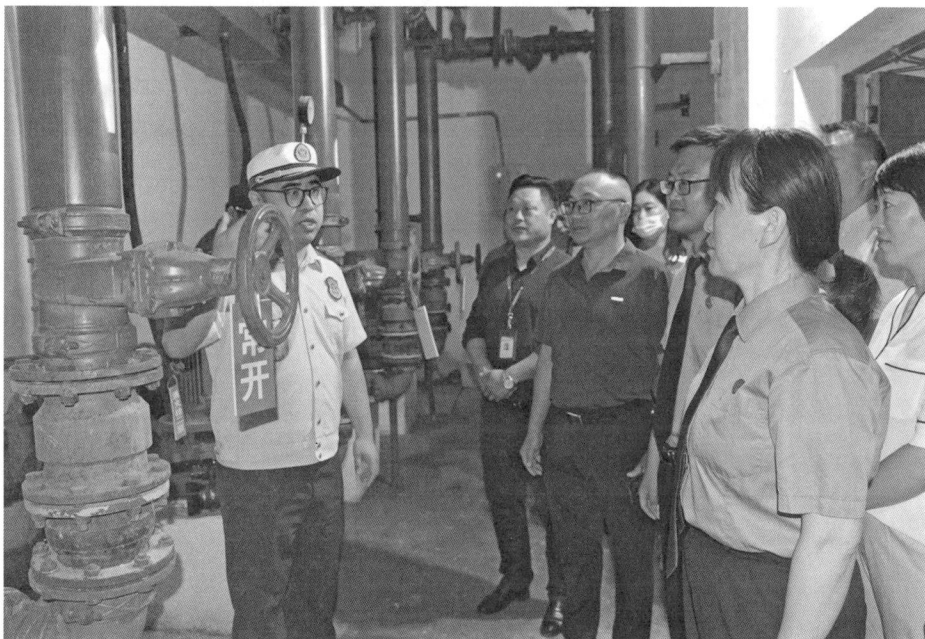

凤阳县检察院组织人民监督员、人大代表、政协委员
实地查看"金都壹号"重大火灾隐患整改情况

(2022 年 8 月 31 日由桑山峰拍摄)

案件承办人：

梅波,安徽省凤阳县人民检察院第四检察部主任

张仁义,安徽省凤阳县人民检察院第四检察部检察官助理

案例撰写人：

梅波,安徽省凤阳县人民检察院第四检察部主任

丁盼,安徽省滁州市人民检察院第五检察部检察官助理

案例审核人：

徐芳,安徽省人民检察院第八检察部主任

案例编审人：

常盛,安徽省滁州市人民检察院第五检察部主任

尚某某等人污染环境案①

——严厉打击跨省倾倒危废行为，促进区域环境高效能治理

【案例要旨】

生产铝合金的除尘灰含有无机氟化物，属于危废，如果不妥善处置，会严重污染环境。检察机关严格审查证据材料和鉴定意见，以罪责刑相适应为原则，依法侦办跨省倾倒危废污染环境刑事案件。与此同时，检察机关充分发挥检察职能，以生态修复为目标，为案件办理提质增效。

【案情概要】

被告人：尚某某，系提供危废倾倒地点的个体经营户。

被告人：马某，系提供危废倾倒地点的个体经营户。

被告人：张某某，系联系非法转运处置危废的江苏盐城无业人员。

被告人：沈某某，系联系非法转运处置危废的江苏盐城无业人员。

2021 年 9 月，南京市某开公司，在明知其储存在废弃车间的除尘灰为危废的情况下，委托南京市某环保公司按照一般固废进行处置，某环保公司又将危废委托给盐城市某赢环保公司。2021 年 10 月，某赢环保公司负责人吕某某（另案处理）联系了被告人张某某，要求其提供危废倾倒地点，并支付相关费用，张某某安排被告人沈某某具体经办，沈某某联系被告人尚某某、马某提供倾倒地点。为牟取非法利益，马某提供倾倒地点，尚某某安排挖机，并收取费用。上述公司及

---

① （2022）皖 1124 行初 25 号；金检刑附民公诉〔2022〕4 号。

个人均无危废处置资质。

同年11月，某环保公司从某开公司运走三车除尘灰，包含有老厂生产产生的除尘灰和使用旋风除尘方式收集的除尘灰，后者含氟化物，属于危险废物。两种除尘灰进行了混放、混装，总重95.66吨，全部倾倒于安徽省全椒县境内一处拆迁地块，与现场原有建筑垃圾等固废部分混同，总重量千余吨。经鉴定：混合堆放物质具有无机氟化物浸出毒性，已严重污染环境。

2022年9月29日，安徽省全椒县检察院以尚某某等人涉嫌污染环境罪将该案移送全椒县人民法院起诉。被告人尚某某、马某、沈某某、张某某对检察机关指控的犯罪事实、罪名及量刑建议均无异议，马某、沈某某、张某某的辩护人对公诉机关指控的犯罪事实及罪名没有异议，尚某某辩护人对公诉机关指控的客观方面证据无异议，但认为指控尚某某主观方面"明知"的证据不足，4名被告人的辩护人均希望法院对被告人从轻处罚。

2023年1月16日，全椒县法院对该案作出有罪判决，判处尚某某等4人犯污染环境罪，刑期为有期徒刑1年4个月至1年8个月，并处以罚金。检察机关提出的量刑建议得到一审法院的采纳。后被告人尚某某、沈某某以一审判决刑罚过重为由提出上诉。2023年2月20日，安徽省滁州市中级法院作出终审裁定：驳回上诉，维持原判。

本案上游犯罪某开公司副总经理葛某某、接受危废处置的某环保公司负责人姜某某及其下线朗某某和接受该项目分包的某赢公司负责人吕某某已于2022年8月被全椒县公安机关采取刑事强制措施。其中，郎某某和吕某某已被公安机关网上追逃，系列案件正由公安机关进一步侦办中。

【争议焦点】

一、被告人是否具备主观明知

案件办理中，被告人尚某某辩称自己曾发现所倾倒固废存在异常，但经询问得知是墙灰后便信以为真，尚某某的辩护人也提出指控尚某某主观方面"明知"的证据不足，公诉机关认为被告人在主观方面应属于"明知可能是危险废物而予以倾倒"。

二、如何认定涉案危险废物重量

本案危废重量的认定具有较大争议，根据鉴定机构答复："涉案除尘灰与其他一般固废混合导致危险特性扩散到其他物质中,则混合后的物质属于危险废物"。如果按照危废运输重量的 95.66 吨来认定,则法定刑为第一档"三年以下有期徒刑";如果按照现场受污染的 1 000 余吨固废或环境损害费用来认定,则法定刑为第二档"三至七年有期徒刑"。

三、受损生态环境如何修复

案发后,经检测机构鉴定,全椒县十字镇十字村彭郢组堆放固废分为八类,且混合堆放,导致危险特性扩散到其他物质中,混合后的固废属于危险废物,具有无机氟化物浸出毒性危险特性。各相关主体如何立足自身定位、防止环境污染进一步扩大、及时有效修复受损环境是办好环境污染案件"最后一公里"的关键问题。

【评析意见】

一、被告人主观方面应属于"明知可能是危险废物而予以倾倒"

污染环境案件中的主观故意,不要求行为人对污染环境的具体结果有明确的认知,只要求行为人明知自己的行为可能导致污染环境的后果,即成立本罪的故意。污染环境罪的主观故意针对的是破坏环境管理制度,尚某某等人无处置固废或危废的资质,亦未核查上下游是否具有相应的资质,未对运输的粉尘灰进行实质查验,倾倒后未采取防渗、防漏、防淋雨、防扬洒等措施,故尚某某等人的行为破坏了环境管理制度,其主观故意应当认定为"明知可能是危险废物而予以倾倒"。

二、本案危废重量应当按照运输容器内的重量来认定

危废数量的认定,不能简单以危废与非危废混同后的数量认定,应注意结合相关证据、综合全案事实,根据主客观相一致原则进行认定。本案危废重量按照95.66 吨认定具有合理性:一是符合罪责刑相适应原则。除了企业明知是危废之外,尚某某等其他涉案人员主观上具备"明知吨袋内物质可能是危废"的要素,主观上属于间接故意,主观恶性小于直接故意。吨袋没有封口,挖机的操作确实造成了吨袋内粉末倾撒与其他一般固废混同在一起,混同的程度无法具体区分

和判断。由于吨袋数量只有 95.66 吨,仅占现场上千吨固废的一小部分,故认定本案危废数量为 95.66 吨更加符合罪责刑相一致的原则。二是更有利于追究上游单位犯罪责任。企业在出厂时只有 95.66 吨危废,虽然委托给一般固废企业处置存在过错,也没有监督跟踪处置行为,但是企业在明知的范围内只能对这 95.66 吨危废处置有预见,而对尚某某等人安排挖机进行挖土填埋造成危废和一般固废的混同,超出了其预见可能性。同理,现场大范围的危废混同亦超出了受委托处置方姜某某和郎某某的可预见范围。因此,以运输吨袋内的重量来认定危废重量更加合理。

三、立足检察职能,能动履职促进区域环境修复

注重对已受污染的环境及时修复、防止污染进一步扩大是检察机关的重要职责。本案中,检察机关及时将相关情况报告当地政法委,成立由检察院、公安、环保等部门参与的协作专班,深入环境污染现场,召开案件研判会,无缝对接案件的办理,加强协作力度。检察机关先后组织案件研讨会 6 次,提出检察建议 3 条、取证意见 12 条,全部得到采纳。检察机关在审查刑事案件同时,根据已经认定的事实以及相关法律规定,向行政机关发出公益诉讼检察建议,督促将涉案危险废物代为处置。在行政机关没有依法有效履职的情况下,依法向法院提起行政公益诉讼,涉案危险废物均在刑事案件审查起诉阶段全部得到规范、安全处置。在刑事诉讼中同时启动刑事附带民事公益诉讼,督促致害企业主动赔付相关费用。尚某某等人非法跨省倾倒危险废物案在全椒县法院送达刑事附带民事起诉状后 5 天内,生态修复费用、代为处理费用等 280 万余元全部赔付到位。

案件承办人:

丁自华,全椒县人民检察院党组成员、副检察长

陈建和,全椒县人民检察院党组成员、第一检察部主任

陈琳,全椒县人民检察院第一检察部原检察官助理

周琪然,全椒县人民检察院第一检察部检察官助理

案例撰写人:

周琪然,全椒县人民检察院第一检察部检察官助理

案例审核人：

　　陈建和，全椒县人民检察院党组成员、第一检察部主任

案例编审人：

　　丁自华，全椒县人民检察院党组成员、副检察长

全椒县人民检察院院领导带领办案组成员在案发现场勘查

（2022 年 2 月 21 日由陈琳拍摄）

社区矫正对象米某申请从事经常性跨省航运活动监督案①

——请假外出的合理性与再犯罪风险的认定

【案例要旨】

人民检察院开展社区矫正法律监督工作,在依法履职过程中注重温暖执法,切实加强社区矫正对象合法权益保障,着力解决人民群众"急难愁盼"问题。对于社区矫正对象因正常生产、生活需要申请经常性跨区域活动的,人民检察院监督社区矫正机构依法予以批准,并简化批准程序和方式。

【案情概要】

社区矫正对象米某,男,1982年3月出生,内河船舶船员(一类二副)。2021年6月4日,米某与其父亲、弟弟、叔叔3人因犯非法采矿罪被上海铁路运输法院分别判处刑罚。米某的父亲陈某一被判处有期徒刑3年6个月;米某与其叔叔陈某二被判处有期徒刑2年,宣告缓刑2年,缓刑考验期均自2021年6月16日—2023年6月15日;米某的弟弟陈某三被判处有期徒刑1年,宣告缓刑1年,缓刑考验期自2021年6月16日—2022年6月15日。米某等3人在安徽省怀远县社区矫正大队接受社区矫正。

2021年6月,安徽省怀远县检察院根据米某的申请,依法对怀远县社区矫正大队不批准米某外出从事经常性跨省航运经营活动申请进行监督。经监督,社区矫正机构依法批准米某的请假申请。

---

① (2020)沪7101刑初229号。

【履职情况】

一、线索发现

本案系怀远县检察院在日常监督管理中了解,向社区矫正对象初步调查核实后,建议其向检察机关提出申诉。2021 年 7 月,怀远县检察院接到社区矫正对象米某反映,其全家长期以货轮运输经营为生,2015 年向亲友及银行等借巨额资金自建"兴宇号"货轮,在长江航道从事运输经营,以运输收入每月按时偿还借款。社区矫正期间,米某因正常生产经营需要经常性跨省在长江航道从事货轮运输,多次向怀远县社区矫正大队申请外出从事货轮运输未获批准,导致无法按时偿还借款,资金链断裂,现已严重影响米某等人的工作和生活,申请检察机关对怀远县社区矫正大队进行监督。

二、调查核实

怀远县检察院受理申请后,开展以下调查核实工作。

(一)充分了解社区矫正机构不批准米某申请的理由

社区矫正机构认为,首先,米某等人原罪中的收购、运输、销售他人非法开采的海砂的行为就是利用货轮实施,如果对米某进行准假,存在重新犯罪的风险,且其经营活动所在地远在外省,社区矫正机构难以管理,存在脱离社区矫正机构监管的可能性。其次,社区矫正机构对米某等人生产经营情况不够了解,对其请假外出从事经营活动的必要性存疑。再次,米某属于民营企业社区服刑人员还是一般务工人员存在争议,米某等人自建的货轮挂靠于某航运公司,相关政策文件对这种情况能否认定为涉民营企业社区服刑人员,进而适用服务保障民营经济政策没有明确规定。最后,《社区矫正法》第 27 条、《社区矫正法实施办法》第29 条仅对经常性跨市、县活动进行规定,未对经常性跨省活动进行明确规定,社区矫正机构对法律的理解、适用存在一定分歧。

(二)全面掌握米某等人财务相关情况

经查,米某等人 2015 年举债 1 100 余万元(其中向怀远县农村商业银行贷款550万元)在江苏泰兴某船厂自建"兴宇号"货轮,货轮挂靠在安徽某航运有限公司,主要在福建近海和长江航道从事货物运输。2019年11月,米某等人因涉嫌犯罪被羁押,此后货轮一直停用无人经营。米某等人除每月偿还个人借款外,还要向贷款银行偿还9万余元本金及利息,由于货船长时间停运无经济来源,米某等人承担了巨大的经济压力,已变卖房产偿还债务。

同时,米某等人挂靠的安徽某航运有限公司由于承担担保之责,也在为米某等人偿还银行贷款,占用了企业流动资金,对企业的正常生产经营产生了较大影响。怀远县农村商业银行也对该笔借款能否按期收回存在担忧。

(三) 精确判断米某等人是否属于涉民营企业社区矫正对象

经查,米某等人自建的"兴宇号"货轮虽不在自己名下,而是挂靠于某航运公司,但某航运公司对货轮活动不进行实质性管理,米某等人在"兴宇号"货轮担任船长、二副等职务,自行从事经营航运活动,与一般的务工者区别明显,系货轮的实际所有者、经营者,应当视为涉民营企业社区矫正对象,可以对其适用服务保障民营经济的司法政策。

(四) 科学论证米某请假从事经常性跨省航运活动的合理性及法律适用

米某等人经营航运的"兴宇号"货轮总长109.8米、宽19.6米、高16米、深8米、总吨位5 213吨,体积大、吃水深、吨位重,虽然船舶检验局在证书上未明确规定货轮只能在长江等航运,但结合实际,该船舶最佳航行区域为在长江从事跨省航运,且自建成以来始终在长江及福建近海航行,如果限定只准许其在省内航行,则难以发挥货轮价值且经济效益不高。由于在长江航道和近海从事货物运输,每次运输任务有航道、天气、疫情影响等不特定性因素,航运周期较长。因此,米某申请社区矫正机构批准其经常性跨省从事货轮运输经营活动确有必要。

《社区矫正法》及《社区矫正法实施办法》规定"社区矫正对象因正常工作和生活需要,申请经常性跨市、县活动"的主要目的,是帮助社区矫正对象解决正常工作需要和日常生活中遇到的实际困难,使其更好地回归社会。参照《沪苏浙皖社区服刑人员外出管理办法(试行)》(简称《办法》)的规定:"民营企业社区服刑人员因生产经营需要,确需本人赴外地处理的"可以提出申请,且《办法》将外出目的地扩大到长三角地区,所以"经常性跨市、县活动"应当理解为包含不同省份之间的市、县,而不能机械地固定于执行地所在的市、县。

(五) 综合评估米某的社会危险性

经综合分析原犯罪事实、性质、情节、认罪悔罪态度等情况,通过查阅米某等人的社区矫正档案,以及走访社区矫正中队及所在居委会工作人员等,检察机关查明米某等人在原案中系从犯,主观恶性不大,认罪悔罪态度较好,能正确认识错误,在社区矫正期间一直服从管理、积极改造,社会危险性较小。

相反,米某等人是一个大家庭,长期从事货运服务,货轮运输是其唯一生存技能和经济来源,如果无运输收入,家庭生活必将陷入困境,巨大的经济压力不仅不利于米某等人顺利回归社会,而且易产生社会不稳定因素,也会对挂靠公司、贷款银行等造成经济负担和风险。

(六) 借助外脑,召开检察公开听证会

2021 年 12 月 10 日,怀远县检察院邀请人大代表、政协委员、人民监督员、蚌埠市社区矫正支队、怀远县社区矫正大队、安徽某航运有限公司等召开公开听证会,就米某申请经常性跨省市活动的必要性、社会危险性等问题组织了听证会并进行直播。听证员一致认为,米某确属因正常生产经营和生活需要经常性跨省、市活动,社会危险性较小,一次性批准其 3 个月以上假期外出经营货轮运输,既有利于米某偿还银行贷款和个人债务,也有利于解决其家庭生活困难等问题。

三、监督意见

怀远县检察院充分参考听证意见,并就外出准假时间及如何监管问题和蚌埠市社区矫正支队、怀远县社区矫正大队进行座谈后,依法建议怀远县社区矫正大队批准米某经常性跨省、市从事经营活动的申请。

四、监督结果

2022 年 1 月 21 日,怀远县社区矫正大队批准米某跨省、市从事货轮运输经营活动两个月;3 月 30 日,米某又因生产经营需要申请外出,怀远县社区矫正大队根据其前期表现,再次准假 4 个月。

米某外出活动期间,怀远县检察院就个案安排专人与怀远县社区矫正大队进行对接,督促矫正机构常态化通过社区矫正智慧监管系统、微信实时定位核查

米某行动轨迹,加强对米某动态监管。同时,怀远县检察院通过船舶网不定期查询"兴宇号"货轮航行轨迹,电话问询米某生产经营和思想状况,多渠道掌握米某外出期间能够遵守法律法规,米某通过两个月在江苏至湖南长江航道从事货轮运输服务,收入较为稳定,极大缓解了债务压力并保障了家庭正常生活需要。

目前,怀远县检察院积极运用"府检联动"机制,联合司法行政机关、市场监督管理机关,对全县在矫人员进行全面摸排,初步筛选出涉民营企业社区矫正对象,建立人员台账及"一人一卡"。下一步,怀远县检察院将联合司法行政机关、市场监督管理机关,对涉民营企业社区矫正对象及企业进行走访调查,主动了解企业生产经营困难并在法律范围内帮助化解。

【典型意义】

一、能动履职,努力让社区矫正既有力度,又有温度

法律不应该是冷冰冰的,做司法工作也是做群众工作。一纸判决确实让当事人受到了应有的惩罚,但是也给有的当事人增添了许多"心结",处理不好就会给当事人家庭乃至社会带来潜在的不稳定因素。因此,检察监督办案不能只满足于形式上、程序上的监督,不能就事论事、就案办案、机械司法,而要将心比心、如我在诉、能动履职、主动作为。本案检察机关在社区矫正日常监督工作中主动发现案件线索,从当事人感受和社会大局出发,走访多家单位,调取大量卷宗材料,从再犯风险、社会稳定等多角度严格论证能否批准米某请假经常性跨省航运,通过检察公开听证的方式,发出有理有据的检察建议,被社区矫正机构采纳,既解决了社区矫正对象的燃眉之急,促进其更好、更快地融入社会,又化解了一起涉及多方的经济危机,保障了地方民营经济的发展,体现了检察机关司法为民的主动担当,做到了司法办案政治效果、法律效果、社会效果的有机统一。

二、落实"检察为民办实事",完善社区矫正对象请假程序

开展社区矫正法律监督,应当自觉服务保障民生,依法维护社区矫正对象的合法权益,保障其从事正常生产经营活动。对于社区矫正对象确因生产经营需要经常性跨省市外出的,检察机关对社区矫正对象涉及企业经营状况、个人在企业经营中的职责地位、外出理由是否合理紧迫、原犯罪性质和情节等情况进行全

面调查论证后,通过座谈会与司法行政机关沟通协调,提供了便捷、快速审批手续并适当延长请假期限,充分保障了矫正对象生产经营活动的正常开展。

三、以公开听证为抓手,助力检察工作提质增效

公开听证是检察机关落实司法为民、提升司法公信力、实现办案"三个效果"有机统一的重大举措和有效途径。本案通过听证会,借助"外脑"多方位、多角度地听取意见,围绕关键问题进行重点研判、深刻剖析,在保证涉企社区矫正对象外出从事经营活动的同时,做到了严格依法依规开展社区矫正工作。在公开听证中,各方面对面交流拓宽了检察机关的办理思路,并在交流中产生出智慧火花,对保障涉企社区矫正对象外出从事经营活动提供了很多实际可行的意见和建议。

案件承办人:

张培远,怀远县人民检察院第三检察部主任

沈岩军,怀远县人民检察院综合业务部主任

2021 年 12 月 10 日在蚌埠市人民检察院召开直播听证

《安徽海顺航运有限公司员工米某等人外出请假检察监督案》,中国检察听证网,https://jctz.12309.gov.cn/.

案例撰写人：

路宇扬,怀远县人民检察院第三检察部副主任

案例审核人：

张德智,怀远县人民检察院原党组书记、检察长

案例编审人：

顾强,蚌埠市人民检察院法律政策研究室主任